JINGJI SHEHUI
GUANLI YU YINGYONG
SHUXUE FANGFA

经济社会管理与应用数学方法

杨忠诚 著

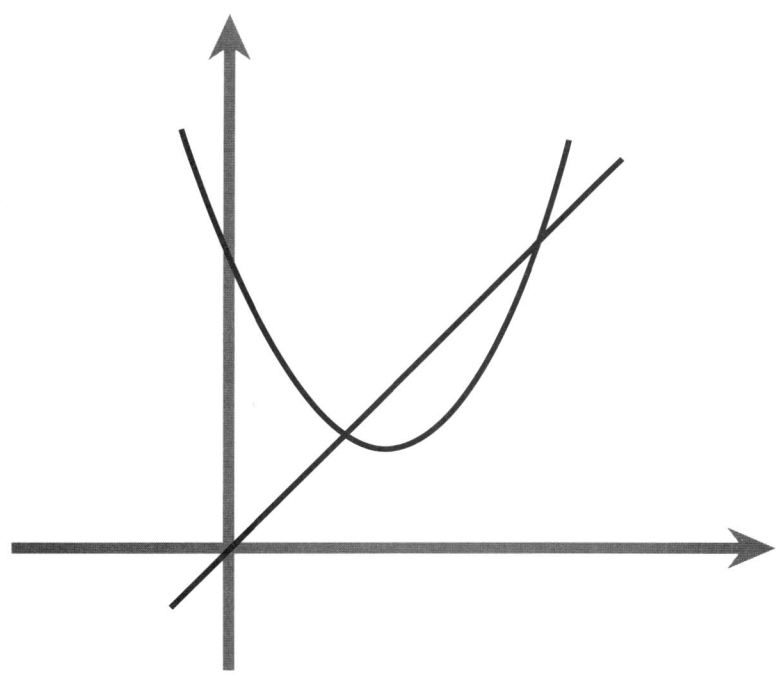

天津出版传媒集团

天津科学技术出版社

图书在版编目(CIP)数据

经济社会管理与应用数学方法 / 杨忠诚著. -- 天津：天津科学技术出版社, 2022.11
　　ISBN 978-7-5742-0286-3

Ⅰ.①经... Ⅱ.①杨... Ⅲ.①经济数学 Ⅳ.①F224.0

中国版本图书馆 CIP 数据核字(2022)第 123266 号

经济社会管理与应用数学方法
JINGJI SHEHUI GUANLI YU YINGYONG SHUXUE FANGFA

责任编辑：王　绚　吴文博

出　版：	天津出版传媒集团
	天津科学技术出版社
地　址：	天津市西康路 35 号
邮　编：	300051
电　话：	(022) 23332399
网　址：	www.tjkjcbs.com.cn
发　行：	新华书店经销
印　刷：	四川科德彩色数码科技有限公司

开本 710×1000　1/16　印张 18.75　字数 310 000
2022 年 11 月第 1 版第 1 次印刷
定价：88.00 元

序

　　本书作者自大学毕业后虽长期不在学术岗位，却能数十年持之以恒地坚守应用数学的学术初心，我非常赞赏。21世纪初，他从毕节市直一基层职能部门领导岗位退休后，还能坚持不懈地进行应用数学的普及化专项研究，终于在76岁之年完成《经济社会管理与应用数学方法》17万余字数规模的创作任务，确实难能可贵。

　　应用数学是一门重要的工具性学科，由于其在提升现代社会人文管理、建设和完善现代化生产组织体系、实施生产要素优化配置等方面，能发挥多种不可替代的作用，故而愈来愈受到经济和社会管理科学的重视，并日益成为经济和社会管理科学的重要组成部分。应用数学方法也得到日益迫切和广泛的重视。近些年来，为适应我国经济社会蓬勃发展和改革开放不断深化的大好形势，国内从不同渠道出版发行的涉及管理数学、应用数学的专著已有不少版本，但是像本书作者这种立足于知识普及、强调应用方法介绍的专著本，较为少见。

　　本书作者工作前期在中专、大专院校教授应用数学，曾获应用数学讲师任职资格。从1988年5月被抽派陪同费孝通大师参与毕节"开发扶贫生态建设"试验区前期调研起，便一直在党委、政府的政策研究职能部门工作，长期从事当地经济社会发展的政策调研工作，对经济社会管理工作中多方面的实际状况接触较多，其间，将所掌握的应用数学方法结合工作实践的应用机会也较多。首先，本书一个突出特点就是能将应用数学知识融汇于工作和生活实际，立足于应用方法传授。本书应用实例范围涉及社会经济综合管理、工农业生产组织、生产进程和技术质量管控、经营效益评测、军事后勤服务谋划、体育竞赛预测、日常生活参谋等诸多方面。实例引路，以用致学。其次，作者语言文字功底也较为扎实，语言灵活，叙述确当，对少数较为深奥、枯涩的数理知识及其逻辑关系，能述说得简捷、明快，利于读者学习理解。

　　本书在内容设置上体现了由浅入深、循序渐进原则。其第一、二两章所讲述的应用数学常识和方法是绝大多数基层管理工作岗位常见、常用的，看似简单，却很有实用价值，但由于不少人在使用过程中用法不完整、欠规范，降低了应有效能。第四章至第七章，章节内容包括"应用概率及检验预测方法""应用运筹方法初步""常用的优选方法""投入产出分析方法初步"四个分支学科，尽管作者将其称为初步或基础，但实际上还是有相应的知识深度和应用宽度的。这方面的知识是近代应用数学较高层级的应用方法，其应用价值不言而喻，值得读者经此入门，并进一步深造。

特别值得一提的是，本书对应用概率所做的新的学术性定义，应属创造性突破。作者认为，迄今为止，有关概率学科的著述中，对"概率"这个概念所确立的定义，几乎都绕不开"概率的统计定义、概率的古典定义"这种"双定义"羁绊，既不能揭示概率的内涵本质，也违背了逻辑思维规律。在本书中，作者对概率所给出的确切定义是：当一项（或一次）实验进行时，满足一定条件的某随机事件 A 发生的可能性大小，叫作在这项实验中，事件 A 的概率，简记为 P（A）。同时，作者结合生产实践，经过了反复的研究探讨，得出：寻求和计算概率最基础的途径归纳起来有三，即①从满足一定条件的随机事件 A 发生频率的稳定性（统计意义）求概率；②从包含某随机事件 A 在内的各基本事件发生的等可能性（古典意义）求概率；③从 A 事件与其他事件间的关系推导出满足一定条件的随机事件 A 的概率。其中第③条是最具应用意义的途径，它表明，所谓"概率的统计定义、概率的古典定义"实为寻求和计算某事件概率的两个方法性途径。通过这样的讲述，确实使多年来对于概率这种"双定义"羁绊的困扰问题得到了创新性的合理解释。对于作者的这种多年研究而得的新观点和创新性认知，我很赞同。

为了让读者在学习相关应用方法时，多一点直观理解和形象感知，作者结合章节内容讲述，共编列绘制参考图示 121 份，编制数表 117 份，编列各类应用分析或解决实际管理问题的实例 126 道，设计应用练习题 85 道。仅从这点上也足见作者用心良苦。

根据作者自己的设想，本书的受众为基层党政领导，基层党、政、军的职能部门的业务（参谋）人员，企业初、中级管理人员，大专以上党校学员。我阅读后认为，它其实也适宜于很多中、高级职业技术院校的学生学习或参考。

总之，这是一本值得推荐的科普性应用数学读本。

谨以上述文字为序。

张大凯

2021 年 10 月 28 日

（序言作者为贵州大学数学系教授、研究生导师）

目 录

绪 论 ………………………………………………………………………（ 1 ）

第1章 预备知识 ……………………………………………………（ 4 ）
1.1 质量技术管理中的误差常识 …………………………………（ 4 ）
　　1.1.1 误 差 ……………………………………………………（ 4 ）
　　1.1.2 绝对误差 …………………………………………………（ 5 ）
　　1.1.3 相对误差 …………………………………………………（ 5 ）
　　1.1.4 间接测量中的叠合误差 …………………………………（ 5 ）
　　1.1.5 误差控制和检验、评测方法 ……………………………（ 8 ）
1.2 各类经济社会指标量的基础分析方法 ………………………（10）
　　1.2.1 经济社会生活中的绝对数和相对数 ……………………（10）
　　1.2.2 绝对数和相对数四种表述方法 …………………………（13）
　　1.2.3 质量技术考核中的若干平均数方法 ……………………（21）
1.3 用初等函数知识分析社会经济现象 …………………………（35）
　　1.3.1 不同指标量之间的依存和对应关系 ……………………（35）
　　1.3.2 用一次函数进行盈亏平衡和多因素比较效益分析 ……（38）
　　1.3.3 用一元二次函数分析效益极值 …………………………（42）
　　1.3.4 用指数函数或对数函数计算递升、递缩比率 …………（43）
1.4 练习题 …………………………………………………………（44）
　　附：从普通对数知识到常用对数方法 …………………………（49）

第2章 数理统计常识在管理实践中的应用 ……………………（55）
2.1 数理统计的基本概念 …………………………………………（55）
　　2.1.1 样本、数据、样本容量 …………………………………（55）
　　2.1.2 常用抽样方法 ……………………………………………（56）

2.1.3　样本数据整理 …………………………………………（57）
　　2.1.4　样本数据的频数、频率 ………………………………（58）
2.2　样本数据频率分布及其应用 ……………………………………（59）
　　2.2.1　样本数据频率分布表，频率分布图示方法 …………（59）
　　2.2.2　频率分布在生产、经营中的应用——帕累托图 ……（60）
2.3　样本均值 …………………………………………………………（61）
　　2.3.1　样本均值及基础计算公式 ……………………………（61）
　　2.3.2　估计平均数相对误差计算法 …………………………（62）
　　2.3.3　组中值加权平均数法 …………………………………（63）
　　2.3.4　组中值估计平均数相对误差法 ………………………（64）
2.4　样本标准方差 ……………………………………………………（66）
　　2.4.1　样本偏差与标准方差 …………………………………（66）
　　2.4.2　组中值加权平均方差计算法 …………………………（69）
　　2.4.3　组中值相对误差法计算样本标准方差 ………………（69）
　　2.4.4　样本频率分布在产品检测中的应用 …………………（70）
2.5　练习题 ……………………………………………………………（72）

第3章　生产生活中的排列、组合问题 ……………………………（75）
3.1　排列与组合的基本概念及定义 …………………………………（75）
　　3.1.1　排列与组合的计数方向 ………………………………（75）
　　3.1.2　排列与组合的定义 ……………………………………（76）
3.2　计算排列组合"种数"的加法原则和乘法原则 …………………（76）
　　3.2.1　排列、组合"种数"的加法原则 ………………………（76）
　　3.2.2　排列组合"种数"的乘法原则 …………………………（76）
3.3　排列问题计算公式 ………………………………………………（77）
　　3.3.1　排列计算公式推导 ……………………………………（77）
　　3.3.2　几种不同类型排列的种数计算 ………………………（80）
3.4　组　合 ……………………………………………………………（83）
　　3.4.1　排列与组合的联系和区别 ……………………………（83）
　　3.4.2　组合计算公式推导 ……………………………………（84）
　　3.4.3　组合计算公式的运算性质 ……………………………（85）
　　3.4.4　组合"种数"计算式与二项展开式系数 ………………（86）

3.5 练习题 …………………………………………………………………… (88)

第 4 章 应用概率及检验预测方法 …………………………………………… (90)
4.1 概率研究的对象及概率定义 ………………………………………… (90)
4.1.1 概率研究的对象——随机事件 ………………………………… (90)
4.1.2 概率的定义 ……………………………………………………… (93)
4.2 随机事件概率的基本寻求途径 ……………………………………… (94)
4.2.1 从概率的统计意义（频率稳定性）求概率 …………………… (94)
4.2.2 从概率的古典意义（基本事件等可能发生）求概率 ………… (95)
4.2.3 概率统计意义和古典意义的功能及局限 ……………………… (96)
4.3 从事件 A 与其他事件之间的关系计算概率 ………………………… (96)
4.3.1 由互斥事件的"合成"关系求概率 …………………………… (97)
4.3.2 由独立事件的"兼有"关系求概率 …………………………… (98)
4.3.3 由事件的"互补"关系求概率 ………………………………… (99)
4.3.4 一般独立事件合成关系概率的加法原则 ……………………… (101)
4.3.5 条件概率，非互斥事件"兼有"关系 ………………………… (103)
4.4 全概率和贝叶斯公式 ………………………………………………… (106)
4.4.1 全概率的意义 …………………………………………………… (106)
4.4.2 贝叶斯公式及其应用 …………………………………………… (108)
4.5 独立重复实验和伯努利公式 ………………………………………… (110)
4.5.1 社会经济管理中的独立重复实验概率 ………………………… (110)
4.5.2 伯努利公式在实践中的应用 …………………………………… (111)
4.6 随机变量的概率分布及期望值检验方法 …………………………… (113)
4.6.1 随机变量与随机变量的概率分布 ……………………………… (113)
4.6.2 概率分布与数学期望值 ………………………………………… (117)
4.6.3 概率分布数学期望值的应用实践 ……………………………… (119)
4.7 练习题 ………………………………………………………………… (125)

第 5 章 应用运筹方法初步 …………………………………………………… (130)
5.1 运筹学与应用运筹方法 ……………………………………………… (130)
5.1.1 运筹学基本概念 ………………………………………………… (130)
5.1.2 关于应用运筹方法 ……………………………………………… (131)
5.2 抢时间、抓效益的网络运筹方法 …………………………………… (131)

- 5.2.1 什么是网络运筹方法 (131)
- 5.2.2 从网络图谈管理 (137)
- 5.2.3 时间、进度坐标网络图 (141)
- 5.2.4 时间进度及资源投入网络图 (143)
- 5.2.5 运筹系统的层次和网络图的简繁 (153)
- 5.3 几种常用线性规划方法 (158)
  - 5.3.1 线性规划应用方向与相应的数学模型 (158)
  - 5.3.2 多产销点供需平衡运输问题 (159)
  - 5.3.3 普通运输类线性规划问题的数学特征 (160)
  - 5.3.4 两个变量线性规划问题的解析式方法 (162)
  - 5.3.5 配套生产的类线性规划问题解法 (168)
- 5.4 供需平衡多变量运输问题的特殊运筹方法 (170)
  - 5.4.1 图上作业法 (171)
  - 5.4.2 表上作业法 (181)
  - 5.4.3 利用"位势"法求检验数 (187)
  - 5.4.4 表上作业法一般程序 (190)
  - 5.4.5 供需不平衡运输类问题的变通处置方法 (191)
- 5.5 某些类运输线性规划问题变通解决方法 (192)
  - 5.5.1 关于类运输线性规划问题 (192)
  - 5.5.2 可视为类运输线性规划问题的变通办法 (192)
- 5.6 练习题 (195)

第6章 常用的优选方法 (203)
- 6.1 优选法与社会经济管理 (203)
  - 6.1.1 优选法含义 (203)
  - 6.1.2 优选法应用方向 (204)
  - 6.1.3 优选法分类 (205)
- 6.2 常用的单因素优选法 (205)
  - 6.2.1 （中点）对分法 (205)
  - 6.2.2 黄金分割——0.618法 (208)
  - 6.2.3 分数法 (212)
- 6.3 常用的双因素优选法 (216)

		6.3.1 关于多因素制约问题 …………………………………………（216）
		6.3.2 坐标（因素）纵、横向对折法 ……………………………（217）
		6.3.3 平行线法 ……………………………………………………（223）
		6.3.4 好点出发（因素轮换）法 …………………………………（227）
		6.3.5 陡度（盲人爬山）法 ………………………………………（230）
		6.3.6 双因素优选中好点会否丢失问题 …………………………（233）
	6.4 三因素及三个以上制约因素的优选问题 …………………………（234）
		6.4.1 一般双因素法的拓展 ………………………………………（234）
		6.4.2 多因素、多水平优选的正交设计试验 ……………………（239）
		6.4.3 利用正交设计试验表安排多因素、多水平试验 …………（244）
	6.5 优选法在应用中的几点注意事项 …………………………………（249）

第7章 投入产出分析方法初步 ……………………………………………（252）
	7.1 投入产出综合平衡的基本概念 ……………………………………（252）
		7.1.1 社会化大生产与投入产出综合平衡 ………………………（252）
		7.1.2 基本数学模式——投入产出表 ……………………………（253）
		7.1.3 投入产出模式分类 …………………………………………（253）
	7.2 区域型国民经济投入产出分析应用 ………………………………（254）
		7.2.1 区域型投入产出通用数学模式 ……………………………（254）
		7.2.2 区域型投入产出分析法的应用方向 ………………………（257）
		7.2.3 区域型国民经济投入产出表结构分析 ……………………（257）
		7.2.4 国民经济投入产出预测 ……………………………………（263）
		7.2.5 对其他重要社会介入因素依存度分析 ……………………（265）
		7.2.6 间接消耗和完全消耗系数 …………………………………（268）
	7.3 企业（或行业）型投入产出模型 …………………………………（271）
		7.3.1 企业型投入产出基本数学模型 ……………………………（272）
		7.3.2 企业型投入产出直接消耗系数和完全消耗系数 …………（275）
		7.3.3 企业型投入产出分析主要应用方向 ………………………（280）
	7.4 投入产出综合平衡分析方法前景展望 ……………………………（283）
	7.5 练习题 ………………………………………………………………（283）

编 后 ………………………………………………………………………（286）

参考文献 …………………………………………………………………（287）

绪　论

一、现代科学管理与应用数学方法

建设社会主义物质文明和精神文明，推进国民经济全面现代化，一靠现代化的科学技术理论指导和现代化的技术装备（即设备、材料、工艺），二靠现代化的科学管理（即实施科学完善的社会人文管理和建设科学完善的生产组织体系、生产要素优化调配体系）。应用数学作为一门工具性学科，能很好地为实现这两项宏大目标服务。应用数学的相应理论指导和技巧，与社会经济管理实践密切结合，互相促进、共同升华。这种工作程式，愈来愈受到指导技术创新和实现科学管理的重视，日益成为管理科学的重要组成部分。例如，对于一个社会区域、一个部门、一个生产企业或一个军事单位来说，为着一定效益目标的实现，经常需要对某种经济社会活动的现象或趋势，日常大量的、具体的工农业生产进程，产品质量状况及经营活动的市场取向，某项军事试验（或军事行动）的预先谋划等，进行适时考核、查验、分析、推证。以利对相应的人力、物力、资金、时序进行科学合理的调配、调控，做出正确、科学的决定和决策，从而降低成本、减少耗费，使目标效益最大化。而这些方面的工作，无一不紧密地联系和依赖着相应的数学理论和数学方法。这"相应的数学理论和数学方法"从经济社会的实践中来，又回到参与指导和管理的经济社会活动的实践中去，从而逐步形成了一个专门的数学分支——应用数学。本书仅从经济社会管理工作中最常见、最基础的应用数学方法做出推荐和介绍，故命名为《经济社会管理与应用数学方法》。

二、应用数学方法参与现代科学管理的一般程序

在日常的经济社会管理工作中，在运用相应的数学方法参与管理和帮助研判预期效果或制定决策时，一般运行程序如下：

了解或提出任务（即明确行动目标）；整理完成目标任务所涉及的多种要素（现象和数据）；选定相关的数学模型，用数学模型所特有的方法对目标要素（现象和数据）进行分析和计算；对分析推证和计算后所得出的结果再进行综合研判；最后做出决策或提出决策性建议。

三、本书内容设置要点及受众

近四十年来，随着我国改革开放不断深化，对经济社会管理手段的现代化、科学化要求日益迫切和广泛，应用数学方法也越发得到重视。近些年来国内从不同渠道出版发行的涉及管理数学、应用数学的专著已有不少版本，但是立足于普及应用、强调应用方法介绍的应用数学读本较为为少见。本书针对经济社会管理工作尤其是基层或第一线管理工作中一些较为常用的应用数学方法做出普及性推荐和介绍。

（一）内容设置要点

（1）力图从利于实践、利于基层工作者操作应用出发，重点介绍在经济、社会管理工作中使用较为广泛的，也是较为基础的应用数学常识及具体方法。对涉及单纯的数理理论推导和数学概念的推衍论证，仅从讲解必要数学知识的角度，为基层经济社会管理工作者提供相关处理方法和必要的理论依据。

（2）体例上循序渐进，由浅入深，各章节知识介绍相对独立（实际上也必然有着相应的内在联系）。各个章节大都编列有一定数量针对处理实际问题的例题，目的在于帮助读者结合实例，更好地了解、掌握和运用相应的数学概念、公式、定律，来分析、研究和解决工作（包括某些基层军事单位的管理工作）和生产、生活中的一些实际问题。力图让读者学完一章一节就能派上一章一节的用场。

（3）语言上力求通俗简明，避免枯涩。

（4）书中针对应用数学知识讲述，有意识地编写了大量例题和练习题，所采用的例题和练习题绝大部分系作者从生产和社会实践中自行设计或改编，部分内容采摘自报刊公布资料，也有少数内容引自其他数学教材。目的在于借以增强读者分析和处理实际问题的应用能力，并为读者学习其他有关社会经济管理专门知识，铺垫必备的应用数学基础。

（二）受众

本书所讲述的多项应用数学知识和方法，适宜基层党政领导，基层党、政、军职能部门的业务（参谋）人员，企业初、中级管理人员，大专以上党校学员或其他相关人员学习或参考。

四、建议读者从掌握应用方法起步

在实践中，一种新的应用数学方法的学习和掌握，往往是在初步学习新概念的基础上，先通过看实例、做练习，掌握了"怎样做"，再回过头来进一步理解和领会"为什么要这样做"，继而熟能生巧，拓展其运用思维能力，尤其是对第四章以后的几种专项应用数学方法的学习和掌握，更是如此。

本书所讲述的应用数学知识，虽然范围、程度有限，但其在经济社会管理工作中却有着重要而广泛的用途，有的数学方法还有着多方面的实践意义。

笔者相信，读者经过一定时期的学习和不断地实践运用，在这方面花的每一份功夫，都能增长一分解决实际问题的应用数学技能。若能结合自身实际，坚持长期不断地学习和实践运用，不仅入门不难，进一步深造也是完全可能的。

第1章 预备知识

1.1 质量技术管理中的误差常识

1.1.1 误差

在工程技术管理中，往往要利用多种测量工具来测试产品的不同质量指标（如长度、厚度、角度、光洁度、含量、硬度，密实度、吸湿度等），由于测量工具本身不够精准和测量过程中可能出现的如图1-1所示的视觉偏差（视差、操作差）等多种因素制约，就造成了所得测量数值不能准确反映被测物体质量指标数值的状况，出现了大于或小于实际质量指标数值的偏差。从另

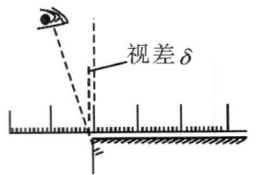

图1-1 由视差产生的测量误差示意

一角度讲，由于生产设备和工艺水平的限制，实际产品质量的指标数值也不可能完全、准确地达到设计要求，总是要出现大于或小于设计值或理想值的偏差，这个偏差（通常用$\pm\delta$表示）术语称其为"误差"。

误差在生产和生活实践中是客观存在的。人们只能想办法把产生的误差控制在不影响生产进程和产品的使用要求的一定范围之内。例如，建筑工地上，要求钢筋工需要加工切割一批1.5m长的钢筋，在每一次操作时，由于"视差"和切割设备、个人工艺等原因，不可能每根钢筋下料后长度都十分精确一致，通常是允许其长度误差在$\pm0.5cm$的范围内；同样，出口一批袋装食品，规定重量为500g/袋，同样由于灌装工艺和称重计量方面的原因，也不可能做到每袋食品重量都精确一致，于是便规定允许每袋重量误差在$\pm10g$的范围内；某种内燃机汽缸活塞，设计直径是100mm和110mm两类，允许偏差为$\pm0.1mm$；上级下达或分解某项任务指标时，允许下级在10%的范围内调整等。

这上面几个实例中的$\pm0.5cm$、$\pm10g$、$\pm0.1mm$、10%等，都是指不影响生产进程、产品的使用要求或生产成本核计等的"一定范围"。

误差又分为绝对误差和相对误差两类，前面实例中的±0.5cm、±10g、±0.1mm是绝对误差，而10%则是相对误差。

1.1.2　绝对误差

所谓绝对误差，是指测量值与实际值之间，某件产品实际指标数据与设计的或规定的指标数据之间出现的差值。当然，这个差值还有向"多"的方向偏差（+）和向"少"的方向偏差（-）的区别。

绝对误差的差值与被测量物体或被测量对象指标数值有同样的度量单位，如长度、重量、强度、温差、张力等，也遵从同样的量度术语。

例1-1：一张桌子的长度为120cm，某人第一次测得的数据是120.05cm，第二次测得的数据为119.96cm，则第一次测量的绝对误差是+0.05cm，第二次测量的绝对误差是-0.04cm。

1.1.3　相对误差

在承认绝对误差是客观存在的基础上，为了进一步考查生产技艺水平或某项试验、检测过程中所产生的绝对误差值对于被测量物设计指标值或实有指标值的构成比重，我们还要进一步学习和了解相对误差概念。

绝对误差与被测物实际指标数值或设计指标数值之比（记为δ/x），称为相对误差。相对误差所反映的实质是效率、能力、工艺水平、精准程度等指标内涵。如甲测量10m长的物件，产生了5cm的误差，其相对误差为$\frac{5}{1\ 000}$=0.5%；乙测量20cm的物件，产生0.5cm的误差，但其相对误差为$\frac{0.5}{20}$=2.5%。说明甲测量技术水平比乙高。

相对误差通常用百分比表示。如前面提到的内燃机汽缸活塞直径加工的允许偏差为0.05%，上级下达任务允许在10%的范围内调整等。运用相对误差这个概念，能较为清晰地反映测量水平、调控能力或结构占比等。

1.1.4　间接测量中的叠合误差

1.1.4.1　叠合误差的定义

在生产实践中，有些指标量，如面积、体积、密度（比重）、吸湿度、合格率等，不能直接从单一（包括非一次性）的测试或检验中得出，而是需要从几个（或几项）不同的测量方向分别测试，才能得出相关数据，然后再将两个或几个（或几项）不同方向上测试得来的相关数据，按不同规则参与运算，最后才能得出需要的指标量。我们称这种测试结果指标量为间接指标量，这种由间接途径得出的指标量，它所包含的误差，是由两个以上测试方向所产生的误差的叠合，故我们称之为叠合误差。

例如，测量一块地的周长、一个正（或长）方形的面积、一个立方体的体积、某种溶液的浓度等，都需要将不同方向上测试得来的数据，按不同规则参与运算，才能得出其面积、体积和浓度的指标量。我们知道，从不同方向上进行的每一测试，都会产生相应的误差，而通过测试和以若干单项测试数据计算出的结果与实际值（或设计值）之间也必然出现新的误差，我们称这种新的误差为非单一性测试结果（如测试面积、体积和浓度等）的叠合误差。

1.1.4.2 叠合误差的计算

从上述对叠合误差的定义可知，叠合误差的差值，也需由计算间接测量所得指标量所包含的误差，按规则运算得出。

在日常工作中所遇到的叠合误差的计算，主要涉及若干初等运算法则。为叙述方便，我们先假设每一测试方向出现的测试值和误差分别为：$a = x_a \pm \delta_a$，$b = x_b \pm \delta_b$，$c = x_c \pm \delta_c$，……；然后再按相应的运算规则进行误差计算。

叠合误差既存在绝对叠合误差，也存在相对叠合误差。

1. 由"和"或"差"的关系计算叠合误差

这种情况主要发生于多次重复检测手段。

如图 1-2 所示，若计算如图示中的周长或需计算多次带误差重复测量的长度，即需由和的关系计算叠合误差。

设：图中长方形的长为：$a = x_a \pm \delta_a$，宽为：$b = x_b \pm \delta_b$，

则其周长为：$2(a + b) = 2[(x_a + x_b) \pm (\delta_a \pm \delta_b)]$

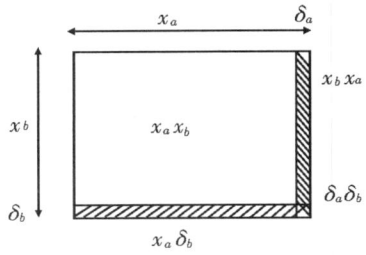

图 1-2 叠合误差计算示意

对于计算间接测量所产生的误差，考虑其最大（或最不利）的情况，不外都是正向误差或都是负向误差两种，即 $+\delta_a + \delta_b$ 或 $-\delta_a - \delta_b$，即是：

周长：$2(a + b) = 2[(x_a + x_b) \pm (\delta_a + \delta_b)]$。

一般情况下，求和与求差产生的叠合误差，都以最大误差值来考量。其表达式为：

$$C_1 = (a+b) = (x_a + x_b) \pm (\delta_a + \delta_b)$$
$$C_2 = (a-b) = (x_a - x_b) \pm (\delta_a + \delta_b)$$

这时，其正向或负向最大绝对误差分别是：$\delta_c = \delta_a + \delta_b$，$\delta_c = -(\delta_a + \delta_b)$。

而相对误差分别是：$\dfrac{\delta}{C} = \dfrac{\partial_a + \partial_b}{x_a + x_b}$，$\dfrac{\delta}{C} = -\dfrac{\partial_a + \partial_b}{x_a + x_b}$；

例 1-2：设：$a = (2.73 \pm 0.02)\,\text{cm}$，$b = (3.45 \pm 0.03)\,\text{cm}$，试计算其叠合误差。

解：$a + b = 6.18 \pm 0.05\,\text{cm}$，

则：绝对误差：± 0.05，相对误差：$\dfrac{\delta}{C} = \dfrac{0.05}{6.18} = 0.008$。

2. 由"积"和"商"的关系计算叠合误差

我们以最常见的求长方形面积（如图1-2）来讲述。

设长方形的长为：$a = x_a \pm \delta_a$，宽为：$b = x_b \pm \delta_b$，

则面积 $S = (a \times b) = (x_a \pm \delta_a) \times (x_b \pm \delta_b)$
$$= (x_a \times x_b) \pm [(x_a \times \delta_b) + (x_b \times \delta_a) + (\delta_a \times \delta_b)]。$$

同样如图1-2所示，$x_a \times \delta_b$ 与 $x_b \times \delta_a$ 以及 $\delta_a \times \delta_b$ 这三个误差数据都是属两个测试方向所产生的带误差数据叠合计算的结果，它们都被称为积的绝对叠合误差，简称积叠合误差。

因为 δ_a 和 δ_b 比之于 x_a 和 x_b，都是很小的数值，其积 $\delta_a \times \delta_b$ 则更小，即使考虑到最不利的情况，也都可以忽略不计；于是，我们仅将 $(x_a \times \delta_b) + (x_b \times \delta_a)$ 视为该长方形面积的绝对误差。

一般情况下，两个相关量 a 与 b 积的误差计算，都可忽略掉 $\delta_a \times \delta_b$ 这一微小值而将其直接表达为：
$$C = a \times b = (x_a \times x_b) \pm (x_a \times \delta_b + x_b \times \delta_a)。$$

出于上面求面积发生的积绝对叠合误差同样的处理方法，这时积的绝对误差：$\delta_c = x_a \times \delta_b + x_b \times \delta_a$；相对误差：

$$\dfrac{\delta_c}{C} = \dfrac{x_a \times \delta_b + x_b \times \delta_a}{x_a \times x_b} = \dfrac{\delta_b}{x_a} + \dfrac{\delta_a}{x_b}。$$

同理，对于除(商)关系的叠合误差，也有：

$$C = \dfrac{a}{b} = \dfrac{x_a}{x_b} \pm \left(\dfrac{x_a \times \delta_b + x_b \times \delta_a}{x_b^2}\right)（具体推证过程，请读者自己进行）。$$

如上所述，在日常工作中所遇到的多种间接测量所需要的叠合误差的计算，主要涉及若干初等运算法则，除上面已讲到的和、差、积、商（+、−、

×、÷）四类叠合误差运算外，我们直接用列表的方式将若干常用的叠合误差计算公式录出，供读者参考。

表 1-1　常用间接测量叠合误差计算公式表

数学运算关系	误差 绝对误差	误差 相对误差
$a+b$	$\pm(\delta_a+\delta_b)$	$\pm\left[\dfrac{(\delta_a+\delta_b)}{(x_a+x_b)}\right]$
$a+b+c$	$\pm(\delta_a+\delta_b+\delta_c)$	$\pm\left[\dfrac{(\delta_a+\delta_b+\delta_c)}{(x_a+x_b+x_c)}\right]$
$a-b$	$\pm(\delta_a+\delta_b)$	$\pm\left[\dfrac{(\delta_a+\delta_b)}{(x_a-x_b)}\right]$
$a*b$	$\pm(x_a*\delta_b+x_b*\delta_a)$	$\pm\left(\dfrac{\delta_a}{x_a}+\dfrac{\delta_b}{x_b}\right)$
$a*b*c$	$\pm(x_a*x_b*\delta_c+x_a*x_c*\delta_b+x_b*x_c*\delta_a)$	$\pm\left(\dfrac{\delta_a}{x_a}+\dfrac{\delta_b}{x_b}+\dfrac{\delta_c}{x_c}\right)$
a/b	$\pm(x_b*\delta_a+x_a*\delta_b)/x_b^2$	$\pm\left(\dfrac{\delta_a}{x_a}+\dfrac{\delta_b}{x_b}\right)$
$K*a$	$\pm K*\delta_a$	$\pm\dfrac{\delta_a}{x_a}$
a^n	$\pm n*x_a^n*\delta_a$	$\pm n*\delta_a/x_a$
$\sqrt[n]{a}$	$\pm\dfrac{1}{n}*x_a^{n-1}*\delta_a$	$\pm\dfrac{1}{n}*\delta_a/x_a$

说明：①上表所列各式，均预设 $a=x_a\pm\delta_a$，$b=x_b\pm\delta_b$，$C=x_c\pm\delta_c$；公式表中"*"代表相"乘"或"积"的关系。

②在叠合误差计算的附表中，分别列出了不同运算关系中的绝对误差和相对误差的计算程式，供读者在运用中参用。

1.1.5　误差控制和检验、评测方法

在社会经济管理工作中，客观产生的误差，实际从一个侧面反映了工作能力和技术水平的高低，故在质量技术管理中，无论是相对误差、绝对误差，还是叠合误差，都希望尽可能减少到最低程度。通常情况下，为了保证使用

性能或实现一定的目标要求，绝对误差总是被要求控制在一定的允许偏差范围（通常标注为±δ），相对误差也总是被要求控制在允许的百分比范围，超过这个范围，就叫不合格。

1.1.5.1 控制绝对误差范围

例 1-3：20 世纪 70 年代，国标建材规范规定，一级青砖标准外形尺寸（长×宽×厚）为 240×115×55（mm），其长、宽、厚允许误差分别为±5mm，±5mm，±3mm；承压强度要求为≥75kg/cm²，承压强度允许误差为±3kg/cm²。某砖厂由于工艺水平限制，生产出的一批青砖任意抽取一块送检，其外形尺寸是 246mm×115mm×58mm，承压强度 68kg/cm²，试计算该厂这批青砖质量指数对于规范要求指数的绝对误差，并判断其质量状况。

解：外形尺寸长度绝对误差为：$\delta = 246 - 240 = +6$（mm）

外形尺寸宽度绝对误差为：$\delta = 110 - 115 = -5$（mm）

外形尺寸厚度绝对误差为：$\delta = 58 - 55 = +3$（mm）

承压强度绝对误差为：$\delta = 68 - 75 = -7$（kg/cm²）

四项指标中有两项（尤其是承压强度）超出允许误差范围，应视为不合格。

在对建筑用材的实际检测中，为保障建设物的整体结构强度，往往会特别强调砖的承压强度、砂浆配制标号、钢材抗拉强度等重要、重点指标量。例如，某建材的承压强度、抗拉强度的设计允许误差为 $\delta = +5.00\text{kg/cm}^2$，即表明，承压强度、抗拉强度等的绝对误差，允许偏高（正向误差），不允许低于设计值。有的超市在调整计量器时，为取得顾客信任，明确承诺它们的测试计量值不会出现负的偏差。

1.1.5.2 控制相对误差比率

例 1-4：某营业单位售货员甲称重 100kg 某物，产生了 1kg 的绝对误差，乙称重 20kg 某物，产生了 0.8kg 的绝对误差，我们当然不能仅凭绝对误差值的大小来评判甲、乙两人称重水平之高低，而必须运用相对误差概念。

$$甲：\delta/x = 1 \div 100 = 1\%；$$

$$乙：\delta/x = 0.8 \div 20 = 4\%；$$

通过相对误差计算，得知甲称重误差率为 1%，乙称重误差率为 4%，说明甲的称重水平比乙高。

在生产和生活实践中，为保证社会经济活动有序、高效进行，有时候还需要多次重复进行绝对误差和相对误差的计算和分析。

1.2 各类经济社会指标量的基础分析方法

1.2.1 经济社会生活中的绝对数和相对数

在社会经济管理工作中，经常要接触到大量的反映一个地方、一个部门、一个企业、一个车间班组的机体构成、生产进度等方面的不同种类、不同性状、单位，然而又都包含一定社会经济内涵或进程的大量数据，如某县 2018 年新建乡村文化站 46 个，新建村和社区休闲文化广场 34 处，计 38 464m^2；某企业上月实现产值 13.63 万元；某商店一季度网购营业额 241 662.39 元；某军事单位上半年组织了 13 批次野外生存实训……这些包含计量单位的数据，都代表或标志着相应的社会和经济活动各有所指的具体内容，在统计学中通常称之为基本标志量数值或绝对指标量数值，通常简称为绝对指标或绝对数。

社会经济管理中常用的绝对数计量单位一般有实物计量单位：如个、千克、米、度、担、辆、台等；货币单位：如人民币元、角、分、美元、英镑、卢布等；劳动量单位：如工日、工时、台班等；时间单位：如小时、日、月、季度、年度等。

了解和掌握相应的绝对数，是实施社会经济管理的基础。

1.2.1.1 社会及经济技术考核中的相对数

在实际工作和生活中，为了切实把握某些社会经济活动或现象的本质、趋势、相互关联程度等，往往需要选取两个或若干个彼此有关联的指标量（大多为绝对数）进行定性、定量的对比计算，以了解和把握这些标志量所代表的某类经济、社会现象之间的关联程度、结构比重、进展（上升或下降）比率、资金周转状况……表明这种对比计算结果的数值叫作相对数。

相对数按其分析目标的不同，一般又可分为结构相对数、进度相对数、强度相对数等不同类别（其他教材也有称为结构、强度、发展比、比值、比例）。有时也还有用一个或一类相对数与另一个或另一类相对数再进行对比计算，其结果仍称为相对数。

例 1-5：我国"五五"计划期末的 1980 年，全国工农业总产值为 7.077 亿元，"六五"计划期末的 1985 年，我国工农业总产值为 13.269 亿元，这两个绝对数之比：

$\dfrac{13.269}{7.077}$ = 1.875 或 187.5%，便称为"六五"期末我国工农业总产值对"五五"期末的发展相对数（或发展比例）。

例 1-6：某水泥厂年计划生产某型号水泥产品 84 万吨，其 1 至 6 月份实际产量如表 1-2 所示：

表 1-2　某水泥厂 1 至 6 月份实际产量　　（单位：万吨）

月份	1月份	2月份	3月份	4月份	5月份	6月份	小计
产量	6.60	4.22	7.66	8.84	9.24	8.54	45.10

相对数 $\dfrac{45.10}{84.00}$ = 0.536 9 或 53.69% 表明该厂上半年做到了时间过半，完成任务过半。

例 1-7：截至 1984 年末，贵州省毕节地区（现毕节市）总人口是 535.77 万人，其中农业人口为 506.79 万人，非农业人口为 28.98 万人，则相对数：

$$\dfrac{503.79}{535.77} = 0.945\ 9\ （或 = 94.59\%）$$

表明当时该地区 1984 年末农业人口在总人口中占的（结构）比重相当大，这是当时规划毕节地区经济社会发展应首先注意的问题。

例 1-8：某商业企业去年的商品销售总额为 5 311 万元，全年实现税后纯利润 190 万元，则相对数：

$\dfrac{190}{5\ 311}$ = 0.035 8，或 3.58% 即表示该企业去年纯利润额占纯销售额的比重（结构强度），在商业财务术语中，这个比重值通常称为纯利率。

下面，再举一个以相对数作为比较基础，从而得出新的相对数的例子。

例 1-9：某工厂 2010 年初制定产品成本计划时，原计划将产品成本在 2009 年度的基础上再下降 15%，至 2010 年末，实际成本比上年下降了 21.8%，问：

①该厂 2010 年度产品成本下降计划完成程度是多少？
②该厂 2010 年度实际成本占计划成本的比率又是多少？

解：①产品成本下降计划完成程度是指原成本下降计划对于实际完成率的比值，据题意有：

$$\dfrac{1-15\%}{1-21.8\%} = 1.087 = 108.7\%$$

即该厂 2010 年度成本下降计划实际完成率为 108.7%，超计划 8.7%。
②实际成本占计划成本的比率为：
$$\frac{1-21.8\%}{1-15\%}=\frac{78.2\%}{85\%}=0.92=92\%$$
即该厂 2010 年度实际成本仅为计划成本的 92%。

由上面的例 1-3 至 1-7 五个例题可看出，在计算相对数时，要注意找准和运用好作为比较基础的绝对数或相对数（计算式中常用作分母）。

进度相对数通常又被称为增长（或减少）系数、倍数；结构相对数又通常被称为所占比例、比重；而强度相对数往往被称为某某率。另外，还要特别讲明，在表述某个相对数时，还要十分注意参与比较计算的基础的绝对数或相对数，与作为计算结果的相对数之间的相互称谓关系，弄清如谁对谁的倍数、占比、增（减）率等。另外，进度相对数中"增加""增加了""增加到"；"减少""减少到""下降为"，都要准确把握和表述。对于"基础数"与结果值相互间的逻辑关系，既要做出准确的数据计算，也要给予准确的文句叙述。

1.2.1.2 定基相对数和环比相对数

在相对数指标量计算，尤其在对发展类、进程类的相关数据考核或计算中，常用到定基相对数和环比相对数这个概念。

定基相对数，是指以某一个期限的指标量为基础（分母），而用其他期限的一系列指标量与这个先期确定的基础指标量（定基）做比较计算，所得出的一系列相对数，称为定基相对数。

与时序指标量相关联的定基相对数，在经济统计中也被称为定基发展比速或定基发展速度。

环比相对数，是指按顺序，分别将后一个进程期限的指标量（分子），与前一个期限指标量（分母）进行比较计算所得的相对数，称为环比相对数，环比相对数就像链条连接，环环相扣。

同样，与时序指标量相关联的环比相对数，在经济统计中也被称环比发展比速或环比发展速度。

下面用一个例子，帮助读者直观理解这两类相对数。

例 1-10：20 世纪 70 年代，我国各年度工业总产值及其定基、环比发展速度如表 1-3 所示。

表 1-3　1970—1979 年我国工业总产值发展变化数表　　（单位：人民币亿元　%）

类别＼年度	1970	1971	1972	1973	1974	1975
工业总产值	2 112	2 431	2 132	2 807	2 836	3 217
定基相对数	100	115.1	100.9	132.9	134.3	152.3
环比相对数	100	115.1	87.7	131.7	101.0	113.4

类别＼年度	1976	1977	1978	1979	—	—
工业总产值	3 311	3 705	4 233	4 628	—	—
定基相对数	156.8	175.4	200.4	219.1	—	—
环比相对数	102.9	111.9	114.3	109.3	—	—

说明：资料来源于《国家统计年鉴》1981 年 3 期。

从表 1-3 可看出：

（1）定基相对数的分母只能是被选为基期的那个指标量；而环比相对数的分母则需要依（秩）序转换。

（2）环比相对数是以基期为 1（或 100%），且第一个期限（基期）环节的环比相对数与定基相对数一致。

（3）定基相对数可检测一个较长时期内某类事物（物质生产现象）的变化状况，或某个社会现象的总体进展趋势；环比相对数则易检测某一具体环节的进展态势。例如表 1-3 中，1972 年我国工业总值对于 1970 年来说基本持平或说略有增长，但与上一年（1971 年）相比，则是下降了 12.3%，应是大有原因可查。

定基相对数和环比相对数在经济社会管理中应用较为广泛，我们常讲某地人口各年度自然增长率；某商品销售额逐年（或月）升降比率；某企业近两年货币资金流速等，用的就是环比相对数。而改革开放初期提出的实现 GDP 二十年翻两番，用的就是定基相对数概念。

1.2.2　绝对数和相对数四种表述方法

经济社会管理工作中，代表或反映各类进程和状况的数据指标量（包括绝对数和相对数），在很多情况下都会被归纳成为统计数表或时序数列。有时为了更形象地表述这些数据或技术指标间的内在联系和变化趋势，往往还要借助一定的图示法则。常用的图示法则有折（曲）线图示法、条形图示法、扇形图示法、形象图示法等。

1.2.2.1 折（曲）线形图示法

这种图示法的特点是用折（曲）线来标识指标数据的经济社会特征和变化趋势，具体操作多采用直角坐标系内描点连线成图的方法，反映的内容可以是单一的项目内容，也可以是多个项目内容；可以是绝对数，也可以是相对数。

下面看两个例子。

例 1-11：某标件生产企业年初计划完成年产值 360 万元，各月应完成产值额平均分配，其 1~9 月实际完成额如表 1-4 所示。

表 1-4　标件生产企业 1~9 月产值完成情况　　　（单位：万元）

月份 实绩	1月	2月	3月	4月	5月	6月	7月	8月	9月	备注
计划产值	30	30	30	30	30	30	30	30	30	
月实绩	26	21	32	28	39	42	40	22	24	
累加实绩	26	47	79	107	146	188	228	250	274	

根据以上资料，绘制成折（曲）线图 1-3 如下。

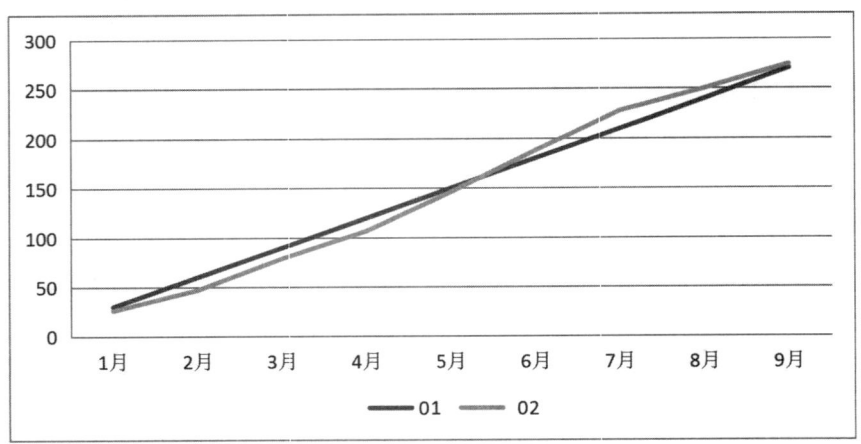

说明：———— 01 为计划指标线，———— 02 为实际完成指标线。

图 1-3　××企业 1~9 月逐月完成产值进度累加折线图（根据表 1-4 资料所作）

由图 1-3 中的折线图示可形象地看出，该企业第一季度末完成产值计划，第二季度后 5~7 月进展较快，6 月末实现了年度计划时间过半，完成任务过半。到 8 月份累计完成额超计划 10 万元，但 8 月份较 7 月份下降幅度较大。

结合上述图示情况分析，企业管理层要注意进一步查找一季度未完成计划和 8 月份下降幅度大的原因，并做好掌控调度，防止 9 月以后继续下滑或失调。

例 1-12：某企业 3 个车间 1~10 月完成配套任务如表 1-5 所示。

表 1-5 某企业三个车间完成配套任务统计表（年度计划配套任务总额为 100%）

实绩 \ 月份		1月	2月	3月	4月	5月	6月	7月	8月	9月	10月	11月	12月
一车间	当月%	8	6	8	7	10	9	12	10	9	10		
	累加%	8	14	22	29	39	48	60	70	79	89		
二车间	当月%	12	10	9	11	11	12	10	12	12	11		
	累加%	12	22	31	42	53	65	75	87	99	110		
三车间	当月%	7	4	5	11	14	7	8	6	5	4		
	累加%	7	11	16	27	41	48	56	62	67	71		

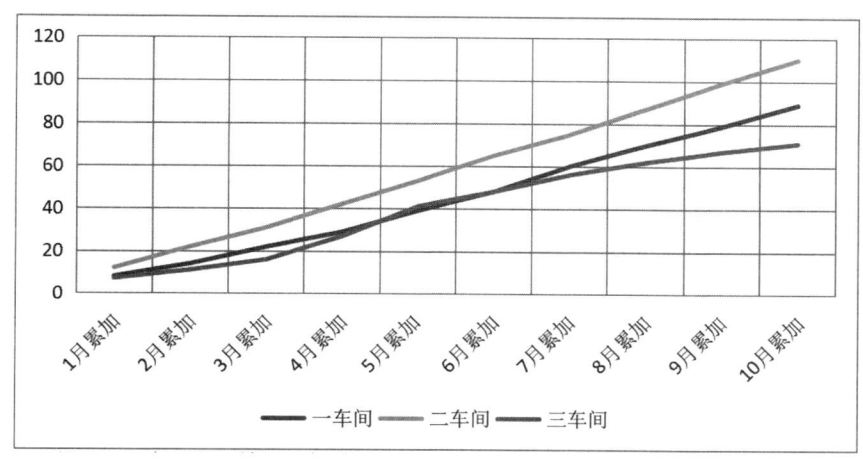

图 1-4 ××企业三个车间 1~10 月完成配套任务百分值折线图

这是用相对数指标量做出的折线图示，它形象地反映出，一车间生产进度与计划进度基本一致，进度较平稳。二车间几乎每月超计划，到 10 月末已超进度计划 27%以上，而三车间进度缓慢，几乎每月低于进度计划，且进度波动较大。从共同完成整个企业年度配套任务的角度讲，可考虑在本年的最后两个月：

(1) 加强对三车间的调度管理,促进增速。

(2) 适当从二车间调配力量到三车间,扩大其产能。

1.2.2.2 条形图示法

条形图示的要点,就是用一系列长短或高低不同条形图码来表现指标数据的形象特征,具体还可分为进展比较和结构变化比较两类。下面仍举例说明。

例1-13:1949—1959年,我国工农业总产值及其比重变化资料如下。

表1-6　1949—1959年我国工农业总产值资料　　(单位:亿元)

年度	工农业总产值	工业总产值 数额	工业总产值 比重	农业总产值 数额	农业总产值 比重	备注
1949年	466.0	140.0	30.0%	326.0	70.0%	
1952年	739.9	307.1	41.5%	432.8	58.5%	
1956年	1 252.0	642.0	51.3%	610.0	48.7%	
1957年	1 241.0	704.0	56.5%	537.0	43.5%	
1958年	1 841.0	1 170.0	63.6%	671.0	36.4%	
1959年	2 413.0	1 630.0	67.5%	783.0	32.5%	

说明:资料来源于《中国统计年鉴》,以1961年时价计算。

根据以上资料分别编制出条形图1-4、图1-5。很明显,由上面的条形(柱状)图示表达出来的建国初期我国工农业总产值发展变化情况和两类产值结构衍变情况要比单由统计表例数据所展示的内涵意义要形象、鲜明得多。

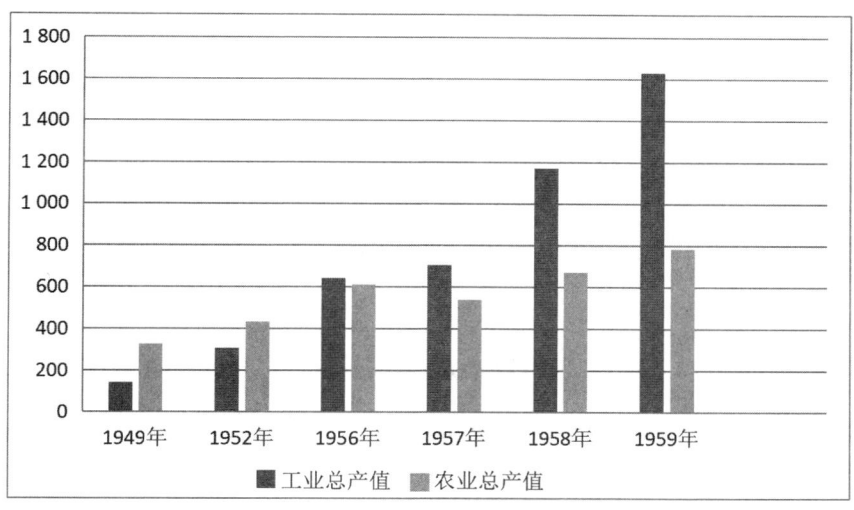

图 1-5　1949—1959 年全国工农业总产值发展变化比较条形图

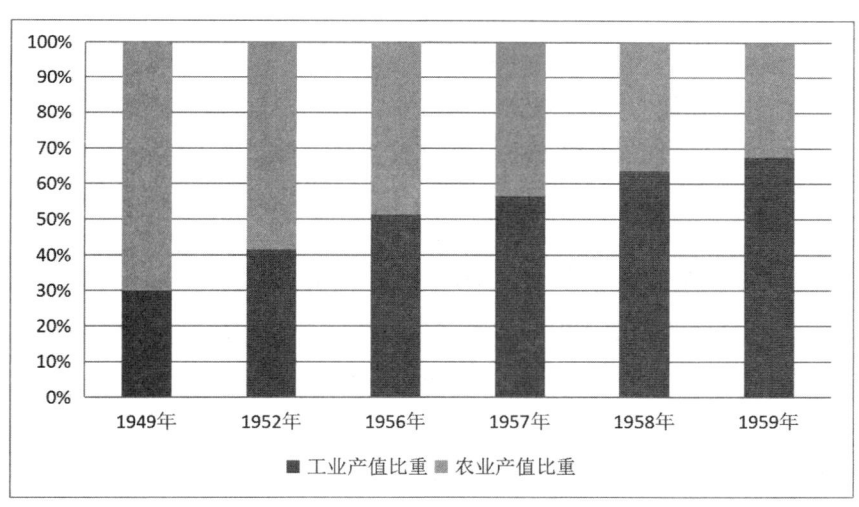

图 1-6　1949—1959 年全国工农业总产值结构比重变化条形图

1.2.2.3　扇形图示法

扇形图示法的要点在于它是用各指标数据自身体量（相对数或绝对数）在设定单位园内的扇形面积大小来表现指标数据的内在特征。

例 1-14：1980 年，我国国民经济收入及按主要行业构成划分情况如表 1-7 所示。

表 1-7　1980 年我国国民经济收入行业构成情况　　（单位：亿元）

	其中				
	工业	农业	建筑业	运输业	商业
行业总额	1 688	1 467	169	117	247
结构比重（%）	45.78	39.78	4.58	3.17	6.69

说明：行业类别是依据当时统计分类口径划分。

根据上述资料，做扇形图 1-7 表示如下。

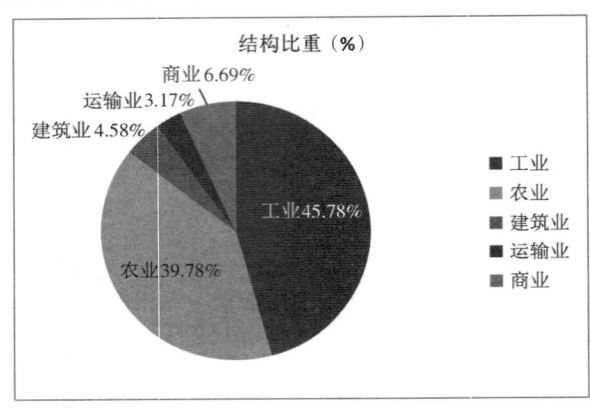

图 1-7　1980 年我国国民经济收入行业构成情况图示

例 1-15：某市委党校有教员 114 名，其中，本科学历 76 人，大专学历 31 人，中专及同等学历 7 人。从政治面貌划分，中共党员 62 名，共青团员 22 名，民主党派成员 7 名，非党派人员 23 名。从年龄构成划分，55 岁以上 11 名，40~55 岁 46 名，25 岁以上不足 40 岁 44 名，25 岁以下 13 名。

解：根据上述情况，用扇形图示分别从学历结构、政治面貌构成、年龄结构三个方面分别作扇形图 1-8、1-9、1-10 分别示意如下。

第1章 预备知识

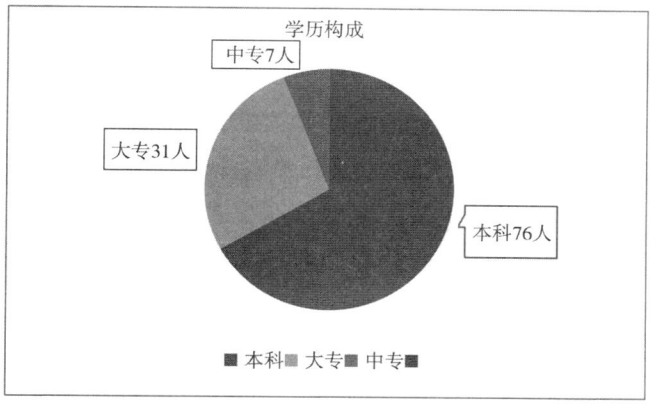

图 1-8 某市委党校教员学历构成图示

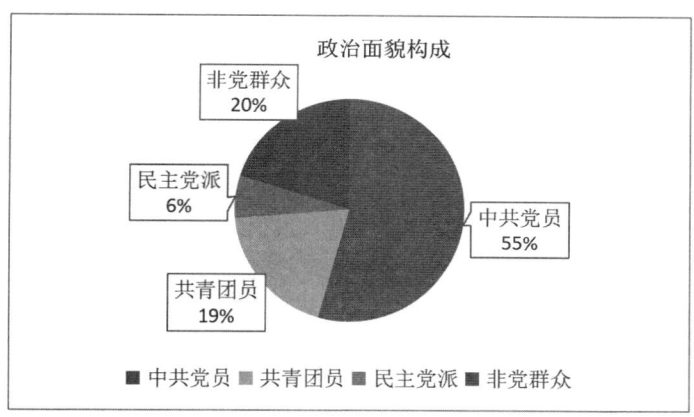

图 1-9 某市委党校教员政治面貌构成图示

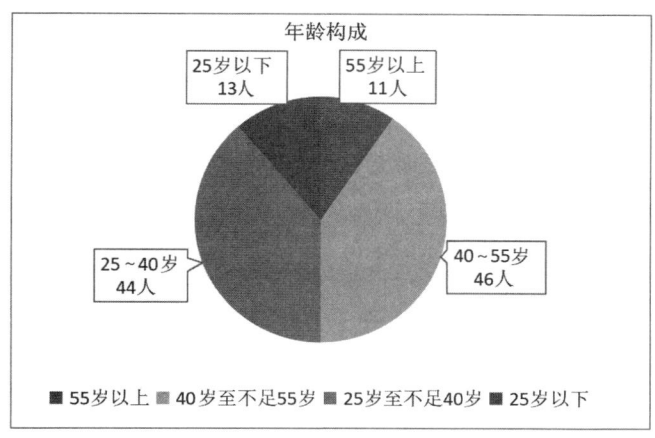

图 1-10 某市委党校教员年龄构成图示

扇形图示法多用于结构相对数的数据特征。

1.2.2.4 形象图示法

形象图示法的要点在于通常将各类社会经济指标的实物形象绘制成一系列有代表性的图案，同时用包括实物形象图案的大小、多寡、高低、长短等特征，来表达该系列指标数据内涵意义。

例 1-16：贵州省的一个边远山区民族乡有五个自然村寨，经过近二十余年的开发扶贫奋斗，到 2019 年全部越过温饱线，当年农民年人均自产粮食和年人均货币（人民币）收入（包括自产粮折价在内）统计资料如表 1-8 所示。

表 1-8　××乡五个贫困村 2019 年脱贫指标　　（单位：千克／年·人，元／年·人）

村别\项目	一	二	三	四	五
人均自产粮	360	460	360	420	400
人均货币收入	8 000	6 600	9 600	10 200	9 400

根据以上资料，作形象图如图 1-11 所示：

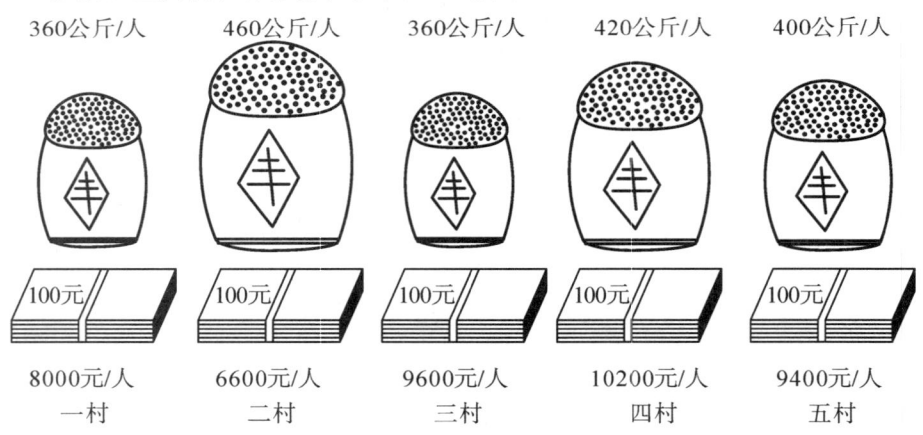

图 1-11　××民族乡 2019 年村年人均粮食、货币收入情况图示

形象图示法的难点在于图案的形象性难以恰当描绘，其形象比例也不易把握。因而除了有较强的宣传要求外，一般少用。

上述四类图示法各有优劣之处，具体应用时也无严格规定，一般说来，折（曲）线图示法多用于进度类指标量的表达；条形图示法既宜于表述进度类指标量，也适于表述结构类指标量；扇形图示法多用于结构类指标量表述；

形象图示法多用于宣传要求强烈的数据指标表达。

1.2.3 质量技术考核中的若干平均数方法

在经济社会管理工作中，人们经常会使用一些不同类型的、反映平均状态的数值来描述经济社会现象状态或水平。例如人均 GDP、平均产能、某商品的平均使用寿命、平均利润率、人均可支配收入、平均工资、平均发展速度等。这一类问题，在应用数学的术语中，叫作质量技术考核中的平均数问题。求解这些平均数，要采用不同的平均数方法。应用数学常用的方法有算数平均数法（包含普通算数平均数法、调和平均数法、先进平均数法、移动平均数法）、几何平均数法等。除几何平均数外，其他几类平均数内涵相近，仅在计算时的运作技巧略有差异。算术平均数常用字母 $\underline{X}$ 表示，几何平均数单独用字母 G 表示。

1.2.3.1 算数平均数法

1. 普通算数平均数法

具有共同指标意义的 n 个数据之和，除以 n 所得的结果，称为这 n 个数据的普通算术平均数。普通算术平均数常用字母 $\underline{X}$ 表示，即：

$$\underline{X} = \frac{x_1 + x_2 + x_3 + x_3 + \cdots\cdots + x_n}{n}$$

或者简写为：

$$\underline{X} = \frac{1}{n}\sum_{1}^{n} x_i \tag{1-1}$$

普通算术平均数代表了原始数据指标意义的平均状态。

例 1-17：某生产班组有 8 名工人，3 月份各自出勤日数记录如下：18 日，29 日，30 日，24 日，26 日，24 日，25 日，24 日；这 8 名工人 3 月份平均出勤日数为：

$$\underline{X} = \frac{1}{8}(18 + 29 + 30 + 24 + 26 + 24 + 25 + 24) = 25(日)。$$

2. 加权平均数法

若是组成的数据太多，逐个相加太烦琐，在计算它们的算术平均数时，常常把具有相同数值量的数据先合并到一起，构成所谓的"组"，于是原指标数据总体个数 n 就变成由每组所含的相同数值量的个数 f_i 之和组成。再若这样的组共有 k 个，每组相同的数值量分别为 $x_i(i = 1, 2, 3, \cdots, k)$，则其算术平均数就可按如下公式进行计算：

$$\underline{X} = \frac{x_1 \cdot f_1 + x_2 \cdot f_2 + x_3 \cdot f_3 + \cdots + x_k \cdot f_k}{n}$$

$$= \frac{\sum_{1}^{k} x_i \cdot f_i}{\sum_{1}^{k} f_i} \quad (1\text{-}2)$$

公式（1-2）中，某数据组具有相同数值量x_i的个数f_i，对所求得的平均数起着权衡轻重的作用，我们便把各个组的f_i称为计算平均值的权数，因而由平均数公式（1-2）计算出的算术平均数也叫作加权平均数。为便于理解，举例如下：

例1-18：某单位5月份42名员工的工资发放情况如下。

5 600元2人，5 300元4人，4 800元9人，4 400元13人，4 100元8人，3 800元4人，3 200元2人，试用平均数公式2计算该单位5月份员工平均工资。

分析：该单位5月份发放的工资共分为7个档次，公式中的$k = 8$，于是有：

$$\underline{X} = \frac{\sum_{1}^{k} x_i \cdot f_i}{\sum_{1}^{k} f_i} = \frac{\sum_{1}^{8} x_i \cdot f_i}{\sum_{1}^{8} f_i}$$

$$= \frac{5\,600 \times 2 + 5\,300 \times 4 + 4\,800 \times 9 + 4\,400 \times 13 + 4\,100 \times 8 + 3\,800 \times 4 + 3\,200 \times 2}{2 + 4 + 9 + 13 + 8 + 4 + 2}$$

$$= \frac{187\,200}{42}$$

$= 4\,457.14$（元／人·月）。

本题中，第四组频数13属较多人数的工资组，它对应的工资额4 400元，也最靠近该单位员工的月人均工资额，于是我们就称该组频数13为该单位职工月人均工资的主要权数。

加权平均数法在实际工作中运用较多，如计算混装商品的平均售价，不同等商品的平均进价，多型号产品的平均成本，不同类型农村居民年人均纯收入等都要用到。

3. 调和平均数法

有的情况下，由于原始资料来源的关系，在计算平均数前，须结合已知条件对总体指标量与构成总体指标量个数不对应状况先作协调（调和）运算，通过这种途径得出的平均数，叫作调和平均数。

例 1-19：一条内河航运船在甲、乙两地间往返行驶，顺水速度是 $v_1 = 60 \text{km/h}$，逆水速度是 $v_2 = 30 \text{km/h}$，求该航运船在甲、乙两地间行驶的平均速度。

本题若不认真思考，就会贸然得出 $\underline{X} = \dfrac{60+30}{2} = 45(\text{km/h})$ 的错误答案，为什么这个答案是错误的，需要进一步分析题意。

从平均速度的物理意义上思考，在一定区间的平均速度应是在该区间的行程总量除以所耗费的时间总和。本例题的总体标志量是往和返的距离之和，构成标志量的个数应是往和返各自耗用的时间之和。设甲、乙两地间的距离为 s km，往和返所耗费的时间分别是 f_1 和 f_2 小时，显然，

$$f_1 = \frac{s}{v_1},$$

$$f_2 = \frac{s}{v_2}；$$ 于是，本题答案应是：

$$\underline{V} = \frac{S}{T} = \frac{s+s}{f_1+f_2} = \frac{2s}{\dfrac{s}{v_1}+\dfrac{s}{v_2}} = \frac{2}{\dfrac{1}{60}+\dfrac{1}{30}} = 40(\text{km/h})。$$

本例题在计算过程中，s 只起了一个虚拟协调过渡的作用。

调和平均数公式及文字叙述直接理解很费劲，但在实际运用中，面对不同类别的初始资料，读者仅需记住"标志总量须与构成这个总量的组成个数协调对应"这个基本要点即可。如例 1-17 中平均速度一定是某段距离数量与行驶这段距离所耗时间数量之比，而商业上平均进购价格一定要求购物总付款量与进购物的总重量或总件数相对应。

例 1-20：某牧区收购站某月收购羊毛的资料如下。

表 1-9　某收购站某月分级收购资料　　（单位：人民币　元，元/kg）

等级 价款	一级	二级	三级	四级	等外级	合计
单价 x_i	18.60	14.80	11.00	9.60	6.80	
付款额 f_i	4 464.00	5 920.00	10 560.00	5 760.00	2 040.00	28 744.00

求：这批羊毛的平均购价。

解：本题的标志量是付款总量是 28 744.00 元，构成收购物标志数量 n 应

是总的收购千克数量，已知条件里没有直接表明，但可以通过各个等级羊毛的收购单价与该等级羊毛收购金额协调运算求出。故其平均收购单价应为：

$$\underline{X} = \frac{4\,464 + 5\,920 + 10\,560 + 5\,760 + 2\,040}{\frac{4\,464}{18.60} + \frac{5\,920}{14.80} + \frac{10\,560}{11.00} + \frac{5\,760}{9.60} + \frac{2\,040}{6.80}} = \frac{28\,744}{2\,500} = 11.50(元/kg)。$$

本题中，$X = 11.50$（元/kg）就是原资料中收购5个等级羊毛分别付出的金额 f_i 和5个等级羊毛各自收购单价 x_i 的调和平均数。

不难看出，调和平均数的计算公式可归纳为：

$$\underline{X} = \frac{\sum_{1}^{k} f_i}{\sum_{1}^{k} \frac{f_i}{x_i}} \quad (1\text{-}3)$$

4. 先进平均数法

所谓先进平均数就是高于（或低于）一般平均状态的那部分指标数据的平均值。它是我们制定下一阶段激励性、前瞻性生产计划、社会发展目标的重要辅助手段。这种方法也可用在同类产业或经济部门横向平行考核评估上。

例1-21：某生产班组有值班工人20名，对其上个月个人单独加工合格零件的生产成绩考核记录如下。

表1-10 工人加工合格零件考核记录 （单位：件/人·月）

按单人产量分组编号	个人月加工量 (x_i)	同产量组人数 (f_i)	同产量组合计产量 ($x_i f_i$)
1	100	4	400
2	120	3	360
3	140	7	980
4	160	3	480
5	180	1	180
6	200	2	400

根据以上资料，用加权算术平均数法求得这20名工人月均合格零件加工量为：

$$\underline{X} = \frac{\sum_{1}^{6} x_i \cdot f_i}{\sum_{1}^{6} f_i} = \frac{2\,800}{20} = 140(件/人 \cdot 月)。$$

这个月人均加工 140 件合格零件的劳动水平是大多数工人（本例题为 7 + 3 + 1 + 2 = 13 人，占 $\frac{13}{20}$）都能达到的水平。若再以这个均值作为下个生产期限月劳动任务的任务计划值，那就会挫伤大多数员工的劳动积极性，但若以最高生产水平第六组单个人均加工 200 件合格零件为下期任务指标，则又缺乏完成任务的可能性。为此，我们再考查个人劳动水平高于全班组平均水平，即处于先进状态的那一部分工人的劳动水平，即本例题中第 4 到第 6 组的平均状态，即所谓处于先进阶段的平均数 —— 先进平均数。

为与一般的算术平均数相区别，我们给代表符号"$\underline{X}$"加一下脚标 X（汉字"先"的声母）：

$$\underline{X}_x = \frac{\sum_{4}^{6} f_i \cdot x_i}{\sum_{4}^{6} f_i} = \frac{480 + 180 + 400}{3 + 1 + 2} \approx 176(件/人 \cdot 月)$$

这个 176（件/人·月）的指标数据代表了先进生产者的水平，可作为制定下一期限积极性生产定额指标的依据。

例 1-22：某电力生产企业下辖有 7 个火电厂，各厂机组设备相同，由于管理和对设备操作上的差异，去年各厂发电耗煤量分别为：1.46，1.53，1.72，1.64，1.34，1.38，1.45（吨/万度）；企业本着发展生产，节能降耗精神，按先进平均数方法制定企业本年度煤耗指标，试求解参考指标值。

解：去年平均煤耗：

$$\underline{X} = \frac{\sum_{1}^{7} x_i}{n} = \frac{1.46 + 1.53 + 1.72 + 1.64 + 1.34 + 1.38 + 1.45}{7}$$

$$= 1.50(吨/万度)$$

就实际问题而言，本题中先进部分是指比平均煤耗 1.50（吨/万度）低的那部分数据，即 1.46，1.34，1.38，1.45；这四个数据的平均值即是先进平均数。于是：

$$\underline{X}_x = \frac{1.46 + 1.34 + 1.38 + 1.45}{4} = 1.41(吨/万度)。$$

显然，企业若以 1.41（吨/万度）作为本年度的节能降耗奋斗目标，两个厂已经实现，另外两个厂稍加努力也可以实现，原煤耗值 1.53 的厂，经过积极努力，也可能实现。倘若再考虑到其他因素，将指标计划修订至 1.41～1.50 之间的某个数值，则本年度节能降耗指标计划就既体现了积极进取的先进性，又切实可行。

在计算先进平均数时，若原始数据变为组距数列（如例 1-21），具体计算方式上，须做相应变通。

例 1-23：某地大扶贫工作初期的 2006 年，曾对一贫困村不同户型的 100 名村民上年度人均纯收入情况作了分组抽样调查，希望在抽样调查的基础上，用先进平均数法编制下年度提高年人均纯收入指标，抽样调查资料列表如下。

表 1-11　某贫困村 2006 年人均纯收入抽样资料　　（单位：人民币　元）

分组编号	人均纯收入组距	同收入组人数人 (f_i)	组中值 (x_i)	组收入权值 ($f_i \cdot x_i$)
1	600 至不足 800	9	700	6 300
2	800 至不足 1 000	11	900	9 900
3	1 000 至不足 1 200	16	1 100	17 600
4	1 200 至不足 1 400	25	1 300	32 500
5	1 400 至不足 1 600	20	1 500	30 000
6	1 600 至不足 1 800	9	1 700	15 300
7	1 800 至不足 2 000	7	1 900	13 300
8	2 000 至不足 2 200	3	2 100	6 300
合计		100		131 200

说明：①村民年人均纯收入计算同当年统计口径。

②同户型家庭随机抽选，每户人均纯收入、人数，列入同组。

③分收入组距及取组中值 x_i，计算组收入 $f_i \cdot x_i$ 法则同统计口径。

根据上述抽样调查资料，得知村民上年度年人均纯收入为：

$$\underline{X} = \frac{\sum_{1}^{8} f_i \cdot x_i}{\sum_{1}^{8} f_i} = \frac{131\ 200}{100} = 1\ 312（元／年·人均）。$$

这个均值1 312(元)，介于抽样调查资料表中人均纯收入1 200 至不足 1 400组距之内，它说明，这一组中1 312至不足1 400(元)收入的村民，也属于先进部分，在计算先进平均数时，这部分数据也不可去掉。现在的问题是这"1 312至不足1 400(元)"收入组距内所包含的人数(f_i)究竟有多少？这部分数据的加权值($x_i·f_i$)又是多少？为此，我们作如下考虑。

先按比例关系推算出介于"1 312至不足1 400(元)"收入组距内所包含的人数(f_i)，设为未知数 x 人，则在1 200至不足1 312元即为$(25-x)$人，于是有：

$(1\,400-1\,312)/(1\,312-1\,200)=x/(25-x)$

⇨ $X ≈ 10$ 人，

又，1 312~1 400这一区间的组中值为：

$\frac{1}{2}(1\,312+1\,400)=1\,356$(元)；

其权值为：$1\,356 × 10 = 13\,560$。

所以，本题的先进平均数应为：

$$\underline{X}_X = \frac{13\,560+30\,000+15\,300+13\,300+6\,300}{10+20+9+7+3} = \frac{78\,460}{49} ≈ 1\,600(元/年·人均)。$$

这样求得的先进平均数，是可以作为该贫困村下一年度脱贫增收奋斗目标的。

上面这个例子表达了在处理组距资料求先进平均数时需要采用的推证和计算方法，对于处理类似组距资料求先进平均数 $\underline{X}_X$ 问题，都很实用。希读者加以注意。

5. 移动平均数法

（1）移动平均数运作方法

移动平均数法也叫连续等距移动平均数列预测方法。它是进行经济发展预测的一种有效的应用数学方法。连续等距移动平均数法的适用对象是按时序排列的、有一定线性趋势的数列。具体操作过程是，对原始时序列数据作等距离移动分段，并逐段计算其平均值，由此得来的各连续"段"的这些均值又组成了与原时序数据列一一对应的新的时序数据列，这个新的时序数据列，我们就称之为是原时序数列的连续等距移动平均时序数列，这个新的移动平均时序数列各个节点的数据，是由原时序数列逐次，且连续分段平均求得的，所以它既保留了原时序数列的线性(发展)趋向，又由于在求平均值的过程中削弱了某一个或某几个期限上偶然因素的影响，使得原始时序数列所具备的线性(平滑向上或向下)趋势的规律性本质更加清晰、明朗，因而这种线性趋势可以被用来预测同类经济现象的未来。

有时，若感到第一次等距移动平均数后，所得数列的线性趋势还不够明显和理想，可按同一办法再求二次等距移动平均数列。

等距移动平均数计算公式是：

$\underline{X}_t^{①} = \frac{1}{d} \sum_{i=t-d+1}^{t} x_i$（它表明这是第 t 个序号上的、第一次移动平均数值），其中 d 为等距移动组所含数据的个数(也称为时序间隔个数)；d 取正整数；x_i 系原始第 i 个序号位数值。

d 的取值(个数)要随原始数据个数的多少而定。一般情况下，当原始数据在30个以内时，d 可取5，原始数据在30～100之间，d 可取6～8，原始数据超过100个的，d 可取10到20。

作为一项特殊规定，在计算 $\underline{X}_t^{①}$ 时，当 $t < d$ 时，$\underline{X}_t^{①}$ 不存在(无意义)。

计算时序数列移动平均数在经济管理工作中有两方面的作用，一是探讨其发展变化趋势，二是利用这种带规律性的发展趋势预测下期限经济运行。

例1-24：某县1980—1994年城乡居民商品零售购买力统计资料如表1-12所示：

要求用移动平均数法求出该县居民零售购买力二次移动平均数列。

表1-12　××县1980—1994年居民购买力统计资料　（单位：人民币/万元）

序号	1	2	3	4	5	6	7	8	9	10	11	12	13	14	15
年份	1980	1981	1982	1983	1984	1985	1986	1987	1988	1989	1990	1991	1992	1993	1994
年实际值 x_i	635	680	700	750	840	780	950	1 170	1 210	1 230	1 300	1 280	1 360	1 420	1 535
一次移动均值					721	750	804	898	990	1 068	1 172	1 238	1 276	1 318	1 379
二次移动增值									833	902	986	1 073	1 149	1 214	1 277

说明：本表移动均值组距移动间距 d 取5，第一次分组移动均值只能从序号5起，第二次分组移动均值只能从序号9起。余可类推。

上表列出了15个年度的原始数据，取 $d=5$，先计算出它的一次移动平均数列：按照公式 $\underline{X}_t^{①} = \dfrac{1}{d}\sum\limits_{i=t-d+1}^{t} x_i$ 其一次移动平均数从序号 5 起，计算得：

$$\underline{X}_5^{①} = \dfrac{1}{5}\sum_{i=1}^{5} x_i = \dfrac{1}{5}(635 + 680 + 700 + 750 + 840) = 721$$

$$\underline{X}_6^{①} = \dfrac{1}{5}\sum_{i=2}^{6} x_i = \dfrac{1}{5}(680 + 700 + 750 + 840 + 780) = 750$$

$$\underline{X}_7^{①} = \dfrac{1}{5}\sum_{i=3}^{7} x_i = \dfrac{1}{5}(700 + 750 + 840 + 780 + 950) = 804$$

……

$$\underline{X}_{14}^{①} = \dfrac{1}{5}\sum_{i=10}^{14} x_i = \dfrac{1}{5}(1\,230 + 1\,300 + 1\,280 + 1\,360 + 1\,420) = 1\,318$$

$$\underline{X}_{15}^{①} = \dfrac{1}{5}\sum_{i=11}^{15} x_i = \dfrac{1}{5}(1\,300 + 1\,280 + 1\,360 + 1\,420 + 1\,535) = 1\,379$$

经过第一次等距移动平均后，所得到的新的时序数列（见表 1-12），简称为一次移动均值数列。一次移动均值数列较原时序数列的线性趋势明确突显。

利用这种处理办法，我们再（对一次移动均值时序数列）求其二次移动均值。仍取 $d = 5$，则二次移动均值序号数列第一序号位是 $(2d - 1)$，本题中即第 9 个序号位。本题二次移动均值按公式 $\underline{X}_t^{②} = \dfrac{1}{d}\sum\limits_{i=t-2d+1}^{t} x_i^{①}$ 于是有

$$\underline{X}_9^{②} = \dfrac{1}{5}(721 + 750 + 804 + 898 + 990) = 833$$

$$\underline{X}_{10}^{②} = \dfrac{1}{5}(750 + 804 + 898 + 990 + 1\,068) = 902$$

$$\underline{X}_{11}^{②} = \dfrac{1}{5}(804 + 898 + 990 + 1\,068 + 1\,172) = 986$$

……

$$\underline{X}_{15}^{②} = \dfrac{1}{5}(1\,172 + 1\,238 + 1\,276 + 1\,318 + 1\,379) = 1\,277。$$

我们将原时序数列及两次移动平均数列的所有数据，都在同一折（曲）线图 1-12 中表达，图示如下。

(万元)

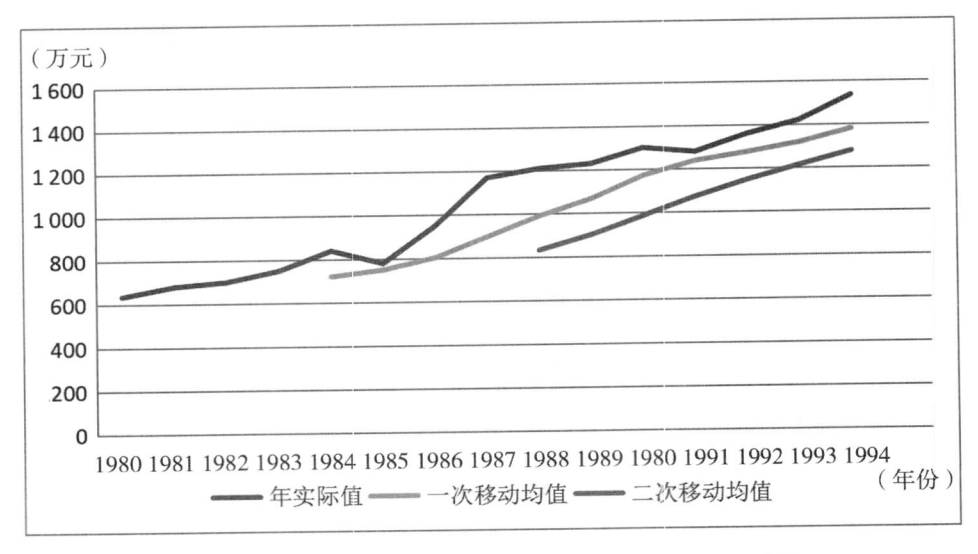

图 1-12　××县 1980—1994 年居民购买力二次等距移动折线图示

从图 1-12 所示的折线图示可看出，原时序数列经过计算二次等距移动均值后，其线性状态趋近于平滑直线形态势，单向递增（递减）趋势更加明朗，且这种趋势在逐次等距移动求取均值的过程中，已排除了个别时序环节上偶然因素的影响，因而能代表该县居民购买力的发展变化的内在趋势，可以用来预测同类经济活动在下一期限或后面几个期限的依据。当然，在具体预测时还需要作相应的技术处理。

（2）移动平均数法与经济发展趋势预测

下面，我们仍结合例 1-24、已做过的解析，继续讲述移动平均数在经济发展预测过程中的运用。

移动平均数法预测经济发展的要点是利用一次均值的某个时序节点数据加上同一节点的二次均值体现出来的平均"趋势"值做下一时序环节数据的测算依据。但是，有两个关键的技术环节必须严格把握。

其一，如前所述，原时序折（曲）线经过二次等距移动平均后，它的线性状态趋近于平滑直线形态势，单向递增（递减）趋势更加明朗，我们则把这一平滑直线形态线作为预测原时序折（曲）线以后时序点经济指标值基准线，而二次移动平均后体现出的平均"趋势"，则作为这条"基准线"（递增或递减）的斜率。平面几何学中，一般直线的斜率（正切函数值）为 $K = \tan\alpha$，移动平均数法的这个 K，一般用末段二次移动平均曲线上各时限差值的算术平均数代替。如图 1-12 中，至 1994 年止的最末一个平移段上二次移动均值的时限差值共 5 - 1 = 4 个，即：

$\underline{X}_{15}^{②} - \underline{X}_{14}^{②} = 1\,277 - 1\,214 = 63$

$\underline{X}_{14}^{②} - \underline{X}_{13}^{②} = 1\,214 - 1\,149 = 65$

$\underline{X}_{13}^{②} - \underline{X}_{12}^{②} = 1\,149 - 1\,073 = 76$

$\underline{X}_{12}^{②} - \underline{X}_{11}^{②} = 1\,073 - 986 = 87$

它们的算术平均数即是该二次移动平均折（曲）线的平均"趋势"K 值，其数值为：$K = \dfrac{1}{4}(63 + 65 + 76 + 87) = 72.75$。而二次移动均值在这一时限段的直线的 $\tan\alpha$ 值也是：

$$K = \frac{1}{4}(1\,277 - 986) = 72.75$$

其直观图示如图 1-13 所示。

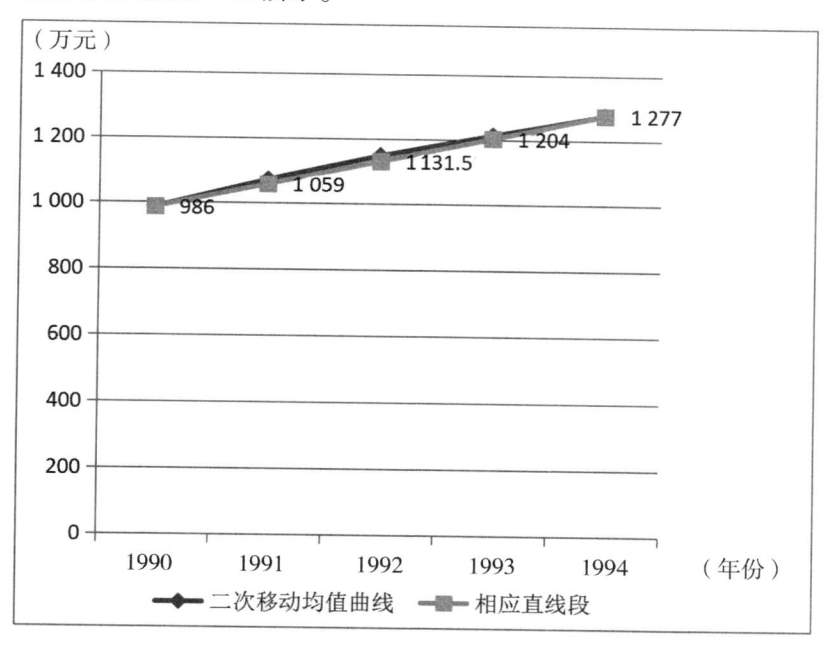

图 1-13 末段二次移动均值曲线与该段直线"趋势"比较

其二，因为每次等距移动平均后，某个时序号上的均值数（实际上仅相当于 $\dfrac{d}{2}$ 期限上的值），比原值变小，我们称其为"滞后"，因而，我们以某个时限 t 节点上的一次移动均值 $\underline{X}_t^{①}$ 为基数，来预测其下一个时限节点 $\underline{X}_t^{①} + 1$ 的经济指标时，就需要再加上 $(1+\frac{d}{2})K$，即：

$$Xt+1 = X_t^{①} + (1+\frac{d}{2})K,$$

以此类推：

$$Xt+2 = X_t^{①} + (2+\frac{d}{2})K,$$

$$Xt+3 = X_t^{①} + (3+\frac{d}{2})K,$$

…………

现在，我们对本节所举例 1-24 中 ×× 县 1995—1998 年居民购买力进行预测：

$$X95 = X_{94}^{①} + (1+\frac{5}{2})K = 1\,277 + 3.5 \times 72.75 = 1\,531.6(万元)$$

$$X96 = X_{94}^{①} + (2+\frac{5}{2})K = 1\,277 + 4.5 \times 72.75 = 1\,604.4(万元)$$

$$X97 = X_{94}^{①} + (3+\frac{5}{2})K = 1\,277 + 5.5 \times 72.75 = 1\,677.1(万元)$$

$$X98 = X_{94}^{①} + (4+\frac{5}{2})K = 1\,277 + 6.5 \times 72.75 = 1\,749.9(万元)$$

一般说来，用移动平均数方法主要是为了对后期同类时序将要出现（或发生）的社会经济指标进行预测，它只适用于数据个数较多的连续时序数列。且预测后面时限将要产生的经济指标值，所能取的新的时序个数，也以不超过分组数 d 的个数为宜。

1.2.3.2 几何平均数法

几何平均数是经济社会管理工作中求平均发展速度、平均增（减）率的重要数学工具。在应用数学中，我们把 n 个正数 $x_1, x_2, x_3, \cdots, x_n$ 乘积的 n 次算术方根，叫作这 n 个正数的几何平均数。其公式为：

$$G = \sqrt[n]{x_1 \cdot x_2 \cdot x_3 \cdots x_n}$$

若这 n 个正数 $x_1, x_2, x_3, \cdots, x_n$ 恰好是代表着某个行政区域、某个企业单位，或某项经济社会活动在连续 n 个时限（一般常用日期数、月数、年度数甚至小时数、分秒数考量）内各自按顺序出现的发展速度，则 G 就称其是在这 n 个连续时限内的平均发展速度。

平均发展速度的内在关系，可以从下面的推证中得出：

设某企业在 n 个连续考核年度（或时限）内，每个时序节点上的经济指标值分别为：a_1，a_2，a_3，$\cdots$，a_n；考核期前一个节点的经济指标值为 a_0，则这 n 个年度（或时限）发展速度按顺序计算就分别为：

$$\frac{a_1}{a_0}, \frac{a_2}{a_1}, \frac{a_3}{a_2}, \cdots, \frac{a_n}{a_{n-1}}。$$

再假设这 n 个连续考核年度（或时限）中，每个年度（或时限）的发展速度都是上一个考核年度（或时限）的 k 倍，即是平均发展速度为 k，

即：$\dfrac{a_1}{a_0} = \dfrac{a_2}{a_1} = \dfrac{a_3}{a_2} = \cdots = \dfrac{a_n}{a_{n-1}} = k$，于是：

$$\frac{a_1}{a_0} \times \frac{a_2}{a_1} \times \frac{a_3}{a_2} \times \cdots \times \frac{a_n}{a_{n-1}} = k^n$$

或 $G = \sqrt[n]{\dfrac{a_1}{a_0} \times \dfrac{a_2}{a_1} \times \dfrac{a_3}{a_2} \times \cdots \times \dfrac{a_n}{a_{n-1}}}$

$\qquad = \sqrt[n]{k^n}$

$\qquad = k$

当然，在实际工作中，每个年度（或时限区间）的顺序发展速度不可能都是 k 倍，但是，这种内在关系是一样的。即是说，设 n 个连续考核年度（或时限）中，每个年度（或时限）的发展速度分别为 x_1，x_2，x_3，$\cdots$，x_n，同样有：

$$G = \sqrt[n]{x_1 \cdot x_2 \cdot x_3 \cdots x_n} = k \tag{1-4}$$

我们就称 k 为这 n 个时限区间的平均发展速度。（参见例 1-26）

在国民经济统计工作中，通常把 $\dfrac{a_1}{a_0}$，$\dfrac{a_2}{a_1}$，$\dfrac{a_3}{a_2}$，$\cdots$，$\dfrac{a_n}{a_{n-1}}$ 叫作 n 个考核年度（或时限）环比发展速度，而把 $\dfrac{a_1}{a_0}$，$\dfrac{a_2}{a_0}$，$\dfrac{a_3}{a_0}$，$\cdots$，$\dfrac{a_n}{a_0}$ 叫作定基发展速度。a_0 又被称为基期（考核年度或时限前一节点）值，其中，最末的第 n 个年度（时限）节点的定基发展速度 $\dfrac{a_n}{a_0}$，也叫总发展速度。

特别指出：

① 总发展速度 $\dfrac{a_n}{a_0} = \dfrac{a_1}{a_0} \times \dfrac{a_2}{a_1} \times \dfrac{a_3}{a_2} \times \cdots \times \dfrac{a_n}{a_{n-1}}$，

因而，$G = \sqrt[n]{\dfrac{a_n}{a_0}}$。

② 平均发展速度 G 减去基数 1(倍)，其值(设为)y 就成了 n 个被考查年度(或时限)的平均增长(下降)率或递增(减)率。写成公式就为：

$$Y = G - 1 \tag{1-5}$$

在实际工作中，我们把大于 1 的 G 叫作平均增长速度，其所得出的 y 叫平均增长率(递增率)；而把小于 1 的 G 叫作平均减少(下降)速度，其所得出的 y 为负数，在应用中，只取其绝对值(正数)，并称这个正数值叫平均下降率(递减率)。

例 1-25：某种药品经过三次降价，零售价由原来的 12.50 元/瓶，降到 2.70 元/瓶，求该药品平均降价速度和降价率。

解：设平均降价速度为 G，降价率为 y，则有

$$G = \sqrt[3]{\frac{27}{12.5}} = 0.6, \quad y = G - 1 = -0.4(-40\%)$$

即平均降价速度是 0.6，降价率为 40%。

例 1-26：1982 年 9 月上旬，中共十二大提出，要使我国的工农业总产值从 1981 年至 2000 年的 20 年间翻两番。

问，按这个发展要求，我国的工农业总产值在 1980 年的基础上，年平均发展速度必须达到多少？每年的递增率又是多少？

解：这是一个已经过去，且实际已经超额实现的社会发展课题。现我们仅从应用数学知识的角度再对发展增速予以分析。

设 1980 年我国国民经济总产值为 A(万亿元)，每年平均增长率为 x，则年平均发展速度为 $(1+x)$；国民经济总产值翻一番则为 $2A$，经过 20 年后翻两番即是 $4A$。按逐年累加即：

经过一年后，产值 $y_1 = A + A \cdot x = A(1+x)$；经过 2 年后产值 $y_2 = A(1+x) + A(1+x) \cdot x = A(1+x)^2$；经过 3 年后产值 $y_3 = A(1+x)^2 + A(1+x)^2 \cdot x = A(1+x)^3$；以此类推，……

经过 20 年后产值可表示为：$y_n = A(1+x)^{20}$ 即：$4A = A(1+x)^{20}$，

再化简得：

$$4 = (1+x)^{20}, \quad (1+x) = \sqrt[20]{4}$$

对这个等式两边取常用对数，就得：

$$\lg(1+x) = \frac{1}{20}\lg 4 = \frac{1}{20} \times 0.6021 = 0.0301$$

查反对数表得知，.0301 的四位有效数字为 1074，故知 $(1+x) = 1.074$，

∴ $x = 1.074 - 1 = 0.074 = 7.4\%$。

即年均增长速度应为 1.074，而年均递增率应为 7.4%。事实上，20 世纪中期，全国各地、各部门都曾把年增长率不低于 7.4% 作为奋斗目标，故全国提前 4 年即实现预定的发展目标。

1.3 用初等函数知识分析社会经济现象

1.3.1 不同指标量之间的依存和对应关系

在经济社会管理工作中，会发生需要分门别类地考查各种经济和社会现象的某一个或某几个变动因素（变量）的变化对与之相关联、对应的另一个或另几个变动因素（变量）间产生的依存、制约情况。这种既相互关联对应，又相互依存、制约的关系，实际上就体现为普通初等数学中集合与集合元素间相互对应、依存的函数关系。经济社会管理工作往往需要通过对这些反映经济社会依存变化的数量间的考查、分析，建立起它们之间函数关系，从而用相应的初等函数知识来表述和求取需要的结果。在实际工作中，我们经常把考查、试验时作为起步或能直接测定到的变动因素（如产能投入、兵力弹药配置、时序安排等）作为自变量，而把与之产生的相对应、依存、制约的另一变量（如效益、目标）作为函数（有的书称为因变量）。且从经济社会管理的实践意义出发，我们规定这类特定函数自变量的取值范围（定义域）为正实数，其所对应、依存的函数的取值范围（值域）是否为正、为负或为零，则需视函数自身的具体情况而定。

1.3.1.1 利用初等函数关系表述经济社会现象的基本方法

利用函数关系表达或表述、分析经济社会活动中有对应、依存、制约关系的指标量变化现象，易于抓住相关指标间互相对应、依存、制约的本质及规律，有利于掌控和指导生产、试验进程。

与普通数学课程中对函数的相关规定相同，通常也把自变量用字母 x 表示，其对应的函数用字母 y（或 f，或 Q，或 T 等）表示。且对于每一个自变量 x，按照某个特定对应法则（这个特定法则大都表现为运算关系），都有唯一确定的 y 与之对应，记为 $y = f(x)$。这一原理，对"利用函数关系表达或表述经济社会活动"也完全适用。与此相应，表达或表述经济社会活动的函数关系，也有下面三种表述方法。

1.3.1.2 解析式法

特征也是用含有相应的运算关系的等式表明两个变量之间对应关系。

例 1-27：某一车间每天最多可生产某种产品 50 件，每件产品的平均生产成本（包括工料、能耗等）为 20 元/件，该车间每天固定成本（如场租摊销、设备折旧摊销等）为 200 元，试用函数解析式法表明其每天生产某产品的件数 x 与其每天产生的总成本 y 之间的函数关系。

解：总成本应是变动成本与固定成本之和，即

$$f(x) = 20x + 200; \quad \text{或} \quad Y = 20x + 200 (单位：元)。$$

用解析式表达经济社会指标量之间的函数关系，一般情形下，一个（或一种）函数关系只有一个解析式，但有时候也会出现因自变量 x 在其定义域内不同的取值区间对应着不同的解析式的情况，如下例。

例 1-28：某批发企业批售某种商品，为了促销，规定每批次销量在 50 件以内时，批发单价为 20 元/件，超过 50 件至 100 件以下时，超过部分批发价按 9 折优惠，每批销量在 100 件以上时，全部按 8 折优惠。试用解析式法表述该商品销售收入与批售量之间的函数关系。

解：若 x 在 50（即 $0 < x \le 50$）件以内取值时，则 $y = 20x$；

若 $50 < x \le 100$ 时，y 表现为 100 件以内的价款与超过 50 件那部分商品打折后价款之和，即 $y = 20 \times 50 + 20 \times 0.9 \times (x - 50)$，或 $y = 1\,000 + 18 \times (x - 50)$；

而当 $x > 100$ 时，y 表现为全部按 0.8 为系数销售则 $y = 20 \times 0.8 \times x$，即 $y = 16x$；如此，本题的函数解析式应为：

$$Y = \begin{bmatrix} 20x & \text{当 } 0 \le x \le 50 \\ 1\,000 + 18 \times (x - 50) & \text{当 } 50 < x < 100 \\ 16x & \text{当 } x \ge 100 \end{bmatrix}$$

这里所表达的函数，有时候也称其为分段函数，但无论其被分为多少段，所表达的都是同一个函数。

1.3.1.3 变量对应图示法

两个变量之间函数关系可以用变量对应的图示方法表述。经济社会管理工作中最适用的图示方法也是普通数学中的平面直角坐标系法。且通常规定其横向坐标轴（x 轴）为自变量轴，纵向坐标轴（y 轴）为函数值轴。交点为公共零点。在实际操作时，又都需要借助于函数解析式，先标出少量有代表性

第1章 预备知识

的点，然后用直线或平滑曲线连点成图。上面所举的两个实例 1-27 和 1-28，用图示法讲述如下。

对于例 1-27，按 $y = 20x + 200$ 的对应关系，先选取几个有代表性的 x 值，计算出相应的 y 的对应值，列对应点表如下：

X(件)：	0,	10,	…	50;
Y(元)：	200,	400,	…	1 200;

按 (x_i, y_i) 与坐标平面中点的对应关系，把上表中的点描绘在坐标平面中，然后连点得图 1-14 即为某车间每日生产成本坐标图示。

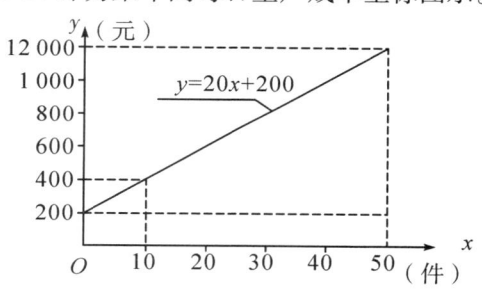

图 1-14　某车间单日生产成本图示

对于例 1-28 所示的对应关系：

$$Y = \begin{bmatrix} 20x & \text{当 } 0 \leq x \leq 50 \\ 1\,000 + 18 \times (x - 50) & \text{当 } 50 < x < 100 \\ 16x & \text{当 } x \geq 100 \end{bmatrix}$$

先针对 x 选取有代表性的值 0, 50, 51, …, 99, 100, …, 200；做对应点表：

X	0, …,	50,	51, …,	99,	100, …	200, …
Y	0, …,	1 000,	1 018, …,	1 882, …,	1 600, …,	3 200, …

按 (x_i, y_i) 与坐标平面中点的对应关系，把上表中的点描绘在坐标平面中，然后连点得图 1-15 即为该企业分段优惠销售收入坐标图示：

· 37 ·

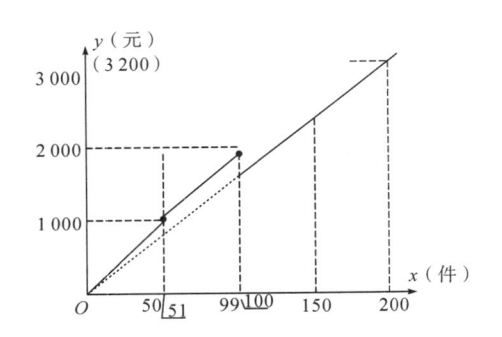

图 1-15 某企业分段优惠销售收入图示

图示法表达的函数关系较为直观、形象鲜明，通过函数图像，人们能迅捷、形象地了解生产或管理过程中某些指标的对应、变化趋势，发展规律。其缺点在于图示出的函数关系不够精确，也不便做理论推衍或量化计算。所以，在具体研究某一函数关系时，通常同时采用解析式法和坐标图示法。

1.3.1.4　（穷举）列表法

对于有一些经常需要查阅、对照的函数关系，人们常常将一系列自变量值与相应函数值，一一罗列，形成对应表（列），以供随时参阅、查对，这种表达（表述）函数关系的方法，称之为列表法。如营业员将某商品一系列销售量与相应的应收款额列表备查，银行也有将某类存、贷利率下，本金与三月期、半年期、一年期、三年期等的应得利息额列表公告。工程管理中，有不同类型的施工预、决算手册、数学上常用的平方表、对数尾数表、三角函数表等。

还有一种情况，即两个变量之间有着强烈的对应关系，但不存在运算联系、有时仅存在逐一的依存、对应关系，如射击手第 n 次射击与其弹着点与靶心距离存在一一对应关系，但不存在运算关系；又如，医院对高热病人每隔半小时测量体温，测量时间与当点体温值也是相互对应的变量依存关系，其也不存在运算关系，这两种对应关系都无法用解析式法表述，此时一一（穷举）列表的方法有其独到作用。同时还可用图示法和列表法相结合来完整表述。

1.3.2　用一次函数进行盈亏平衡和多因素比较效益分析

1.3.2.1　用一次函数进行成本效益分析

盈亏平衡分析也叫保本分析，它是企业经营管理中经常运用的一种数学方法。

企业产品的成本内涵，大体包括生产成本、营销成本方面的内容，但也可简要地划分为固定成本和变动成本两大类。产品投放市场后，由销售数量和单价的乘积构成了销售收入，收入大于总成本（生产成本加营销成本）叫盈利，收入小于总成本叫亏损，盈利和亏损的分界点，叫保本界点（此时不盈不亏）。能用于销售的商品数量也就是企业组织生产出合格产品的数量。于是，以企业产品数量 x 为自变量就出现了两类函数，一类是总成本函数，设为 $y_{(1)}(x)$，另一类是销售收入函数，设为 $y_{(2)}(x)$；再假设固定成本为 C，变动成本系数为 k，销售单价每件（台、吨、套等）为 p（一般说来，$p > k$，$x \geq 0$）。

于是有：$y_{(1)}(x) = k \cdot x + C$

和 $y_{(2)}(x) = p \cdot x$

显然，这里的 C、k、p 都可以用货币单位（例如人民币"元"）体现，且都可以在同一坐标轴上表达出变动情况。

成本函数 $y_{(1)}(x)$，和销售函数 $y_{(2)}(x)$ 在直角坐标系图示中，即是两条直线 $y_{(1)}$ 和 $y_{(2)}$。这两条直线交点的横坐标值 x_0 即是销售收入与成本相等的产量（数量）——保本产量。即是当代表产品数量的变量 x 取为 x_0 时，有 $y_{(1)}(x_0) = y_{(2)}(x_0)$，

即：$k \cdot x_0 + C = p \cdot x_0$

从而得：$x_0 = \dfrac{C}{p - k}$ (1-3)

公式(1-3)即为保本产量计算公式。

例 1-29：一生产某种建筑涂料的小企业，经测算，月平均固定成本（包括地租、设备折旧摊销、机构维持、资金使用成本摊销等）为 44.00 万元，生产变动成本（包括工、料、能源耗费，设备维修等）为 1 500 元/吨，该涂料随产随卖，销售单价为 2 600 元/吨，问该企业每月的保本产量应是多少？

解：本题中，$k = 1\,500$（元/吨），$C = 44\,000$ 元，$p = 2\,600$ 元/吨，函数式为：

$$y_{(1)} = 1\,500x + 44\,000,$$
$$y_{(2)} = 2\,600x$$

保本产量为：

$$X_0 = \dfrac{44\,000}{2\,600 - 1\,500} = 40(\mathrm{t}).$$

根据以上资料，在平面直角坐标平面中，做出该企业月保本产量图示如图 1-16。

保本产量的测算，仅仅是企业组织生产活动、安排生产任务的重要参考基础，办企业必须赢利，再考虑到税金、必要利润和其他的些不确定因素，企业月生产计划必须确定为高于 x_0 的适当数值。

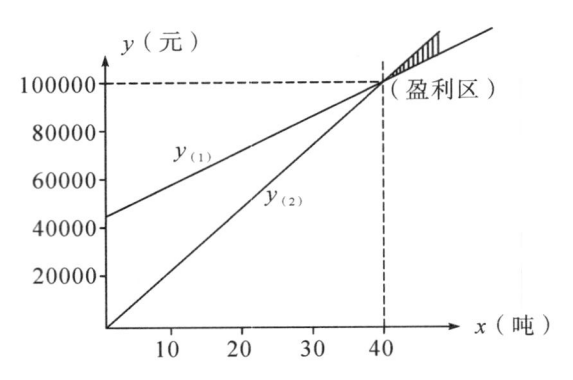

图 1-16　某涂料企业月保本产量函数图示

1.3.2.2　用一次函数进行工艺方案分析

某一产品的配方组合、某一新的投资项目、某一经营活动，都可能有两种以上的比选方案，一般都要进行方案比较。为了讲述方便，我们先从有两个（或两套）工艺方案的成本比较着手。

设生产某种产品有两个工艺方案，一个方案设为 c_1，其单位生产成本（变动成本）设为 k_1 较高，但固定成本设为 b_1 较低；另一方案设为 c_2，单个生产成本设为 k_2 较低，但固定成本设为 b_2 较低。这两种工艺方案的成本函数表达式为：

$$\begin{cases} (1) C_1(x) = k_1 x + b_1 \\ (2) C_2(x) = k_2 x + b_2 \end{cases}$$

用直角坐标图表述即如图 1-17 所示：其中 k 为成本系数，b 为固定成本值且有 $b_2 > b_1$，x 为产量变数。K 为单个成本系数，且有 $k_2 < k_1$。

代表两种工艺方案的两条函数直线在平面直角坐标中交点 p 的横坐标 x_0 即意味着是这两个方案成本相同时产量，经济管理中称之为效益平衡共界产量。同时，从函数图示可形象理解出：为降低总成本，当产能取值 $x < x_0$ 时，用第（1）方案，即 $C_1(x)$ 较好；而当产能取值 $x > x_0$ 时，用第（2）个方案即 $C_2(x)$ 较好。

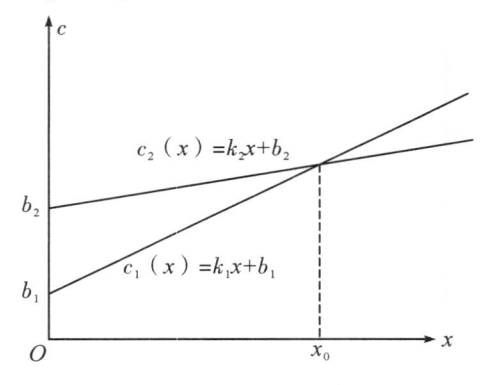

图 1-17　工艺方案成本比较图示

相似于保本产量 x_0 的计算，对工艺方案比较中的临界产量值 x_0 的计算，可按下述步骤进行：

依据：$C_1(x_0) = C_2(x_0)$

即有：$k_1 x_0 + b_1 = k_2 x_0 + b_2$

则：$x_0 = \dfrac{b_2 - b_1}{k_1 - k_2}$

下面，我们以运输问题中，关于运输方案的选择来进一步理解这方面的知识。

例 1-30：某地，普通载货汽车的运价是 20t·km，大拖拉机运价是 28t·km，向运输公司申派一辆载货汽车参加一次运输要加收 20 元调度手续费、40 元转场放空费；向运输站申派一辆大拖拉机参加一次运输只收取 20 元调派包干费，试分析这两种运输方案的适用条件。

解：大拖拉机运输费和汽车运输费，分别用元/t·km 表达为对应关系函数，则有：

$$\begin{cases} C_1(x) = 28x + 20 \\ C_2(x) = 20x + 60 \end{cases}$$

用直角坐标图表述即如图 1-18 所示：

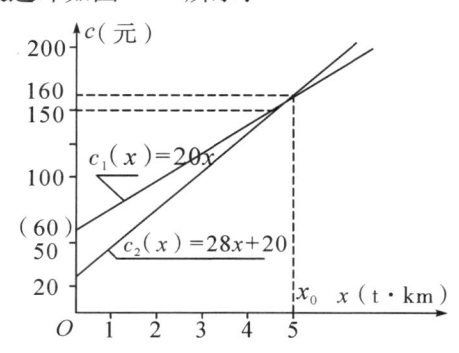

图 1-18　两种货运方案比较图示

按公式计算得出：

$$x_0 = \dfrac{60 - 20}{28 - 20} = 5 (千米)$$

由公式计算出的 x_0 的值与图 1-18 中平面直角坐标示交点一致。

计算和图示都清晰表明，当运货量在 5t·km 以下时，拖拉机运输比汽车运输划算。当货运量超过 5t·km 时，汽车运输比拖拉机运输划算。

1.3.3 用一元二次函数分析效益极值

经济效益与影响经济效益的因素之间，若构成一元二次函数关系，则我们即可按一元二次函数在其定义域内存在极值（极大或极小）的这一性质，为经济管理工作服务。下面我们通过一个实例具体讲述。

例 1-31：某零售批发商店为促销，对客户订购某商品做如下规定：订购量不超过 200 件时，单价为 10 元/件，200 件以上，超过几件，全部订购单价就减少几个 0.02 元，求使商店得到最大货款的订购量，并求此时最大售货款额。

解：设超过 200 件的订购量为 x 件时，商店获得的售货款为 y 元，此时的单价为 $10 - 0.02(x - 200)$（元/件）；

这时商店能得到货款为：$y = [10 - 0.02(x - 200)]x$

即：$y = -0.02x^2 + 14x$，这是一个普通一元二次方程，且 $a = -0.02 < 0$，$b = 14$，$c = 0$，y 有极大值。

即当 $x = \dfrac{-b}{2a} = \dfrac{-14}{2 \times (-0.02)} = 350$（件）时，

$Y_{极大} = \dfrac{4ac - b^2}{4a} = \dfrac{-14^2}{4 \times (-0.02)} = 2\,450$（元）。

直角坐标形象图示如图 1-19。

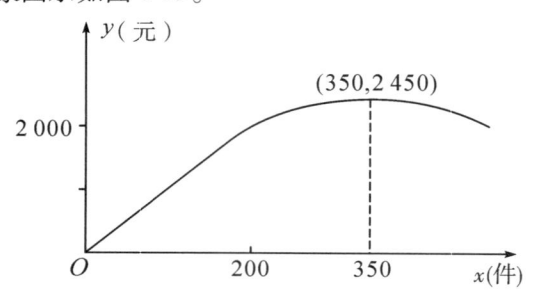

图 1-19 客户订购数量与商店获利函数关系示意图

这个实例也说明，即使是好的促销措施，也要计算一个销售限额，如本例，若顾客的购量超过 350 件，企业收益反而会减少，甚至亏本。

需要强调的是，用一元二次函数分析和解答经济管理问题，要点有二：其一是需要探讨是否能构成一元二次函数关系；二是自变量取值必须在有实际意义的定义域范围内。

1.3.4 用指数函数或对数函数计算递升、递缩比率

已知总发展速度求平均增长（或递增、递减）速度

国民经济管理和企业生产计划中都要用到发展比率概念，从应用数学的角度讲，这是一类指数函数问题。在本章例1-26中，我们从求解几何平均数的角度向读者讲述过我国改革开放初期那个"二十年翻两番"的社会发展课题。下面我们再从函数关系的角度再进一步分析这方面的问题。

按题意分析知，在年平均发展（增长）速度（设为变量x）未能确定的情形下，设起始年限的产值为A，经过一定年限（期限）后的年产值（产量）y与发展（或增长）速度x之间的函数关系式为：$y = A(1+x)^n$。

利用对数函数或指数函数知识解决经济和社会管理问题，比单纯求解平均发展速度（或递增、递减比率）的计算几何平均数知识，应用范围要宽得多，只是在出现幂指数或被开方次数$n \geq 3$时，都需要用到常用对数知识。

例 1-32：某企业今年实现税后利润 14.2 亿元，计划第 5 年末实现年税后利润 20 亿元，问其年度税后利润年均递增率应是多少？

解：设年均递增率为x，以今年为比较基础，到第 5 年末实际经历了 4 个递增环节，故有：$20 = 14.2(1+x)^4$，利用常用对数知识解这个指数方程，得：$(1+x) = 1.09$，$x = 0.09 = 9\%$。

即：今后 4 年内，该企业年度税后利润年均递增率应为 9%。当然，为确保最终目标实现，各年计划递增率应略高于 9%。

1.3.4.1 求达到一定经济目标 y 所需要的期限数

设年均增长率为某一定值p，要求在某一（变动）期限（设为x）后，实现一定的经济目标y，则经济目标y与变动期限x之间就形成$y = A(1+p)^x$的函数关系。

例 1-33：某企业今年的销售利润为 30 万元，根据市场预测分析，在今后 5~8 年内，其年度平均增长率可达 9%，问多少年后可实现年销售利润 50 万元？

解：设x年后可实现年经营利润 50 万元，按函数关系式$y = A(1+p)^x$知：

$y = 50$（万元），$p = 9\%$，$A = 30$（万元）；

故有：$50 = 30(1+9\%)^x$

同样，用常用对数知识解得：

$x = 5.93\cdots \approx 6(年)$。

答：第六年可望实现利润 50 万元。

其实，函数 $y = A(1+x)^n$ 式也是不法分子发放高利贷时，本、利复合计算（利转本再滚利或俗称"驴打滚"）的计算方法。其中 A 为发放（货出）本金，x 为利率，n 为借款期限（有天、月、季、年等不同的期限单位）。

函数关系式 $y = A(1+x)^n$ 实际运用中，当 x 为负时，则 x 成为平均递减比率，在制定节能减排、成本控制、价格指标调整、弹药储量控制等规划方面，都是一个很有用的量化分析工具。

1.4 练习题

1. 甲、乙两人分别测得两个零件的重量分别是 224g 和 38.6g，已知这两个测量产生的绝对误差分别为 0.5g 和 0.1g，问哪一个测量的误差程度大？

2. 某乡镇截至 2001 年 6 月 30 日，统计得全部在籍人口为 86 710 人，其中，16 岁以下、60 周岁以上非正式劳动力人口为 22 930 人，16 岁以上在各类学校就读的学生为 4 604 人，劳动力人口中各类无业闲散人员 986 人，求该乡镇劳动力人口的在业率。

3. "一五"末到"六五"末，我国粮、棉、钢、煤产量资料如下：

表 1-13　我国前六个五年计划粮、棉、钢、煤产量　　（单位：万吨）

年度＼品类	粮食产量	棉花产量	钢产量	原煤产量（亿吨）
"一五"末（1957 年）	19 505	164.0	535	1.31
"二五"末（1962 年）	16 000	75.0	667	2.20
"三五"末（1970 年）	23 996	227.7	1 779	3.54
"四五"末（1975 年）	28 452	238.1	2 390	4.82
"五五"末（1980 年）	32 056	270.7	3 712	6.20
"六五"末（1985 年）	37 898	415.0	4 666	8.50

说明：表中所用资料摘自国家历史统计资料。

根据以上资料：

①以第一个五年计划末1957年的四大类产量为基数，计算其他五年计划末的定基发展相对数和环比发展相对数。

②分别做出"七五"计划前四大类产量的折（曲）线图示。

4. 贵州省自1952年起，各个五年计划期末工农业总产值中，农、轻、重三大产业结构变化情况如下（各年度均以工农业总产值为100%）：

表1-14　贵州省前六个五年计划末期家、轻、重三大产业结构变化情况

产业 期限	农业（%）	轻工业（%）	重工业（%）	备注
基期（1952年）	80.5	13.0	6.5	
"一五"末（1957年）	73.8	14.8	11.4	
"二五"末（1962年）	65.4	18.4	16.2	
"三五"末（1970年）	47.4	19.5	33.1	
"四五"末（1975年）	49.8	18.8	31.4	
"五五"末（1980年）	39.9	21.8	38.3	
"六五"末（1985年）	45.4	16.7	37.9	

①根据以上资料做出贵州省前六个五年计划期间农、轻、重比例变化折（曲）线图。

②做出前六个五年计划期间贵州省农、轻、重产业结构比重条形图示。

5. 某基层收购站，某日收购羊毛资料如下：

表1-15　分等级收购羊毛基础资料　　（单位：元/千克，千克）

等级	一等	二等	三等	四等	合计
收购单价	18.00	15.00	12.00	9.00	
收购量	260	830	400	280	1 770

试求这批羊毛的平均收购单价。

6. 某商店准备将三种单价分别为6.86元/kg，7.25元/kg，8.14元/kg的三种糖果按3：1：2的比例混装成什锦糖果出售，问混装后的什锦糖果平均售价应该是多少？

7. 一辆汽车以每小时40km的速度行驶10km上坡路段后，又以每小时90km的速度行驶40km平路，试计算在这整个段路上的平均速度。

8. 1984年，贵州省毕节地区（今毕节市）八个县每个农村劳动力人口年人均经济收益（当年价）资料（摘自毕节地区《毕节统计年鉴》·1984年）：

表1-16　1984年毕节八县农村劳动人口年人均经济收益　（单位：元）

县别	毕节（今七星关区）	大方	黔西	金沙	织金	纳雍	威宁	赫章
年人均	518.8	477.5	592.8	721.1	511.0	401.6	438.5	469.3

试求该年度的先进平均数。

9. 1984年1月和7月毕节地区（今毕节市）各县城关月平均气温资料（摘自毕节地区统计局《毕节统计年鉴·1984》）如下。

表1-17　1984年1至7月毕节八县平均气温资料　（单位：℃）

月份＼县别	毕节	大方	黔西	金沙	织金	纳雍	威宁	赫章
一月平均	0.2	-1.2	0.9	1.7	1.5	0.9	-1.2	0.8
七月平均	21.9	20.9	23.2	25.1	22.8	22.4	17.8	21.8

（注：表中的毕节为当时的毕节地区行署驻在地毕节县，2012年更名七星关区）

分别计算其：

①一月低温先进（指平均气温高于平均值）平均数。

②七月高温先进（指平均气温低于平均值）平均数。

10. 某能源集团公司下辖有6个煤矿，去年各矿原煤产量及成本总额资料如下。

表1-18　6个煤矿年度原煤产量及成本总额情况　（单位：万吨，万元）

矿别	一号矿	二号矿	三号矿	四号矿	五号矿	六号矿
原煤产量	48.80	42.60	33.00	50.40	32.00	65.00
成本总额	44 896.00	36 636.00	34 980.00	44 352.00	39 000.00	62 400.00

根据以上资料计算各矿年度单位成本，并利用先进平均数法提出下一年度公司对各矿单位成本计划要求。

11. 1949—1982年的34年中，我国社会总产值中商业总产值资料（摘自《中国统计年鉴》有关资料）如下。

表1-19 我国1949—1982年商业总产值表　　（单位：亿元）

序号	1	2	3	4	5	6	7	8	9	10	11
年份	1949	1950	1951	1952	1953	1954	1955	1956	1957	1958	1959
产值	68	76	88	113	154	166	170	185	187	197	212
序号	12	13	14	15	16	17	18	19	20	21	22
年份	1960	1961	1962	1963	1964	1965	1966	1967	1968	1969	1970
产值	206	191	160	158	161	192	229	227	220	250	274
序号	23	24	25	26	27	28	29	30	31	32	33
年份	1971	1972	1973	1974	1975	1976	1977	1978	1979	1980	1981
产值	282	297	330	334	315	307	384	438	409	440	505
序号	34										
年份	1982										
产值	478										

依据上表资料，试对我国1949—1979年商业总产值作出曲（线）图示，并求其一次和二次移动平均值时序数列（建议取$d=5$），并参考本章所讲述的方法，预测1980—1982年各年全国商业总产值，同时，对预测值与实际发生值做出对比。

12. 1970—1983年，我国国民收入使用总额资料如下表：

表1-20　我国1970—1983年国民收入使用总额　　（单位：亿元）

年份	1970年	1971年	1972年	1973年	1974年	1975年	1976年
使用额	1 876	2 208	2 052	2 252	2 291	2 451	2 424
年份	1977年	1978年	1979年	1980年	1981年	1982年	1983年
使用额	2 573	2 975	3 356	3 686	3 887	4 256	4 731

①以1970年为基期，计算1970年后其他年份的定基发展速度和环比发展速度。

②对上表中的年度时序数据，以$d=5$为分组的组距个数，分别计算其一次移动平均数和二次移动平均数，再按移动平均数法对1984年、1985年的国民收入使用总额做出预测。

③用几何平均数方法计算1970—1983年平均发展速度，并用平均发展速

度对 1984 年、1985 年的国民收入使用总额做出预测。

13. 第一个五年计划期间，我国的钢产量增加了 296.6%，求这期间的年平均增长速度。

14. 某企业新制购置一台设备，价值 72 万元，企业计划以年折旧率 8.0% 计入成本，问：①五年后，这台设备的残值是多少？②若年折旧率比原计划提高 1.5%，五年后，这台设备的残值又是多少？

15. 某药材公司采购站上月收购一同类中药材 7 000kg，其中一级品 2 000kg，二级品 4 000kg，三级品 1000kg，收购单价分别是：40 元、30 元、25 元；经收购站自行组织清检，得一级品 2 300kg，二级品 3 400kg，三级品 1 200kg，杂质（含废弃物）100kg，清检费 1 400 元。采购站以清检后三个等级的实有药品入账，求三个等级药品平均收购价款。

16. 某商业企业经营活动月固定费用为 4 000 元，商品销售过程中，每万元销售额的变动费用为 650 元，每万元销售额可获毛利润 1 250 元，若要求每月赢利至少保证 2 000 元，问该企业每月至少需完成多少销售额？

17. 某企业生产某种产品，其固定成本为每月 1.20 万元，保本产值为每月 4.00 万元，保本产量为每月 160 件；若要求月利润实现 2.00 万元，则月产值及产量各应该达到多少？

18. 某地生产一种果酱，若在本地销售，每箱产品销售价平均为 150 元，销售费用平均每箱 2 元，同时，只需一次性投入场地、设施等费用 2 000 元；若投放某外地市场销售，每箱产品销售均价平均可达 350 元，销售费用（含远程运费）平均每箱 5 元，一次性投入场地、设施等费用 8 000 元。问该厂果酱产量在哪个范围才宜投放外地市场？为使工厂在本地销售也不至亏本，投放市场的最低限量应是多少？

19. 某工厂生产某种产品，现在成本是 80 元/件，据市场预测，由于原材料选择和工艺技术不断改进，今后 5 年内，每年产品成本可望按年均 3% 下降。

①试分析今后 5 年内，该厂产品成本与生产年度之间的函数关系。

②如果按现在产品出厂价 100 元/件计算，这 5 年内，因成本下降，每 1 000 件产品所增加的收益是多少？

20. 某地一加工厂生产一种果酱，若在本市范围内销售，每季需一次性投资销售备报及设施费用 2 000 元，每件产品可获纯利 150 元；若投放某外地市场，每季需一次投资销售报备及设施费用 8 000 元，但每件可获纯利 250 元。

问：①该厂每季产量在哪个范围内宜于投放外地市场？

②为使该厂在本地销售时不至亏本，投放市场的最低限量应是多少？

21. 某企业 A 号产品现在的出厂成本是 80 元/件，出厂价为 100 元/件，生产能力为每年 5 000 件。由于投资原料基地建设和组织工艺改进，今后 5 年内，产品的出厂成本可按 3%逐年持续下降。①试分析今后 5 年产品出厂成本与生产年度之间的函数关系；②计算 5 年内因出厂成本下降所能增加的收益。

思考练习

22. 某公司现投资 500 万元新上一个项目，已知当前社会投资回报率平均水平为 10%，这个新上项目第三年投产，当年可获利 50 万元，第 4 年后，每年均可获利 80 万元，问，多少年后，可收回全部投资？

附：从普通对数知识到常用对数方法（供部分读者作复习性参考）

指数式和对数式是中学数学中重要的代数式内容。由于通过指数式和对数式的性质而推衍出的相应运用技巧能把较复杂的乘（积）、除（商）、乘方（幂）、开方（方根），尤其是高次乘方和高次开方运算转换为相对较为简单和较易操作的和、差、积、商运算，因而是进行高次幂乘方、高次幂开方运算的有力工具，当然也是经济社会管理应用数学的一种有用的基础运算工具。只是普通国民教育教材中的指数式和对数式知识偏重于对这类代数式自身性质和技巧演练，而忽略了其在生产、生活实践中有其特殊应用价值的，尤其是常用对数方法的介绍。

一、指数式和对数式

指数式：形如 $a^b = N$ 的代数式叫指数式（a、b 均为实数，$a \neq 0$）。

指数式有如下性质：

① 零指数：$a^0 = 1$

② 负整指数：$a^{-m} = \dfrac{1}{a^m}$

③ 正分数指数：$a^{\frac{m}{n}} = \sqrt[n]{a^m}$（$a > 0$，$m$、$n$ 都是整数）

④ 负分数指数：$a^{-\frac{m}{n}} = \dfrac{1}{\sqrt[n]{a^m}}$（$a > 0$，$m$、$n$ 都是整数）

对数式：若 $a^b = N$（$a > 0$，$a \neq 1$，$N > 0$），称 b 为以 a 为底 N 的对数，表记为 $\log_a N = b$。

指数式与对数式中所使用的字母 a、b、N 的内涵是相同(通)的,只是各自称谓和对各自结果的强调有所不同,具体如下表所示。

表达形式	条件	字母称谓			意义
		a	b	N	
指数式 $a^b = N$	$a > 0$ $a \neq 1$ $N > 0$	底数	指数	幂	A 的 b 次幂等于 N
对数式 $\log_a N = b$	同上	底数	对数	真数	以 a 为底 N 的对数等于 b

如果将 $a^b = N$ 和 $\log_a N = b$ 对应代换,则有:

$\log_a a^b = b$ 和 $a^{\log_a N} = N$。

这两个式子分别叫对数恒等式和指数恒等式。

对数式有以下性质:

① 负数和零没有对数,即 $N > 0$;

② $\log_a a = 1$ $\log_a 1 = 0$;

③ 当 $a > 1$,$N > 1$ 时,$\log_a N > 0$;

④ 当 $a > 1$,$0 < N < 1$ 时,$\log_a N < 0$;

⑤ 当 $a < 1$,$N > 1$ 时,$\log_a N < 0$;

⑥ 当 $a < 1$,$0 < N < 1$ 时,$\log_a N > 0$。

对数式的上述性质通过中学数学阶段所学过的对数函数图像容易直观理解,限于篇幅,不再赘述。

二、对数的运算法则及换底公式

利用对数的性质和对数恒等式与指数恒等式之间的关系,可以推导出四则十分有用的对数运算法则。

① 两个正数乘积的对数,等于这两个正数的同底数对数的和,即:

$\log_a M \times N = \log_a M + \log_a N$

证明:设 $a^{b_1} = M$,$a^{b_2} = N$,从而有 $b_1 = \log_a M$,$b_2 = \log_a N$,

于是 $\log_a M \times N = \log_a (a^{b_1} \times a^{b_2}) = \log_a a^{b_1+b_2} = b_1 + b_2$,也即是 $\log_a M \times N = \log_a M + \log_a N$(获证)

依据同样的推证原理,可得出:

② $\log_a \dfrac{M}{N} = \log_a M - \log_a N$;

③ $\log_a (N)^m = m \log_a N$;

④ $\log_a \sqrt[m]{N} = \frac{1}{m} \log_a N$；

上面四个对数运算法则，即是前面所讲的运用对数恒等变形，把积、商、幂、方根的对数运算转化为相对简单一些的对数式的和(＋)、差(－)、积(×)、商(÷)运算。实际上，这四条运算法则均由对数恒等式法则变通衍生而出，因此，这四条法则也可以反向使用。

依据对数的定义和性质，很容易再推衍出一个叫换底公式的性质：

⑤ $\log_a N = \frac{\log_c N}{\log_c a}$

具体推证(略)。

这个换底公式，为常用对数方法的确立提供了思路。因为按照对数式的定义，任何大于零，且不等于 1 的正实数 a 都可以用作对数的底数，但实际上，对于任何满足上述条件的正实数 a 而言，直接计算其任何以 a 作底数的对数值，是很困难的，故为了实用，人们希望把一般意义下的对数计算，转化为以某个特殊实数值为底数来进行对数运算。在常规的实数值计算中，由于普遍采用十进制，于是以正整数 10 为底数的对数运算方法就在这种思路下应运而生，且被称为常用对数方法。

三、常用对数方法

以 10 为底数的对数是普通对数中的一个很有实用价值的特例，因其与通常实数的十进位制对应，故被称为常用对数 $\log_{10} N$。且又直接省去底数是"10"的符号记录，简记为 $\lg N$。

常用对数除了同样适用前面讲到的普通对数的基本性质和相应的运算法则外，还具有两项特有的性质，这些性质使常用对数方法更加简便易行。

①10 的整数次幂的对数是一个整数，且就等于幂的指数。若 N 为 10 的整数次幂，则可很轻松地得出结果。如 100 的常用对数记为 $\lg 100 = 2$，1 000 的常用对数 $\lg 1\ 000 = 3$，…；$\lg 0.1 = \lg 10^{-1} = -1$，$\lg 0.01 = \lg 10^{-2} = -2$，…。即：

$$\lg 10^n = n \qquad \lg 10^{-n} = -n。$$

②如果某个实数 A 满足 $1 < A < 10$，则 $\lg A$ 的值一定是大于零而小于 1 的"正纯小数"。即 $\lg A = 0.\cdots$ ；

例如 $\lg 2 \approx 0.301\ 0$ 即 $10^{0.301\ 0} \approx 2$；$\lg 3.85 \approx 0.585\ 5$，即 $10^{0.585\ 5} \approx 3.85$；等等。

常用对数的性质②是任意正实数取以10为底的对数都能顺利运算的数学理论依据，也为常用对数运算指出了基本技巧和途径。因为对于任意一个正实数 N，我们都能将其表达成 $N = A \times 10^k$ 的形式（其中，A 为大于1而小于10的正实数，k 为正或负的整指数）。

这时，求 $\lg N$ 的对数，就变成 $\lg N = \lg A \times 10^k = \lg A + \lg 10^k = \lg A + k$，即 $\lg N = k + \lg A$。

式中 k 为正或负的整数指数，我们又专门称之为 $\lg N$ 的常用对数首数，而 $\lg A$ 是大于零、小于1的正纯小数，我们称之为 $\lg N$ 的常用对数的尾数，简称为首数和尾数。例如，对实数 3 659，它的常用对数就可表达为 $\log_{10} 3\,659 = \lg 3.659 \times 10^3 = 3 + \lg 3.659$。

而对于两个或多个不同的正实数 N_1，N_2，$N_3 \cdots$，只要它们的有效数字相同，都能表达为 $A \times 10^{k_1}$，$A \times 10^{k_2}$，$A \times 10^{k_3} \cdots$ 的形式。所以它们取以10为底的对数后，除首数不同外，其对数尾数将完全相同。此时只要把 $1 < A < 10$ 中任意的 A 的对数尾数求出。则所有与 A 有相同有效数字的正实数 N_1，N_2，$N_3 \cdots$，它们的常用对数值，都可用不同的首数加上相同的对数尾数表达。只是当 K 为负值时，特别规定要表达为 $-k + \cdots$ 或 $\underline{k}_{\circ} \cdots$ 的形式。

例 2-20：已知 $\lg 2 \approx 0.301\,0$，求：20 000，20，2×10^8，2×10^{-16}，0.002 的常用对数值。

解：$\because 20\,000 = 2 \times 10^4$，

$\therefore \lg 2\,000 \approx 4 + 0.301\,0 \approx 4.301\,0$；

同理由 $20 = 2 \times 10^1$，

知：$\lg 20 \approx 1 + 0.301\,0 \approx 1.301\,0$；

$\lg 2 \times 10^8 \approx 8 + 0.301\,0 \approx 8.301\,0$；

$\lg 2 \times 10^{-16} \approx (-16) + 0.301\,0 \approx \underline{16}.301\,0$；

$0.002 = 2 \times 10^{-3}$，

$\lg 0.002 \approx (-3) + 0.301\,0 \approx \underline{3}.301\,0$

四、常用对数尾数表、反对数表

上面的运算还表明：① 几个任意的正实数，若它们的有效数字相同，就会有相同的对数尾数（正纯小数），首数的正或负是由真数 N 是否是大于10或小于1的数来确定。只要把 $1 < A < 10$ 中任意数值 A 的对数尾数值逐一列出，就能查对出任何与 A 有相同对数尾数的真数 N 的常用对数值 $\lg N = k + \lg A$。常用对数尾数表就是依据这一指导思想而列置的，只是为了实际运用方便，一

般只对 A 取四个有效数字数位，其对数尾数 lgA 也只取四个有效数字数位，所以也称其为（常用）四位对数尾数表。科研或高级计算技术中，为提高精确度，也有取 6—8 个有效数字位数的。②反之，只要知道某个数值 N 的常用对数尾数 b，也就可以通过 $10^b = A$ 的思路，先得到与 N 有相同对数尾数的中间数值 A，然后再结合 N 的对数首数值大小，寻求出 N 的原始值。即是说，只要把 $0 < b < 1$ 中任意数值 b 所对应的对数值逐一列出，就能方便地查出并确定出 N 的原始值。（常用）对数四位反对数表就是依据这一指导思想而列置的。

需要说明的是，常用对数尾数表和常用对数反对数表由于受取用和确定有效数位的限制，所列出的数据只能是一系列相对应的近似值，但一般情况下这样得出的近似值不会影响日常经济社会管理工作所需要的数据准确程度需求。现在国内部分新款平板电脑和档次较高的手机都设置有常用对数尾数和反对数值查询或计算功能，对于人们运用常用对数方法带来了很大方便。

五、常用对数尾数计算应用法则

在运用常用对数方法处理相关问题时，特别规定，任何情况下，都必须保证对数尾数为正纯小数。于是在进行常用对数值的"和、差、积、商"计算，特别是首数为负整数时的对数值计算时，就要遵循一些特定的法则。对这些特定的法则，文字讲述起来略显烦琐，但我们可通过下述的实例来帮助掌握和理解：

例：对数值计算：

① $\underline{2}.1742 + \underline{1}.5736$ ② $\underline{1}.3516 - \underline{2}.6432$

③ $\underline{3}.5837 \times 4$ ④ $\underline{2}.4365 \div 5$

解：列竖式计算

①　　　$\underline{2}.1742$　　　　　　②　　　$\underline{1}.3516$
　　$+)\underline{1}.5736$　　　　　　　　　$-)\underline{2}.6432$
　　―――――――　　　　　　　　―――――――
　　$= \underline{1}.7478$　　　　　　　　　　$= 0.7084$

③　$\underline{3}.5837 \times 4 = (-3) \times 4 + 0.5837 \times 4$
　　　　　　　　$= (-12) + 2.3348$
　　　　　　　　$= (-10) + 0.3348$
　　　　　　　　$= \underline{10}.3348$

④　$\underline{2}.4365 \div 5 = (\underline{5} + 3.4365) \div 5$
　　　　　　　　$= \underline{1} + 3.4365 \div 5$
　　　　　　　　$= \underline{1} + 0.6873$

· 53 ·

= $\underline{1}.6873$

六、常用对数方法在实践中的运用技巧

学习常用对数性质和利用常用对数方法（包括查询和使用常用对数尾数表、常用对数反对数表），是为了简化或进行靠常规运算几乎不可能进行的诸如高次乘方、高次开方运算。

例 2-22：某拉丝车间将 200kg 粗铜丝加工拉制成某一规格的细铜丝，要经过三道工序，已知每道工序的损失率分别为 3.4%、2% 和 1%，试问经过三道工序后，细铜丝的质量为多少？

解：经过三道加工工序后，细铜丝的质量为 x kg，由题意得

$x = 200 \times (1 - 3.4\%) \times (1 - 2\%) \times (1 - 1\%)$

$\quad = 200 \times 0.96 \times 0.98 \times 0.99$

此时若进行直接计算，过程较繁，可利用常用对数方法简化运算：

第一步，对原式两边取以 10 为底的常用对数

$\lg x = \lg 200 \times 0.96 \times 0.98 \times 0.99$

$\quad = \lg 200 + \lg 0.96 + \lg 0.98 + \lg 0.99$

$\quad = \lg 10^2 \times 2 + \lg 10^{-1} \times 9.6 + \lg 10^{-1} \times 9.8 + \lg 10^{-1} \times 9.9$

$\quad = 2.3010 + \underline{1}.9850 + \underline{1}.9912 + \underline{1}.9956$

$\quad = 2.2728$

第二步，查反对数表知，.2728 的有效数字是 1874，

按反对数还原知 $x = 187.4$(kg)。

第 2 章　数理统计常识在管理实践中的应用

2.1　数理统计的基本概念

在经济和社会管理（包括国防建设、工农业生产、商贸服务等）工作中，经常会遇到被研究对象（如某类社会现象、某种事物特征等）由数量繁多的个体构成，而直接能接触到反映或表达这类个体的，往往又是大量的反映个体某方面（方向）特征的一系列初始数据，这些初始数据表面看来杂乱无章，它所承载的被研究对象的内涵本质或趋势仅凭直观难以确切把握；另一方面，为对被研究对象进行完全考查或测试，又必须承担相应的成本代价，且在很多时候，还不可能进行完全考查或测试。此时，人们只能从表达某个研究对象的看来杂乱无章的大量初始数据中，科学地选取适量初始数据进行整理、分析，从而发现、推断、论证出被研究、考查对象在某个方向上的内涵特征和发展变化趋势。这种由选取适量初始数据，通过整理、分析，进而推断、研判出被考查对象在某个方向上的本质的内涵特征和发展变化趋势的思维方法，在近代，逐步产生并形成一个新的应用数学分支——数理统计学。本教材仅重点介绍数理统计学一些最常用、最基础的学科知识。

2.1.1　样本、数据、样本容量

在数理统计或单纯统计工作中，人们常把被研究对象（事物、现象）的全部称作总体（母体），把选取出来供研究、测试的那部分用数据表达出的若干个体，叫作样本。样本在一般情形下是被研究、考查对象某个方面的特征数值，如长度、面积、重量、发芽天数、吨千米耗油量、抗拉强度、年龄、体温、疫病传播速度等。这些特征数据叫样本数据，简称数据，全部被抽取的样本个数叫样本容量，样本容量通常用字母 n 表示。

例 2-1：某外贸公司出口 750t 果酱罐头，灌装的重量标准为每个罐头净重 750g（即按标准重量本批罐头共 100 万个），为了检验定额灌装的准确程度，当然不可能把全部 100 万个罐头重新打开精准称量。在实际上是按有代表性

的抽样方法选取适量样本。如可以用某种布点比较均匀的、最能较确切代表 100 万个罐头单个重量的抽样方法，例如选取其中的 100 个罐头做样本，再按一定程式进行专门的测试性称量分析，然后研判出这 100 万个罐头单个灌装重量是否合格或合格程度的推证性判断。在这里，被告考查对象的总体是这 100 万个罐头，被抽取用来重新称重测试的 100 个罐头重量数据叫作样本，100 叫作这项用于测试性称量分析的样本容量。

2.1.2 常用抽样方法

利用总体（母体）的部分样本在某方面特征数据去推断被研究对象总体（母体）在某一方向上的性状特征，首要之点就在于如何抽取适合考查目的、又能最大限度在考查方向上完全代表总体的特征，且数量上又尽可能少的样本，这个"如何抽取"，简称抽样方法。常用的抽样方法有下列三种。

2.1.2.1 随机抽样法

纯粹随意地从母体中抽取样本的方法，叫作随机抽样法。这种方法在实际操作时，往往借用随机数字编号抽签进行。例如某市统计部门要对 10 000 户城市居民进行某类消费调查，预计抽取 50 户做样本，可事先对 10 000 户居民进行编号，然后用卡片随意抽签，或摇号机摇签、投骰子出号等方法均可。要点在于体现随意抽取出的 50 个户号。

随机抽样法看起来是对任何一个原编定的号码都是"机会均等"，但其一，偶然因素大；其二，当被考查、研究对象总体的构成数量很大时，事前编号难于做到，故在大体量对象抽样中，较少采用。

2.1.2.2 分层抽样法

按总体构成或位置、层次的不同，预先将总体分为若干组（层），然后在每个组（层）内随机抽取一定数量的个体组成样本的方法，叫作分层抽样法。

例如我们要从准备出口的 750t（100 万个）果酱罐头中抽取 100 个作为测试称重的样本，可先将这 100 万个罐头每 10 000 个分为一组（共可分为 100 组），然后从每组中随机抽出一个（共 100 个）组成样本，既可体现所抽取的样本既有代表性，又是随机抽取。粮食仓储部门对大体量散装或袋装垛放粮食实行表、中、底三层分层、又在每个分层中按梅花布点的方法取样测试粮食湿度、温度变化情况的方法，就是分层抽样法的实际运用。

2.1.2.3 比例抽样法

根据构成总体各个部分的结构比重来分配取样个数的方法叫比例抽样法。

例如某地计划对县域范围内农户年人均收入状况进行 100 户抽样调查，他们根据该县山区农户、坝区农户、城镇郊区农户所占比例大体为 60%、30%、10% 的状况，安排从山区农户中随机选取 60 户、坝区农户中随机选取 30 户、城镇郊区农户中随机选取 10 户，这样就抽取出了既有代表性，又符合要求的调查样本。

需要注意的是，上述三种抽样方法，并未说明针对不同体量的考查、测试对象总体，样本容量取多大为宜，也未能说明按这三种方法选取的样本，对于推断出来的被考查、测试对象总体在某个方向上的内涵特征或某个方向上的发展变化趋势，能有多大的把握度（术语叫置信度），关于这方面的知识，本书将在第四章应用概率及抽样检测方法中继续介绍。

2.1.3 样本数据整理

直接对样本的每一个体进行测试或实验，可以得出一批与样本容量相匹配的初始数据，初始数据往往杂乱无章，然而，样本或被研究对象整体的某一方向上的本质特征和发展变化的某种趋势恰好就隐藏在其中。当我们把这些数据按某种顺序进行必要排队整理，就可以由整理后的数据"列"大体看出它们所代表的特征、趋势的大概面貌，同时，样本数据经过整理，也为进一步分析研究提供了方便。因此，数据整理是数理统计工作的必不可少的环节。

若样本数据简单，或样本容量较小，数据整理可直接按数据的大小排队列出。

例 2-2：某地农科院从实验田取回 30 株谷穗进行结籽粒数分析，对测得的数据进行整理，按大小顺序排列如下：

161，159，155×2，154，152，151×2，150，149×2，148×5，147×3，146，145，144，143×2，141，139，137，136，132，131；

上面经整理后的数据"列"，称为样本数据分布，从整理后的数据可看出，这批样本谷穗单株结籽最多 161 粒，最少 131 粒，大部分集中在 143~155 粒。

如果样本容量较大，或样本数据较繁杂，可采用分组的办法对初始数据进行先期整理。分组可用等距分组和不等距分组。分组的个数（设为 k）视样本容量的大小而定，一般在 $n \leq 50$ 时，可分为 5~8 组，在 $50 < n \leq 100$ 时，可分为 10~15 组，在 $n > 100$ 时，宜分为 15~20 组。等距分组的组距取样本最大值与最小值之差的$\frac{1}{k}$。通常把小于组距上界的数据归入本组,等于组距上界的数据归入后面一个组。

例2-3:将例2-2的30个样本容量的数据分为6个组,则组距值为:

$$d = \frac{161 - 131}{6} = 5$$,然后,将初始数据整理列出如下:

第一组 131 ~ 136:131,132;

第二组 136 ~ 141:136,137,139;

第三组 141 ~ 146:141,143 × 2,144,145;

第四组 146 ~ 151:146,147 × 3,148 × 5,149 × 2,150;

第五组 151 ~ 156:151 × 2,152,154,155 × 2;

第六组 156 ~ 161:159,161;

上面经整理后所列出的数据,在各组出现的个数各不相同,对各组出现的数据个数,专业上称其为样本数据分组频数分布。

通过这样的等距分组整理,同样体现出,这批样本谷穗单株结籽最多161粒,最少131粒,大部分集中在143~155粒。

2.1.4 的样本数据的频数、频率

在数理统计中,通常又把样本中数据相同的样本个数称为该数据的频数,常用字母f表示。如例2-2和例2-3中,161的样本个数为1,即称161的频数为1;而148的样本个数为5,即称148的频数为5,分别记为:

$$f_{161} = 1, \quad f_{148} = 5$$。

进一步,我们把某一样本数据的频数在整个样本容量(n)中所占的比重,叫这个数据的频率,通常用字母p表示,即:

$$p = \frac{f}{n}$$。

频率是个相对数,可直接用分数表述,更多的时候是用百分数表述。例2-2和例2-3中,样本数据143的频率是$p = \frac{3}{30} = \frac{1}{10}$,也等于10%或0.10。样本数据148的频率是$p = \frac{5}{30} \approx 0.1666\cdots$,$\approx 16.7\%$。

2.2 样本数据频率分布及其应用

2.2.1 样本数据频率分布表，频率分布图示方法

把整理后的样本数据及其相应的频数、频率，或将分组整理后的数据组及其相应的频数、频率按一定的内在关系排列出来，就形成了所谓的样本数据频率分布，简称频率分布。用表列形式列出叫频率分布表，以直方图或折线形式列出叫频率分布图（直方图、折线图）。在同一批样本中，某个数据的频数、频率，及其在频率分布表、图中所占的位置是唯一的。

例 2-4 将例 2-3 所得的分组整理的样本数据用频率分布表简要表达为表 2-1：

表 2-1　30 株谷穗样本的频率分布表　　（单位：粒/株）

分组号	1	2	3	4	5	6
组距	131~136	136~141	141~146	146~151	151~156	156~161
频数 f	2	3	5	12	6	2
频率 p	6.67%	10.00%	16.67%	40.00%	20.00%	6.67%

进一步，在直角坐标中，在 x 轴上以组距为宽度，在 y 轴上以某组频率数为高，将表 2-1 中的数据绘制成有形象意义的条形方块图 2-1，这个图就称为 30 株谷穗样本的频率分布直方图（图 2-1）。由图 2-1 可看出，例 2-2 中，取 30 株谷穗样本结籽数据所形成的频率分布直方图，具有中间高、两边低、左右基本对称的特征。它较形象地反映了样本数据大部分集中于 141 到 156 之间的这种情形，我们称其为 30 株谷穗结籽情况的样本数据的数理统计规律。这也是样本所代表的事物整体内在特征的规律。

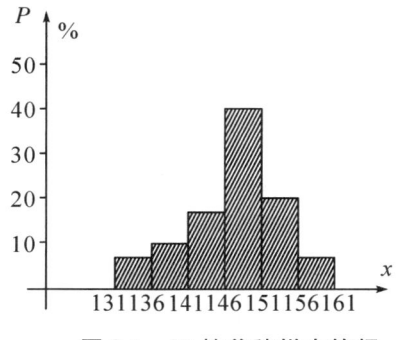

图 2-1　30 株谷穗样本的频率分布直方图

对于别的调查对象，样本数据或分组样本数据的频率分布在直方图也会有类似特征，这是由样本自身内在特性所决定。

单就频率分布直方图来讲，随着样本容量不断扩大、组距不断缩小，直方图的上部将逐渐趋近于一条曲线（如图2-2），这条曲线也叫作频率分布曲线。

如果排除抽样造成的某些误差，则这条曲线对于形象表达样本或总体在某一方向上的内涵特征就更为精细和形象了。

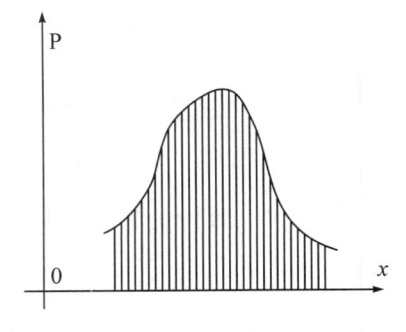

图 2-2　30株谷穗样本的频率分布曲线

2.2.2　频率分布在生产、经营中的应用——帕累托图

若在频率分布直方图中，按样本数据频数的大小顺序排列并绘出，那么样本中频数较大的那些数据在图形中的位置和形象就显得十分突出，这样处理出来的频率直方图，在数理统计中称为帕累托图。帕累托图是一种从统计分析的角度寻求主要矛盾的应用方法，简称帕累托图形法，很有实用价值。这种思想及应用方法最先是由意大利社会学家帕累托（Vilfrdo Pareto）提出，所以称其为帕累托图形法。下面，我们就来具体学习帕累托图形法的思想和运用。

在经济和社会管理工作中，我们常讲，解决问题要善于抓主要矛盾。例如，经常遇到这样的情况：某种事故、现象的发生，往往受很多因素影响，生产能否正常进行，就要受到材料进购、设备质量、能源供应、工人技术水平、车间供电稳定程度等诸多因素影响；某车间产品质量事故、某城市娱乐场所发生多起火灾事故，也是多种原因造成的。这诸多因素中，什么是影响最大的因素（主要因素），解决问题应抓住哪些关键？帕累托图形法能为解决这类问题提供有力帮助。

帕累托图形法针对被研究对象提供的影响事故发生的各因素样本数据，按各因素发生的频数和频率大小，从左至右列表排列，并用帕累托直方图表述，然后在帕累托直方图中将各因素频率值累加连点成线，即是帕累托曲线。在这个基础上，再把频率累计百分数分为三个部类，占比在 0～80% 为 A 类，占比在 80%～90% 为 B 类，占比在 90%～100% 为 C 类，A 类所包含的因素即为主要因素或称主要矛盾，B 类所包含的因素为次要因素，C 类所包含的因素为一般因素。由于各类因素（矛盾）所代表的现象是否发生或何时发生均存在偶然性，我们不可能掌控，但只要重点处置好 A 类因素所导致的影响，就能使 80%的问题得到解决。这就是帕累托图形法以抓主要矛盾解决问题的思想方法。

例 2-5： 某市交警队对今年 1~6 月发生在由绕城高速进入到市区一干道入口拐弯处的 120 起交通事故，用帕累托法进行因素分析，结果如表 2-2：

表 2-2　某市××年度 1 至 6 月交通事故分类统计　　　（单位：件）

事故原因	高速抢线	驾驶精力分散	酒后驾驶	超载超长	操作失误	刹车失灵	厢架松脱	其他
发生次数	48	30	18	10	6	4	3	1
频率（%）	40.00	25.00	15.00	8.30	5.00	3.40	2.50	8.00
累计频率（%）	0.40	0.65	0.80	0.883	0.933	0.967	0.992	1.00

按表中所列内容，作帕累托图和帕累托曲线图即如图 2-3 所示。

由图 2-3 可直观看出，作处频发交通事故的主要因素是高速抢线、驾驶员精力分散和违章酒驾三类，三类因素累计频率达 80%，这是造成此处交通事故的主要原因。

促使某一经济社会管理目标实现的其他多因素制约（或促进）问题大都可以用帕累托图法进行分析处理，抓主要矛盾，排除主要制约因素；从积极的方面讲，用帕累托图法就是弘扬优点，或最大限度地发挥优势。

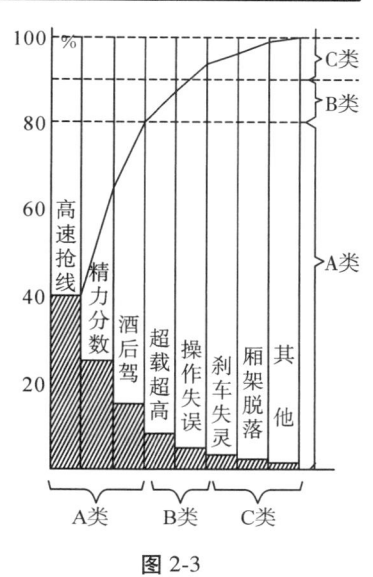

图 2-3

2.3　样本均值

2.3.1　样本均值及基础计算公式

样本均值是表示样本平均状态的特征数，它的数学特征就是样本数据的算术平均数，常用字母符号"$\overline{X}$"表示。计算公式为：

$$X = \frac{1}{n}\sum_{i=1}^{n} x_i \tag{2-1}$$

公式（2-1）是计算样本均值的基本计算公式，其他计算法则或公式是其内涵的变通或拓展。

例 2-6：为考查某种型号的自动灌装机性能，在 4 个工作日内随机抽取其灌装的 22 袋大米，检验称重并记录如下（单位：kg/袋）：

97.5，98.0，98.5，100.5，101.0，102.5，99.0，98.5，97.5，98.0，97.0，98.0，97.0，99.5，100.0，100.5，102.5，100.0，99.0，98.0，98.5，97.0；

解：用公式（2-1）计算得其样本平均重量为：

$$X = \frac{1}{22}(97.5 + 98.0 + 98.5 + \cdots + 97.0)$$

$$= \frac{2\,178}{22} = 99(\text{kg}/\text{袋})。$$

这个均值 99kg/袋代表了这 22 袋样本大米的平均状态（样本均值）。由于取样的随机性，我们的也可以认为这个 99kg/袋就是这台自动灌装机的平均灌装性能。

在实际计算中，有时遇到样本容量较大，或样本数据本身较繁杂，直接套用公式（2-1）计算 X 的工作量太大，这时计算样本均值还可以采用以下几种简便方法。

2.3.2 估计平均数相对误差计算法

所谓估计平均数即是预先粗略评测，确定出某个数据为样本的可能平均数值。用估计平均数相对误差计算法计算样本均值，要点在于先观察样本数据，找出样本数据中频数较大，或数据较居中的一个样本数据值 A 作为 X 的预先假设值，术语称这个预先假设值叫估计平均数；接着，计算出每一实际样本数据 x_i 对于 A 的相对误差 $u_i = x_i - A$，所有相对误差均值都同样用 U 表示，于是有：

$$U = \frac{1}{n}\sum_{i=1}^{n}(x_i - A) = \frac{1}{n}\sum_{i=1}^{n} x_i - \frac{i}{n} n \times A = X - A，从而推证出：$$

$$X = U + A \tag{2-2}$$

公式（2-2）即计算样本均值的估计平均数相对误差计算方法。其内涵与公式（2-1）相通。

一般说来，在样本数据本身较为繁杂，或样本容量偏大的前提下，通过先求相对误差均值 U，再导入公式 $X = U + A$ 求出 X，工作量就要小得多。

如例 2-6 中，22 个样本数据的样本均值 X 就可以这样进行。

由观察可知，22 个样本数据里，100.0 这个数据比较居中，我们选它为估计平均数，即 $A = 100.0$，于是有：

$u_1 = 97.5 - 100.0 = -2.5$，$u_2 = 98.0 - 100.0 = -2.0$

$u_3 = 98.5 - 100.0 = -1.5$，$u_4 = 100.5 - 100.0 = 0.5$

……　　　　　　　　$u_{22} = 97.0 - 100.0 = -3.0$

从而得：

$$U = \frac{1}{22} \times (-2.5 - 2.0 - 1.5 + 0.5 + \cdots - 3.0) = -1.0$$

代入公式(2-2)，得：

$X = (-1.0) + 100.0 = 99.0(\text{kg}/\text{袋})$。

上面的计算说明，套用公式（2-2）得出的结果，与套用公式（2-1）得出的结果完全一致，但运算过程变简单了，运算量变少了。

2.3.3　组中值加权平均数法

有时，若遇样本容量很大，同时样本数据本身又较繁杂，用估计平均数相对误差法计算仍然感到工作量大时，遵循加权平均数的思路，还可用组中值加权平均数法计算其样本均值 X。这种方法的要点在于，对所考查的全部样本数据用等距分组，用每组的中间数值（组中值）与该组样本数据的频数相乘，再用这一系列乘积之"和"求样本均值 X，其数理表达式为：

$$X = \frac{1}{N} \sum_{i=1}^{k} x_i \times f_i \tag{2-3}$$

公式(2-3)中，x_i 代表样本数据的组中值，f_i 为每个组内样本数据发生的频数(也称为权数，其频数大小对平均值起着权衡轻重的作用)，k 为分组的个数。

例 2-7：同样用例 2-2、所举的实例来学习公式(2-3)的运用。

解：将例 2-2 中 30 个样本数据仍然等距分为 6 组，并列表：

表 2-3　30 株谷穗样本数据　　（单位：粒／株）

组号	组段	组中值 x_i	频数 f_i	组积值 $f_i y_i$
1	131 ~ 136	133.5	2	367.0

续表

组号	组段	组中值 x_i	频数 f_i	组积值 $f_i y_i$
2	136～141	138.5	3	415.5
3	141～146	143.5	5	717.5
4	146～151	148.5	12	1 782.0
5	151～156	153.5	6	921.0
6	156～161	158.5	2	367.0
小计			30	4 570.0

代入公式(2-3)有：$X = \dfrac{4\,570.0}{30} = 152.3$(粒/株)

而这30个初始样本数据直接代入公式(2-1)求得均值是

$X = \dfrac{4\,547}{30} = 151.6$(粒/株)。偏差为0.7(粒/株)。

这个平均值与直接用公式(2-1)或公式(2-2)求得的平均值必然会有一定偏差，主要是取了组中值后，乘积 $x_i \times f_i$ 会产生因所谓"滞后"或"超前"出现误差，即比用原始数据直接求出的均值偏小或偏大，但它反映出来的样本的内在规律是相同的。对于主要是寻求样本所代表的某个方向上的内在特征而言，按公式(2-3)求得的均值所出现的这个偏差可以忽略不计。

2.3.4 组中值估计平均数相对误差法

还有一种情况，如果样本数据数值较大，或其数值小数点后的位数太多，用组中值加权平均数法计算样本均值也不简便时，参考公式(2-2)提出的思路，并作适当变换，就能形成所谓组中值估计平均数相对误差的样本均值计算方法。为此，选择比较居中的或频数较大的那一组的组中值为估计平均数，设为 b，a 为组距差，则对于每一组的组组中值 x_i 而言，都存在一个相对误差 u_i，且：

$$u_i = \dfrac{1}{a}(x_i - b)$$

进而推证得：

$$x_i = a u_i + b$$

因而，所求的样本均值可变换表达为：

$$x = \frac{1}{n}\sum_{i=1}^{k} x_i \times f_i = \frac{1}{n}\sum_{i=1}^{k}(au_i + b) \times f_i \quad (k\text{ 为分组个数})$$

$$= \frac{1}{n}\sum_{i=1}^{k} au_i \times f_i + \frac{1}{n}\sum_{i=1}^{k} bf_i \quad \text{即有：}$$

$$\underline{X} = aU + b \tag{2-4}$$

公式（2-4）表达的就是用组中值估计平均数相对误差法求样本均值的计算公式。

例 2-8：某车间对一台车床加工出的螺杆直径进行抽样测试，以每小时加工产品中随意抽取 5 根，共测 20 小时，得 100 个样本数据，将这批数据按顺序整理后分为 8 组，列表如表 2-4：

表 2-4　螺杆直径抽样测试分组整理表　（单位：mm）

组数	组段	组中值 x_i	频数 f_i	相对误差 u_i	$x_i \times u_i$
1	10.925 ~ 10.945	10.935	5	-3	-15
2	10.945 ~ 10.965	10.955	8	-2	-16
3	10.965 ~ 10.985	10.975	20	-1	-20
4	10.985 ~ 11.005	10.995	34	0	0
5	11.005 ~ 11.025	11.015	17	1	17
6	11.025 ~ 11.045	11.035	6	2	12
7	11.045 ~ 11.065	11.055	6	3	18
8	11.065 ~ 11.085	11.075	4	4	16
			100		12

试用组中值估计平均数相对误差法计算螺杆的样本均值。

解：（如表 2-4）按公式（2-4）的要求，取第 4 组的组中值 10.995 为估计平均数 b，原分组的组距差 $a = 0.02$mm。按此，分别求得各组的相对误差，例如第 1 组的相对误差为：

$$u_i = \frac{1}{a}(x_i - b) = \frac{10.935 - 10.995}{0.02} = -3$$

同理，可计算出其他各组的相对误差 u_2—u_8（分别列入表 2-4）。然后分别计算组频数积值（同样分别列入表 2-4）。

此时，由计算公式 $U = \dfrac{1}{n}\sum\limits_{i=1}^{k} x_i f_i$ 得 $\dfrac{1}{100} \times 12 = \dfrac{12}{100}$ 代入公式(2-4)

得：$X = aU + b = 0.02 \times \dfrac{12}{100} + 10.995 = 10.997 \text{mm}$。

综上所述，用上述 4 种计算样本均值 X 的公式（方法），所求得的结果，其本质意义是完全一致的，都代表了样本所代表的研究对象总体（母体）在某个方向上的平均状态，样本和总体的同类其他数据都以样本均值为中心上下波动。

2.4 样本标准方差

2.4.1 样本偏差与标准方差

样本均值刻画了样本或母体在某一方面的特征，这对于了解样本或母体在这一方面的特征是一个重要依据，但在不少时候，人们还需要了解各样本数据对于样本平均状态的"偏离幅度"（或忽高忽低的程度）有多大。例如把每次试射炮弹的弹着点对于目标点的偏离的远或近作为取样数据，把一个班学生年龄与平均年龄差距作为取样数据，都需要考虑"波动"特别大或特别小的问题。在数理统计中，人们把每个样本数据 x_i 对于样本均值 X 的"偏离幅度"称为样本数据对于样本均值的偏差，记为 $x_i - X$。

在很多时候，考查样本数据的偏差现象，是很有必要的。由于"偏离幅度"在数据上有正(+)，有负(-)，计算样本均值 X 时出现"抵消"，若单纯对样本均值 X 作考查，还不能确切了解被考查对象的内在特性，因而在生产和生活实践中，有很多时候，又必须进一步考查单个样本数据对于样本均值偏离（或波动）的程度（幅度）。于是又结合实践研究提出了关于样本偏差与标准方差的概念。先分析下面的实例。

例 2-9：种子发芽的时间集中，将有利于田间管理，某农科所选取了同一品种的两个型类的大豆种子各 100 粒进行发芽试验，7 天之内各有 98 粒种子发芽，测得发芽的时间和当天的粒数如下。

表 2-5　甲类种子发芽情况

第 i 天发芽	1	2	3	4	5	6	7	小计
发芽粒数 x_i	18	30	22	15	11	1	1	98
$x_i f_i$	18	60	66	60	55	6	7	272

表 2-6　乙类种子发芽情况

第 i 天发芽	1	2	3	4	5	6	7	小计
发芽粒数 x_i	12	29	34	19	1	2	1	98
$x_i f_i$	12	58	102	76	5	12	7	272

解：经列表计算，两类种子的平均发芽率都是 98%，平均发芽天数都是 2.72 天，但仔细考查数理统计表发现，乙类种子第 i 天发芽粒数对于其种子平均发芽天数"偏离"幅度较小。故仅从直接计算出的 $\sum_{i=1}^{n}(x_i - X)$ 结果看，是无意义的，因为它会使绝对值相等而符号相反的偏差相互抵消。但从两份表列数据的直观上看，乙类种子发芽的时间较集中于平均发芽天数，更利于田间管理。这个例题说明，仅考查两类种子平均发芽率和平均发芽天数，还不能完整了解和研判两类大豆种子在"集中出苗"方面孰优孰劣，必须进一步考查两组数据对于平均值的偏离（波动）程度。为了避开正、负偏差相互兑冲的矛盾，我们就用人为"扩大"差距的办法，把两组数据的偏差都平方后相加，再分别求其偏差平方和的均值——平均方差。

例 2-9 中，甲类种子发芽天数的偏差平方和的均值为：

$$\frac{1}{98}\sum_{1}^{98}(x_i - X)^2 = \frac{1}{98}[18 \times (1 - 2.76)^2 + 30 \times (2 - 2.76)^2 + 22 \times (3 - 2.76)^2 + \cdots + 1 \times (7 - 2.76)^2] = 181.09$$

乙类种子发芽天数的偏差平方和均值为：

$$\frac{1}{98}\sum_{1}^{98}(x_i - X)^2 = \frac{1}{98}[13 \times (1 - 2.76)^2 + 29 \times (2 - 2.76)^2 + 34 \times (3 - 2.76)^2 + \cdots + 1 \times (7 - 2.76)^2] = 121.56$$

这样得出的数据，与样本数据的单位系统是不一致的，给比较和分析样本特征带来不便，因此，数理统计上又提量出样本标准方差的概念。样本偏差平方和的均值再开方后所得的数值叫样本标准方差，常用字母 S 表示。现在

按样本标准方差的定义,样本标准方差的计算公式化可表述为:

$$S = \sqrt{\frac{1}{n}\sum_{i=1}^{n}(x_i - X)^2} \tag{2-5}$$

由于我们仅需考查各个样本数据对于样本均值的偏离(波动)程度,故公式(2-5)开平方后只取算术根(正数根)。显然,这个标准方差 S 的值愈小,表明各样本数据对于样本均值(中心值)的偏离(波动)程度愈小。

例2-9中,两类种子发芽天数的标准方差分别为:

$$S_甲 = \sqrt{\frac{1}{98} \times 181.09} = \sqrt{1.8479} = 1.35(天)$$

$$S_乙 = \sqrt{\frac{1}{98} \times 121.56} = \sqrt{1.2404} = 1.11 \ (天)$$

由于 $S_乙 < S_甲$,故知乙类种子发芽天数更为集中于平均发芽天数。

例2-10:某公司从下属两条化纤生产线所生产的同一型号纤维丝中各自随机抽样检查其抗拉强度极限,从甲生产线抽验5支纤丝,从乙生产线抽验4支纤丝,通过破坏性抗拉强度极限检测,两条生产线所产纤丝极限抗拉强度如表2-7所列,试用样本的标准方差法比较两条生产线产品质量的稳定性。

表2-7 两条生产线所产纤丝极限抗拉强度 　　　[单位:kg/(cm)²]

生产线别	单支样品极限搞抗拉强度 x_i	抗拉强度均值 X
甲	2 000, 1 800, 1 900, 1 850, 1 950;	1 900
乙	1 500, 2 000, 1 600, 2 500;	1 900

解:甲生产线样本数据的标准方差:

$$S_甲 = \sqrt{\frac{1}{5}[(2000-1900)^2 + (1800-1900)^2 + \cdots + (1950-1900)^2]}$$

$$= \sqrt{\frac{1}{5}(12500)} \approx 71 \text{kg}/(\text{cm})^2;$$

乙生产线样本数据的标准方差:

$$S_乙 = \sqrt{\frac{1}{4}[(1500-1900)^2 + (2000-1900)^2 + \cdots + (2500-1900)^2]}$$

$$= \sqrt{\frac{1}{4}(620000)^2} \approx 394 \text{kg}/(\text{cm})^2;$$

由 $S_甲 < S_乙$ 说明甲生产线所产纤丝抗拉强度波动幅度较小,产品质量较

乙生产线稳定。

与样本均值的计算方法相似，样本标准方差也有不同的简便计算方法。主要是组中值加权平均方差计算法、相对误差计算法和组中值相对误差计算法。

2.4.2 组中值加权平均方差计算法

同样本均值的加权平均数计算方法类似，组中值加权平均方差计算法的公式表记为：

$$S = \sqrt{\frac{1}{n}\sum_{i=1}^{k} f_i (x_i - X)^2} \tag{2-6}$$

公式(2-6)中，k 为分组的个数，f_i 为组内数据的频数，x_i 为组中值。实际上，我们在讲述例 2-9 时，用的就是这个公式。读者可以在实际应用中逐步加深理解。

2.4.3 组中值相对误差法计算样本标准方差

与本章 2.3.4 节组中值估计平均数相对误差法计算样本均值的思路相似，如果遇到样本数据较多，或单个样本数据值较繁杂，整理数据又是采用等距分组的情况时，参照样本均值组中值相对误差法，同样设 $U_i = \frac{1}{a}(x_i - b)$（这里字母 u_i 代表每组的相对误差，a 代表分组的组距，b 为预先设定的比较居中的或频数较大的那一组的组中值为估计平均数），从而得出：

$x_i = a u_i + b$ 和 $X = a\underline{u} + b$；

将 $x_i = a u_i + b$ 和 $\underline{X} = a\underline{u} + b$ 代入公式(2-6)，得：

$$S = \sqrt{\frac{1}{n}\sum_{i=1}^{n} f_i(x_i - X)}$$

$$= \sqrt{\frac{1}{n}\sum_{n=1}^{n} f_i [(a u_i + b) - (aU + b)]^2}$$

$$= \sqrt{\frac{1}{n}\sum_{n=1}^{n} f_i a^2 (u_i - U)^2}$$

$$= a\sqrt{\frac{1}{n}\sum_{i=1}^{n} f_i(u_i^2 - 2 u_i U + U^2)}$$

$$= a\sqrt{\frac{1}{n}\sum_{i=1}^{n} f_i u_i^2 - 2\frac{1}{n}\sum_{i=1}^{n} f_i u_i \cdot U + \frac{1}{N}\sum_{i=1}^{n} f_i U^2}$$

$$= a\sqrt{(U)^2 - 2U \cdot U + U^2} \quad 即：$$

$$S = a\sqrt{(U)^2 + U^2} \tag{2-7}$$

请读者注意，公式(2-7)中，$(U)^2$ 称为相对误差平方的均值，U^2 称为相对误差均值的平方，这是两个不同的概念。

一般说来，相对误差 u_i 大多是数值较小的整数，所以，无论是计算 $(U)^2$，或是计算 U^2，都要相对简便得多。

对于公式(2-7)，我们再结合本章例 2-8 的内容，计算螺杆直径样本数据的标准方差：

$$U = \frac{1}{n}\sum_{i=1}^{8} f_i u_i = \frac{12}{100}, \quad 从而得： U^2 = \frac{144}{10\,000}$$

$$而(U)^2 = \frac{1}{100}\sum_{i=1}^{8} f_i u_i^2 = \frac{256}{100}; \quad 于是有：$$

$$S = a\sqrt{(u)^2 - U^2} = 0.02 \times \sqrt{\frac{256}{100} - \frac{144}{10\,000}} = 0.032(\text{mm})$$

若该厂再对另一台车床加工出的螺杆直径进行抽样测试，同样在计算出样本均值的基础上，进一步计算出样本标准方差，然后比较两个标准方差值，就很容易研判出这两台车床加工技能孰优孰劣了。

2.4.4 样本频率分布在产品检测中的应用

样本均值和样本均方差（标准差）是数理统计中考查分析样本数据所代表的总体在某一特征方向的状态、程度、规律等的两项重要方法，各有各的用处。

例 2-11： 某食品厂生产一批罐头，净重定额为 500g/罐。由于生产和包装工艺限制，出厂产品净重不可能都恰好是 500g/罐，而是会在以 500g 为中心的某个范围内波动。而出厂质检规定：

①净重少于 500g 的罐头不大于 1%，可按一类合格品出厂。

②净重少于 500g 的罐头若大于 1%，但平均重量误差不超过 10g，平均波动差（均方差）不超过 20g，可按二类合格品降价 5% 出厂。

③达不到上述标准，不能出厂。

该厂 3 月份生产了 10 000 个罐头入库待检，由于开罐测查净重是破坏性检验，故只能搞抽样检验。现随机抽取 100 个罐头测查净重，取得的数据如下，试做可否出厂分析。

附：100 个样品测查净重数据

505 494 478 482 500 502 514 504 496 494 498 498 502 502 500
506 506 501 499 496 502 497 500 500 490 500 488 490 492 495
490 496 506 504 498 500 510 497 494 486 488 495 504 506 499
496 504 500 498 502 503 513 490 489 488 498 494 485 495 498
496 499 504 504 504 502 506 495 496 498 484 486 483 489 500
491 499 498 496 498 496 493 496 495 496 504 498 510 502 501
504 501 503 499 501 497 499 500 500 499

解：样本容量 100，即 $n=100$，样本数据最大差值为 $514-478=36$（g），为使组距值取整数，将数据分为 12 组，即 $a=\frac{36}{12}=3$，整理得表 2-8：

表 2-8　100 个罐头样本数据频率分布表

组号	组距	组中值	频数 f_i	频率 $\frac{f}{n}$	u_i	$f_i \cdot u_i$	$f_i \cdot (u_i)^2$
1	478 − 481	479.5	1	0.01	−6	−6	36
2	481 − 484	482.5	2	0.02	−5	−10	50
3	484 − 487	485.5	4	0.04	−4	−16	64
4	487 − 490	488.5	5	0.05	−3	−15	45
5	490 − 493	491.5	6	0.06	−2	−12	24
6	493 − 496	494.5	11	0.11	−1	−11	11
7	496 − 499	497.5	22	0.22	0	0	0
8	499 − 502	500.5	21	0.21	1	21	21
9	502 − 505	503.5	18	0.18	2	36	72
10	505 − 508	506.5	6	0.06	3	18	54
11	508 − 511	509.5	2	0.02	4	8	32
12	511 − 514	512.5	2	0.02	5	10	50
小计：			$n=\sum f=100$			$\sum f_i \cdot u_i = 13$	$\sum f_i \cdot (u_i)^2 = 459$

由观察知，第 7 组的组中值数据 497.5（g）较为居中，确定为估计样本均值，即 $b = 497.5$。于是：

$$样本均值 \quad X = \frac{1}{n} \times \sum_{1}^{12} f_i \cdot (u_i)^2 = a\underline{u} + b$$

$$= 3 \times \frac{13}{100} + 497.5 = 497.89(\text{g})$$

$$样本标准差（均方差）S = 3 \times \sqrt{\frac{459}{100} - \left(\frac{13}{100}\right)^2} = 6.39(\text{g})$$

据以上分析及计算知：

①样本净重少于 500g 的有 58 个，占比为 58%，表明待检产品净重少于 500g 的大大超过 1% 的要求，不能作为一类品出厂。

②样本均值与定额值相差 $500 - 497.89 = 2.11$（g）。小于 10g；标准差 6.39g 也远小于 20g 的要求。因此，虽不能作为一类品出厂，但完全可以作为二类合格品降价 5% 出厂。

本章所介绍的公式（2-1）至公式（2-7）在社会经济管理工作中对反映和代表社会人文现象或经济运行状态的大批量数据进行整理、分析的实践中有较好的运用价值，希望读者结合工作实践，继续学习领会。

2.5　练习题

1. 要考查一批布匹的抗断裂强度，取 25 块布样本做实验，取得数据如下：

22，24，20，23，21，19，23，22，20，22，20，22，23，25，21，21，22，24，23，22，23，21，22，22，23；（单位：kg/cm）

要求：按下表整理数据，作出相应的频率分布直方图，并计算断裂强度的样本均值。

表 2-9　样本布块抗断裂强度记录　　（单位：kg/cm）

强度							
频数（f_i）							
频率（p_i）							

2. 某纺织厂进行纱支抗拉强力检测，取纱 30 缕，试验结果记录如下：

109，101，104，96，93，95，98，109，108，109，112，95，103，108，101，94，100，101，112，110，110，109，110，113，101，110，95，118，104，100；（单位：N/缕）

要求：①根据上述数据，直接作出频数和频率分布表，并用公式（2-1）和公式（2-2）计算样本均值。

②将其分为 5 组，按分组整理的办法作出频率分布表和频率分布直方图，并按公式（2-3）和公式（2-4）分别计算其样本均值。

3. 某市此前连续 20 年间降雨量分布情况如下表：

表 2-10　某市 20 年之年均降雨量分布统计表　　（单位：mm/年）

年降雨量	450~500	500~550	550~600	600~650	650~700	700 以上
出现年数	2	4	8	3	2	1
频率	0.1	0.2	0.4	0.15	0.1	0.05

求出这 20 年内该地年平均降雨量。

4. 某企业一拳头产品在一展销会上载誉而归，经统计分析，赞选料考究者 202 人次，赞工艺新颖者 35 人次，赞质地坚实者 285 人次，赞多功能配套性强者 180 人次，赞配色适当者 20 人次，赞外观秀雅者 17 人次，其他一般赞誉 50 人次；试用帕累托曲线图法分析该产品获誉因素及该企业今后保持和扩大市场的主要努力方向。

5. 两名实验室员工进行手工直取微量物技能比赛，在同一时限内各用小勺取 1g 重的某微量物 10 组，现场测得实际数据如下表，试比较他们的技术优劣。

表 2-11　两名员工手工取微量物情况记录　　（单位：g）

| 员工甲 | 1.05 | 0.96 | 0.98 | 1.10 | 1.08 | 1.06 | 0.98 | 1.04 | 1.10 | 1.05 |
| 员工乙 | 0.96 | 1.15 | 1.10 | 0.92 | 0.93 | 0.93 | 0.98 | 0.90 | 0.92 | 0.98 |

6. 某项实验得如下 100 个样本数据：

1.51，1.49，1.43，1.41，1.51，1.40，1.60，1.42，1.47，1.44，

1.42，1.52，1.47，1.34，1.42，1.42，1.45，1.57，1.42，1.44，

1.44，1.50，1.39，1.48，1.49，1.67，1.34，1.42，1.51，1.52，

1.48，1.34，1.48，1.52，1.44，1.45，1.56，1.48，1.40，1.45，

1.39, 1.46, 1.46, 1.53, 1.57, 1.48, 1.40, 1.50, 1.57, 1.40,
1.36, 1.45, 1.50, 1.43, 1.38, 1.43, 1.41, 1.48, 1.44, 1.45,
1.48, 1.52, 1.45, 1.45, 1.56, 1.41, 1.44, 1.44, 1.42, 1.47,
1.35, 1.53, 1.45, 1.40, 1.38, 1.35, 1.42, 1.43, 1.42, 1.49,
1.42, 1.40, 1.41, 1.49, 1.46, 1.52, 1.49, 1.27, 1.50, 1.38,
1.50, 1.34, 1.43, 1.49, 1.48, 1.49, 1.44, 1.48, 1.55, 1.37；

要求：将上列实验数据分为10组列表整理，用组中值相对误差法计算样本均值、样本均方差、样本标准方差。

第3章　生产生活中的排列、组合问题

排列、组合知识是普通数学的一个特殊分支，也是应用数学带基础性的特殊分支。它在经济社会管理工作中同样有着特殊用途。排列组合知识来源于生产、生活实践中计算"方法种类"的需求。一个最基本的现象如某地电话号码数位的设置、军事上夺取某个战役目标的途径、一个运行区间不同票价的票种设置、生产技术岗位人员调配等。排列、组合知识既相对独立，又是学习数理统计和概率知识的基础。排列组合问题相对于普通数学，在解题的目标要求和解题运算方法上都有较大差异。

3.1　排列与组合的基本概念及定义

3.1.1　排列与组合的计数方向

排列与组合都是解决（或寻求）达到某个意图或实现某个目标所有可能存在的途径、方法、举措等的"个数"问题。为了叙述简便，我们把研究的对象一律用术语称为"元素"，而计算排列与组合，即是寻求选取、安置这些元素的途径、方法、举措的"个数"有多少。排列与组合的区别在于：对于组合来说，按某种条件每选取的一组元素，只代表一个组合"个数"；而对于排列来说，所选取的这一组元素中，还要进一步考虑其中的每一个元素不同的顺序安排，因为它们都是一个个不同的排列"个数"。例如，任取三个数码符号（1，2，3），对于组合，它就是一种，或一个组合"个数"，而对于排列来说，因其在这个组合中，各个数码符号排位的顺序不同，它就有（1，2，3）；（1，3，2）；（2，1，3）；（2，3，1）；（3，1，2）和（3，2，1）这样6种不同的排列"个数"；又如，从甲地到乙地，与从乙地到甲地，从经行的距离上讲，是同一回事，而从乘车和代表行进方向的车票上讲，就是两码事。若把它们看作组合元素（如两地间的距离），则（甲，乙）或（乙，甲）是同一种组合，若把它们看作排列元素（如两地间的车票种类），则（甲，乙）和（乙，甲）就是两种不同的排列。

3.1.2 排列与组合的定义

排列：从 n 个不同的元素中，每次取出 m 个元素（$1 \leq m \leq n$），按一定的顺序排队列出，对于寻求排法个数的数学问题，称为从 n 个元素中，每次取出 m 个元素的排列，记为 A_n^m。

组合：从个不同的 n 个元素中，每次取出 m 个元素（$1 \leq m \leq n$），不管怎样的顺序并成一组，对于寻求这种取法个数的数学问题，称为从 n 个元素中，每次取出 m 个元素的组合，记为 C_n^m。

3.2 计算排列组合"种数"的加法原则和乘法原则

所谓排列、组合"种数"计算的加法原则和乘法原则，是指计算满足一定条件的排列或组合问题"种数"的两类计算方法，与普通数字运算的"加"或"乘"相类似，但内涵概念和计数方法存在区别。

3.2.1 排列、组合"种数"的加法原则

先从一个实例讲起。

例 3-1：从甲地到乙地，可乘汽车、火车、轮船，汽车每天 3 班，火车每天 5 班，轮船每天 2 班；张三欲在某天从甲地到乙地，问，其共有几种走法？

解：乘汽车有 3 个班次，就有 3 种走法，同样，乘火车有 5 种走法，乘轮船有 2 种走法；且这些走法不相统属，也互不制约，故张三欲从甲地到乙地，总的走法为：

$$3 + 5 + 2 = 10(种)$$

类似地，完成某项任务或做好某件事，若只有一个工作步骤，却存在 k 类不同的举措，而每类举措中，又分别有互不统属的 n_1，n_2，n_3，$\cdots$，n_k 种具体方法，即不论用哪一举措中的哪一种方法，都能达到完成或实现所需要的目标，则"完成某项任务或做好某件事"就有：

$N = n_1 + n_2 + n_3 + \cdots + n_k$ 种不同的方法。

这种计算原则就叫加法原则。

3.2.2 排列组合"种数"的乘法原则

同样从一个实例讲起。

例 3-2：如图 3-1 所示，从教室到宿舍有两条通道，从宿舍到食堂有三条通道，分别以字母 a，b，c，d，e 代表；问某学员下课后先到宿舍，再进食堂，一共有几种走法？

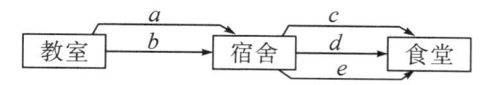

图 3-1　从教室到食堂的路线图

解：从教室到宿舍可以走通道 a 或 b 中的任何一条，设其从 a 通道回宿舍；到宿舍后，再到食堂，他又可以从 c，d，e 三条通道中任选一条过去。即想去经由 a 的前提下，还有 $a \to c$，$a \to d$，$a \to e$ 三种去法。同样，他若先经 b 通道回宿舍，也有选择 c，d，e 三条通道中任选一条的走法即 $b \to c$，$b \to d$，和 $b \to e$ 三种走法。这 6 种走法都是各不相同的走法，用运算关系表达即 $2 \times 3 = 6$（种）。

若是其饭后再进阅览室又有 2 条通道可走，则其从教室 → 宿舍 → 食堂 → 阅览室，总的走法就变为：$2 \times 3 \times 2 = 12$（种）；

类似地，完成某项任务或做好某件事，要经过 k 个步骤（环节），每个步骤（环节）又分别有 m_1，m_2，m_3，…，m_k 种方法，即每个步骤需依秩连续完成，才能算完成某项任务或做好某件事。于是，一共就有：

$N = m_1 \times m_2 \times m_3 \times \cdots \times m_k$ 种不同的方法。

这种计算"种数"原则叫作乘法原则。

上面的例 3-2 中，某学员从教室经宿舍再经食堂最后到阅览室，一共就有 $2 \times 3 \times 2 = 12$（种）不同的行走路线（方法）。

排列组合"种数"的加法原则又叫作单环节各不相同的同步作业法种数计算原则，而乘法原则又叫作多环节连续作业法种数计算原则。正确理解和掌握加法原则和乘法原则是分析和计算排列组合问题的基础。

3.3　排列问题计算公式

3.3.1　排列计算公式推导

我们仍然从分析实例出发，推衍和建立起排列 A_n^m 的计算公式。

例 3-3：在轮船上，假设信号员从红、黄、绿 3 面信号旗中，每次任取 2

面分别按上下顺序挂在旗杆上作为一种信号,问他一共可以表达出多少种不同的信号?

解:为了求得信号种数,可以这样进行。先从 3 面旗中任选 1 面挂在上部,显然,这样的挂法有,且只能有 3 种。

接下来选挂在下部的这面旗:若最先挂上去的是红旗,则挂在下部的就只能在剩下的黄、绿两面旗中任取 1 面挂上,这种挂法共有 2 种(如图 3-2 所示)。若最先选取黄色旗挂在上部,再挂下部的旗也有 2 种挂法(如图 3-3 所示);

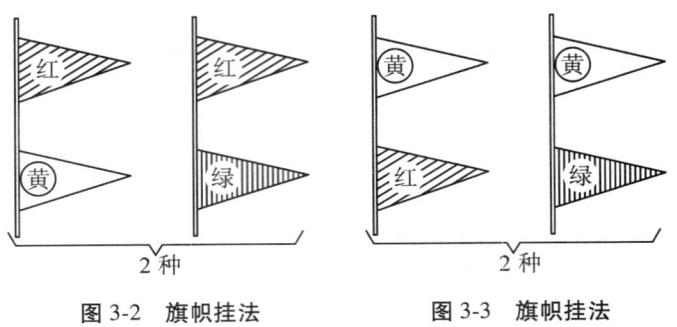

图 3-2 旗帜挂法   图 3-3 旗帜挂法

若最先挂上去的是绿色旗,再挂下部的旗也有 2 种挂法(如图 3-4 所示)。

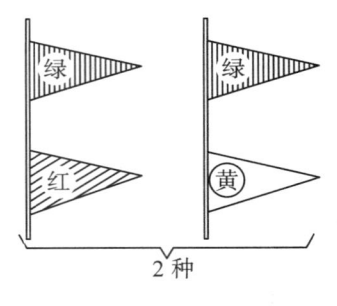

图 3-4 旗帜挂法

即是说,挂上部的选法有 3 种不同的挂法,其中每一种挂法接下来都各还有 2 种不同的挂法,也即是总共可表达出 3×2=6(种)信号。

用排列的术语讲,即是从 3 种色旗中,每次任取 2 面,按顺序挂机在旗杆上作为信号,共可得 $A_3^2 = 3 \times 2 = 6$ 种信号。

例 3-4:从 1,2,3,4 这四个数字符号中第每次任取 3 个数字符号组成一个三位数,问能组成多少个不同的三位数?

解:因为这四个数字符号不含"0",故其中的任何一个数字符号都可以取作三位数的首位(百位),这样的取法共有 4 种,取定任何一个作首位数字后,第二位(十位)上的数字就只能在剩下的 3 个数字符号中选取,即对于每次选定首位数字后,都是可以这样的3种选取法,这样,首位和十位上的数字的选法共有:$4 \times 3 = 12$(种)。其次,在每一个首位和十位上的数字选定后,个位上的数字都只能在剩下的 2 个数字符号中任选其一,故全部可能排出的三位数种数共有:$A_4^3 = 4 \times 3 \times 2 = 24$(种)。

用排列的术语讲,从 4 个不同的数字符号中每次任取 3 个数字符号组成一个三位数,共有:$A_4^3 = 4 \times 3 \times 2 = 24$ 种不同的三位数。为了加深理解,我们按刚才的思路,把这 24 个不同的三位数全部排写出来:123,124,132,134,142,143;213,214,231,234,241,243;312,314,321,324,341,342;412,413,421,423,431,432;即一共能组成 24 个不同的三位数。

一般情况下,从 n 个不同的元素中,每次取出 m 个元素,按照一定顺序排列起来,对于寻求排法种数的 A_n^m 问题,都可以用这种思路推衍:排在首位取法共有 n 种。第二步,在首位已"任意"选定了一个元素的前提下,排在第二位的就只能在余下的 $(n-1)$ 个元素中再"任取"一个了。显然,对于排在首位的任何一种取法,都是对应地还有 $(n-1)$ 种取法,故排前两位总的选取法共有:$A_n^2 = n \times (n-1)$ 种。

第二步,依此类推,排在第三位的是:$A_n^3 = n \times (n-1) \times (n-2)$ 种。

……

第 m 步,排在第 m 位置上元素可以在剩下的 $(n-m+1)$ 个元素中"任取"一个元素充当。即:

$$A_n^m = n \times (n-1) \times (n-2) \times \cdots \times (n-m+1) \qquad (3-1)$$

上面这个式子,就是我们用归纳法严密推导出来的关于排列种数的最基本的计算公式。

例 3-5:某条列车运行线路上有 15 个停靠站(包括起点和终点站),一列客车在这条线路上运行,需要准备多少种车票才能满足使用?若在这条线路上再增加 2 个停靠站,还要增加多少种车票?

解:因"任意"两个停靠站之间,车票设置不仅要考虑票价,更要考虑不同的运行方向这两个因素,所以车票种类是个排列问题,于是有:

(1) $A_{15}^2 = 15 \times 14 = 210$(种)

(2) 增加 2 个停靠站,即:

$A_{17}^2 = 17 \times 16 = 272$(种),即还要增加 62 种车票。

3.3.2 几种不同类型排列的种数计算

由于对参与排列的元素选用的方式和某些限制条件不同，其排列种数计算方法也有所不同。主要存在下面三种情形。

3.3.2.1 选排列和全排列

在表达式 $A_n^m = n \times (n-1) \times (n-2) \times \cdots \times (n-m+1)$ 中，定义所给的条件是 $(1 \leq m \leq n)$。现在，进一步明确：

当 $m < n$ 时，我们称 A_n^m 是从 n 个不同元素中的选排列：

而当 $m = n$ 时，即有：

$$A_n^m = A_n^n = n \times (n-1) \times (n-2) \times \cdots \times (n-n+1)$$
$$= n \times (n-1) \times (n-2) \times \cdots \times 2 \times 1$$

此时，我们称 A_n^n 为 n 个元素的全排列，单独简记为 p_n。由排列计算公式可知，n 个不同元素的全排列"种数"，等于从 1 到 n 这 n 个连续自然数相乘的积，对这个"乘积"，也用一个公认的符号简记为"$n!$"，读作"n 的阶乘"。即：

$$p_n = n! = n \times (n-1) \times (n-2) \times \cdots \times 2 \times 1 \qquad (3-2)$$

例 3-6：用 1，2，3，4 这四个数字符号，按不同的顺序排成四位数，一共可以排出多少个没有重复的四位数？

解：所求的四位数个数，相当于四个不同元素的全排列和数，即：

$P_4 = 4! = 4 \times 3 \times 2 \times 1 = 24$（个）。

答：一共可以组成 24 个没有数字重复的四位数。

"阶乘"概念、特定符号及计算式，是排列组合计算的术语。

3.3.2.2 不重复排列和可重复排列

（1）不重复排列：前述例 3-2 至 3-6 这五个例题中，都有着共同的要求，就是每一组被选出来进行排列的元素之间各不相同，即不重复出现。我们称这样的排列为不重复排列。不重复排列种数的计算可直接套用公式（3-1）和公式（3-2）。

（2）可重复排列：排列还有另一种情况，特别构成数字一类的排列还允许被选出的元素相同，这类排列问题种数的计算，也有特殊的规律，先举一个实例分析。

例 3-7：从 1，2，3，4 四个数字符号中每次可重复地任取 3 个数字符号组成三位数，一共可构成多少个三位数？

解：由于数字符号可重复，即不仅123，412等满足要求，111，444，…等也满足要求，为求其全部个数，我们仍用选号排位的办法进行推衍：

第一步，在指定的四个数字符号中任取一个排在三位数首位（即百位），共有A_4^1种取法。

第二步，对于每一个百位上的取法，十位上的数码由于允许取重复取4个数字符号中的任意一个，即十位上数字的取法仍有A_4^1种取法。则百位与十位上数字取法共有：$A_4^1 \times A_4^1$种。

第三步，类似第二步，对于每一种百位、十位数字的取法，个位上的数字也还对应着有A_4^1种取法。如此，符合题目要求三位数个数应为：

$N = A_4^1 \times A_4^1 \times A_4^1 = 4 \times 4 \times 4 = 4^3 = 64$（个）。

一般地，对于从n个不同元素中，每次任取m个元素的可重复排列，都可以理解为：第一步，任取一个，排在一个位置，总共有n种取法。这每一种取法，作好排队记录，然后放回。第二步，再任取一个，排在第一次所取元素后面，这样的取法同样有n种，同样作好排队记录，然后放回。这里前两位的排法种数共有$n \times n$种。类似的步骤一共重复进行m次，所得到的排列种数就是m个相乘的积。个。即是从n个不同元素中，每次任取m个元素的可重复排列，其种数为：

$$N = n \times n \times \cdots \times n = n^m \tag{3-3}$$

（共有m个n相乘）

例如，若干年前，一般地区级以下的行政区域内，机动车牌号，电话机号码都是用5位可重复数码编排（理论上从00000，到99999都是其中一个编号），故其最大编排容量即为：

$N = 10 \times 10 \times 10 \times 10 \times 10 = 10^5$（个）。（10万个）

若电话号码扩展为6位，则最大编排容量变为：10^6，增加90万个。

初学者在解答不同元素的可重复排列问题时，需要准确判断哪个是被取的不同元素n，哪个是选取次数m。我们再用下面的例题加深理解。

例3-8：（1）某校准备将3名进修学员分配到4个进修班学习，有几种不同的分配方法？

（2）某日，某单位准备分派3名干部去参加4项公益服务，共有多少种分配方法？

解：（1）因为每一个进修学员都可以到4个班中任何一个进修班学习，即每个学员进哪个班各自都有4种选择，这是一个可重复排列，且进修班成了被

· 81 ·

选择元素"n"的整体,学员成为可重复选取的次数"m"。于是:

$$N = 4 \times 4 \times 4 = 4^3 = 64(种)$$

(2)本题的实质意义是,每一项公益服务都可以分配给三名干部中的任何一名,且未限定只取一名,这就成了4个元素中每次任取一名的可重复排列,于是:

$$N = 3 \times 3 \times 3 \times 3 = 3^4 = 81(种)$$

3.3.2.3 条件排列

在经济社会的实际活动中,完全满足公式条件、可直接代入公式计算的排列类问题是不多的,往往都是存在不同的限制条件,在计算排列种数时,需作必要的"变通"处理。这类排列问题我们称之为带条件排列问题。

例3-9:某工班有7名工人,其中有2名女工因故不能上晚夜班,现按每3个人分配在一个工组执行三班轮换作业,问共有多少种排工方法?

解法1:设工组顺序为早、中、晚三个班次,晚班可在除开两名女工的余下工人中考虑,共有A_5^1种排法,晚班排定后,早、中班在剩余的6个人中任意安排2人,还有A_6^2种排法。满足题目要求的全部排法共有:

$$N = A_5^1 \times A_6^2 = 5 \times 6 \times 5 = 150(种)$$

解法2:若先不考虑限制条件,全部排法有A_7^3种,而其中两名女工其中之一、其余6人任意2人排在晚班的情况(即$A_2^1 \times A_6^2$)不符合要求,应去除。于是,满足题目要求的全部排法共有:

$$N = A_7^3 - A_2^1 \times A_6^2 = 7 \times 6 \times 5 - 2 \times 6 \times 5 = 150(种)$$

说明:解法1这种破解条件排列问题的思路是直接从满足题目要求入手,其方法也叫直接法。解法2这种求解条件排列问题的思路是先不考虑限制条件求出排列种数,再剔除被限制条件包含的种数。这种方法也叫剔除法或扣除法。

例3-10:今有0,1,2,3,4,5这六个数字符号,问可以组成多少个没有重复数字的三位数?

解:本题解法有3种。

(1)因为百位上的数不能是0,第一步先求出不含0的三位数,有A_5^3个;第二步,不含0的两位数有A_5^2个,对于每一个这样的两位数,在它的中间加上0,就构成了符合要求的三位数,在它的末尾加上0,也构成了符合要求的三位数,故,满足题目要求的三位数共有:

$$A_5^3 + 2 \times A_5^2 = 5 \times 4 \times 3 + 2 \times 5 \times 4 = 100(个)$$

（2）分两步排位。第一步，百位上从不是"0"的 5 个数字符号中任取一个排定，共有 A_5^1 种排法。第二步，当百位上的数排定后，再从余下的 5 个数字符号中任取 2 个排为十位和个位，共有 A_5^2 种排法。因为对百位上的任何一种排定法，都还有 A_5^2 种排法与之对应，符合乘法原则，故所求的三位数个数为：

$$A_5^1 \times A_5^2 = 5 \times 5 \times 4 = 100(个)$$

（3）从六个不同的数字符号中，每次任取 3 个的排列个数是 A_6^3 个，这些排列个数包括了数字符号"0"排在最左边（或称百位位置）的情况（这不符合构成三位数的要求），这样的排法相当于"0"首位，然后再从其余的 5 个数字符号中，继续任取 2 个排列的个数，即不符合要求的排列数有 A_5^2 个，应剔除。因此，符合题目要求的三位数为：

$$A_6^3 - A_5^2 = 6 \times 5 \times 4 - 5 \times 4 = 100(个)。$$

例 3-10 的三种解题思路，（1）和（2）用的是直接法，（3）用的是剔除法。社会生活实践中，很多求排列（或组合）和数的问题都附加有不同的限制条件，所有带条件的排列（或组合）问题解法大都可从这两种思考途径入手。

排列知识对于有序编排，信号管理、军事活动中兵种力量搭配和出击顺序安排等都有其应用价值。

3.4 组　合

3.4.1 排列与组合的联系和区别

在本章第一节中，已经对排列和组合给出了明确定义。在继续学习组合知识前，有必要进一步将排列与组合之间的联系和主要区别再明确如下。

（1）联系：排列与组合问题要计算的都是指从一批研究对象（元素）中，每次按一定要求（条件）选取若干对象（元素），这样的选取法共有多少种（个）。

（2）区别：在排列问题中，要考虑每次选取出来的元素间摆放顺序。在组合问题中，不考虑被选出元素的摆放顺序。如（abc）、（bac）、（cab）、（acb）四组被取出元素，从排列看，因每组内的被取出元素排位顺序各不相同,是 4 种不同的排列;从组合的看,因每组内被取出的元素完全相同,就只能看作是同一种组合。

产品检验中,任意抽取若干样品参加检验,对于被抽取的样品,不需要考虑它们的排列顺序。又如,从某单位任意选派 3 人参加某项公益服务活动,也无须考虑这 3 个被抽派人员之间的排位顺序。同一机型、同一航线北京、武汉、广州三个机场间,论机票种数是排列问题(6 种),论票价是组合问题(3 种)(在实际生活中,两地间往返运行实际机票价会因供求关系、时段因素而有所变动,当作别论)。

3.4.2 组合计算公式推导

本章第一节分别为排列和组合做出了定义,现在我们从最初的定义的出发,来推衍组合的计算公式。从 n 个元素中每次任取 m 个元素,如果要考虑排位顺序,其种数类别属排列,共有 A_n^m 种排列个数;不考虑顺序,则是组合,其有 C_n^m 种组合数。

而所谓不考虑所取出的 m 个元素的排位顺序,即指某次选定的 m 个自身的全排列种数 ($p_m = m!$) 在组合中只能算一种组合。于是就存在:

$$A_n^m = C_n^m \times P_m$$

即:
$$C_n^m = \frac{A_n^m}{P_m} (1 \leq m \leq n) \tag{3-4}$$

公式(3-4)即是组合(种数)计算公式。

例如,由 $A_5^3 = 5 \times 4 \times 3 = 60$,$P_3 = 3 \times 2 \times 1 = 6$ 推知

$$C_5^3 = \frac{5 \times 4 \times 3}{3 \times 2 \times 1} = \frac{60}{6} = 10$$

公式(3-4)在实际运用中,往往作如下恒等变形:

$$C_n^m = \frac{A_n^m}{P_m} = \frac{n \times (n-1) \times \cdots \times (n-m+1)}{m \times (m-1) \times \cdots \times 2 \times 1}$$

$$= \frac{n \times (n-1) \times \cdots \times (n-m+1) \times (n-m)!}{m \times (m-1) \times \cdots \times 2 \times 1 \times (n-m)!}$$

$$= \frac{n!}{m! \times (n-m)!} (1 \leq m \leq n) \tag{3-5}$$

为了使上面的组合计算公式在 $n = m$ 时也有意义,数学上规定:$0! = 1! = 1$(它实际表明:有 n 个元素,每次任取 n 个元素组成一组,只有一种)。

3.4.3 组合计算公式的运算性质

组合计算公式有下面两个运算性质：

(1) $C_n^m = C_n^{n-m}$

(2) $C_n^m = C_{n-1}^m + C_{n-1}^{m-1}$

上面这两个式子都可直接由 $C_n^m = \dfrac{n!}{m! \times (n-m)!}$ 经过适当恒等变换（代换）而得到证实，留给读者自己去推证。

在运用公式计算组合种数时，当 $m > \dfrac{n}{2}$，使用运算性质(1)是很方便的。组合运算性质(2)则主要用于公式推导。

为使组合运算性质(1)在 $m = n$ 即 $C_n^m = C_n^n = C_n^{n-m} = C_n^0$ 时仍然有意义，数学上又规定：$C_n^0 = 1$。

例 3-11：组织 14 个乒乓球运动员进行单打循环比赛（即任何两个队员之间都要比赛一场），问一共要比赛多少场？若每个队员每天参加两场比赛，一共要安排多少天赛事？

解：任何一场比赛，相当于从 14 个元素中每次任取 2 个元素的一个组合，故共需比赛：

$$C_{14}^2 = \frac{14 \times 13}{2!} = 91(场)$$

又，因为场比赛都得有两个运动员参加，而每个运动员每天参加两场比赛，因此 14 个运动员每天要比赛 $14 \div 2 \times 2 = 14$(场)。故需安排比赛的天数为：

$$\frac{91}{14} = 6.5(天)$$

例 3-12：一批产品共 100 个，其中有 10 个次品，问：

(1) 从中任取三个没有次品的不同取法有多少种？
(2) 从中任取三个恰好有一个次品的不同取法有多少种？
(3) 从中任取三个恰好有二个次品的不同取法有多少种？
(4) 从中任取三个全是次品的不同取法有多少种？
(5) 从中任取三个至少有一个次品的不同取法有多少种？
(6) 从中任取三个，次品不超过一个的不同取法有多少种？
(7) 从中任取三个，次品不少于两个的不同取法有多少种？

解：100个产品中有10个是次品，90个是正品。

（1）任取三个无次品，这只有在90个正品中去取，不同的取法有：

$$C_{90}^3 = \frac{90 \times 89 \times 88}{3!} = 117\,480(种)。$$

（2）任取三个中恰有一个次品、两个正品的不同取法有：

$$C_{10}^1 \times C_{90}^2 = 10 \times \frac{90 \times 89}{2!} = 40\,050(种)。$$

（3）任取三个，恰好有二个次品，一个正品的不同取法有：

$$C_{10}^2 \times C_{90}^1 = \frac{10 \times 9}{2!} \times 90 = 4\,050(种)。$$

（4）任取三个全是次品，没有正品的不同取法有：

$$C_{10}^3 \times C_{90}^0 = \frac{10 \times 9 \times 8}{3!} \times 1 = 120(种)。$$

（5）任取三个至少有一个次品，即所取出的三个中可能有一个次品、也可能有两个次品或三个都是次品。不同的取法应是：

$$C_{10}^1 \times C_{90}^2 + C_{10}^2 \times C_{90}^1 + C_{10}^3 \times C_{90}^0$$
$$= 10 \times \frac{90 \times 89}{2!} + \frac{9 \times 8}{2!} \times 90 + \frac{10 \times 9 \times 8}{3!} \times 1 = 44\,220(种)。$$

（6）任取三个次品不超过一个，即次品或者只有一个，或者没有次品，它们的不同取法有：

$$C_{10}^1 \times C_{90}^2 + C_{10}^0 \times C_{90}^3 = 10 \times \frac{90 \times 89}{2!} + 1 \times \frac{90 \times 89 \times 88}{3!}$$
$$= 157\,530(种)。$$

（7）任取三个次品不少于两个，即次品可是2个或是3个，它们的不同取法有：

$$C_{10}^2 \times C_{90}^1 + C_{10}^3 \times C_{90}^0 = \frac{10 \times 9}{2!} \times 90 + \frac{10 \times 9 \times 8}{3!} \times 1$$
$$= 4\,170(种)。$$

上面的例3-12列举了7个实例，要点在于帮助读者培养用排列组合知识全面分析解答实际问题的逻辑思维能力。为今后进一步学习数理统计和概率方面的新知识打下基础。

3.4.4 组合"种数"计算式与二项展开式系数

组合种数的计算公式 $C_n^m = \dfrac{n!}{m! \times (n-m)!}$ (3-6)

公式(3-6)有时也被称为二项展开式的系数公式,其原因是这个计算公式与普通数学中二项展开式各项的系数表达之间存在密切相关和对应关系。如:

$(a+b)^2 = a^2 + 2ab + b^2 = C_2^2 a^2 + C_2^1 ab + C_2^0 b^2$;

$(a+b)^3 = a^3 + 3a^2b + 3ab^2 + b^3 = C_3^3 a^3 + C_3^2 a^2 b + C_3^1 a b^2 + C_3^0 b^3$;

$(a+b)^4 = a^4 + 4a^3b + 6a^2 b^2 + 4ab^3 + b^4$
$= C_4^4 a^4 + C_4^3 a^3 b + C_4^2 a^2 b^2 + C_4^1 a b^3 + C_4^0 b^4$;

类似地,$(a+b)^5$ 展开式的各相加项的系数,与 C_5^m 取值彼此对应:

1   5   10   10   5   1   与

C_5^5 C_5^4 C_5^3 C_5^2 C_5^1 C_5^0 彼此对应。

$(a+b)^6$ 展开式的各相加项的系数,与 C_6^m 取值彼此对应:

1   6   15   20   15   6   1   与

C_6^6 C_6^5 C_6^4 C_6^3 C_6^2 C_6^1 C_6^0 彼此对应。

……

作为一种规律,我们很容易推知:

$(a+b)^n = C_n^n a^n + C_n^{n-1} a^{n-1} b + C_n^{n-2} a^{n-2} b^2 + \cdots + C_n^1 a b^{n-1} + C_n^n b^n$ （3-6）

公式(3-6)所表述的内容一个明显的特征就在于它的各展开项的系数与该展开项以项指数为组合元素个数之间是分别对应联系的。故公式(3-6)又称为二项展开式定理,或简称二项式定理。此处的二项式定理是16世纪英国大科学家牛顿(Isaac Newton)发现并确证的,故也称其为牛顿二项式定理。

二项式定理有时也用"总和"符号简捷地表示为:

$$(a+b)^n = \sum_{k=1}^{n+1} C_k^{n-k+1} \times a^{n-k+1} \times b^{k-1}$$

说明:之所以取 k 的值为1到 $n+1$,原因在于二项展开式共有 $n+1$ 项。

根据公式(3-6),我们很容易确定 $(a+b)^n$ 展开式中第 k 项为:

$$T_k = C_k^{n-k+1} \times a^{n-k+1} b^{k-1} \quad (k=1, 2, \cdots, n) \quad (3-7)$$

例2-13:求 $(3x+2y)^7$ 展开式的第五项。

解:$T_5 = C_7^{7-5+1} \times (3x)^{7-5+1} \times (2y)^{5-1}$

$= C_7^3 \times (3x)^3 \times (2y)^4$

$= C_7^3 \times 3^3 \times 2^4 \times x^3 \times y^4$

$= 15120 x^3 y^4$。

二项式定理有下述性质：

（1）任何一个二项展开式都有且只有 $n+1$ 项，各项系数依次为：
$$C_n^n, C_n^{n-1}, C_n^{n-2}, \cdots, C_n^1, C_n^0;$$

（2）展开式中，每项前一个字母 a 按降幂排列，后一个字母按升幂排列。

（3）由组合计算性质（1）知：
$$C_n^n = C_n^0 = 1, C_n^{n-1} = C_n^1, C_n^{n-2} = C_n^2, \cdots;$$

即展开式中首末两项系数为 1，其余各项中，与首末两项"距离"相等的项的系数相等。

（4）二项式 $(a-b)^n$ 的展开式各项系数取值与 $(a+b)^n$ 展开式各项系数取值在绝对数值上一样，但须在系数前面按 b 偶次项取加号"+"，b 的奇次项取减号"-"。如：

$$(a-b)^2 = a^2 - 2ab + b^2$$
$$(a-b)^3 = a^3 - 3a^2b + 3ab^2 - b^3$$
$$(a-b)^4 = a^4 - 4a^3b + 6a^2b^2 - 4ab^3 + b^4$$
……

所以，很多讲述二项式定理的书籍直接把二项式定理表述为：
$$(a \pm b)^n = \sum_{k=1}^{n+1} C_n^{n-k+1} \times a^{n-k+1} \times (\pm b)^{k-1}。$$

如本章开篇所述，排列组合知识既相对独立，又是学习数理统计和概率知识的基础。作为相对独立的应用数学知识，它也有着独特的应用方向。诸如军事上信号语言的使用、相关密码的编制或破解、体育赛事安排、某些人力、物力的调配等，都要用到排列组合的独特方法。排列、组合种类出现的等可能性特点，包括上述二项展开式中各相加项系数按规律出现的性质等在内排列组合知识，在我们继续学习数理统计和概率知识时，也十分有用。

3.5 练习题

1. 计算

（1）$A_{15}^2 + A_6^3 - P_5$ （2）$2A_5^3 - 3A_5^2$

（3）$C_{15}^3 + C_{21}^{19} - 4A_3^2 \times C_5^2$ （4）$C_{200}^{198} + C_{150}^{147}$

2. 有红、黄、绿三种颜色的小旗各一面，分别用一面、两面、三面升上旗杆作为信号，问一共可以编排出多少种信号？

3. 某工厂新设计一种产品，共得四种外形图案，同时又设计出三种配色方案，问共可配置成同一质地、不同外形色彩的产品多少种？

4. 某发动机生产企业原来使用 0，1，2，3，4，5，6，7，8，9 这十个数字符号编排 5 位数码的发动机编号，其最大编排容量是多少？现决定将原 5 位数码的首位从 26 个小写英文字母中任取一个代替，问其编排容量能扩大多少？

5. 一家三代五口人，分别为祖母、父母和两子女，打算排成一排照相。如果：

①若不管排位顺序，有几种排法？

②若祖母坐中间，父母排在外边，有几种排法？

6. 机场上有 12 架飞机，其中有长机和副长机各一架，现调派 8 架飞机执行任务，若调派的飞机中必须有长机或副长机一架带队，有多少种调派法？

7. 某乒乓球队有 6 名女队员和 9 名男队员，从中选出男女队员各 2 名进行男女混合双打训练，共有多少种选派法？

8. 某电器线路上共有 8 个焊点，只要有一个以上的焊点脱落即造成电路不通，现已知电路不通，那么导致不通的原因可能有多少种？

9. 加工一个零件需 5 道工序，安排 5 名工人进行加工，如果：

①其中一名工人不会作第四道工序，有几种排工法？

②工人甲和工人乙分别只能作第三和第四道工序，有几种排工法？

10. 某企业检验 100 件产品，假设这 100 件产品中有 3 件废品。现每次从中任取 3 件查验，3 件中发现有一件废品或两件废品的可能性有多少种？3 件全是正品有多少种可能？

11. 按二项式定理展开 $(\dfrac{1}{2} + \dfrac{2}{3}a)^4$ 并化简。

12. 求 $(\dfrac{x^2}{2} + \dfrac{1}{x})^9$ 展开式的第 6 项。

第4章 应用概率及检验预测方法

4.1 概率研究的对象及概率定义

概率（概率论）是近代应用数学的一个新兴的重要分支。它是以数学特有的方式方法来研究分析和揭示在某项社会和经济管理活动中，某些或某类"现象"在"整体"中，既是客观存在的，又是必须了解和掌握的"出现和发生的可能性大小"，及其出现和发生规律性特征的数学学科，其学科名称被科学界命名为概率论，简称概率。概率或概率论的方法不但可以用来了解事态性状、预测发展趋势、检测产品质量、掌控生产进程；也可以用来指导军事行动、科学研究、社会事务管理。本教材限于初等数学知识的传授起点，仅对概率（论）最基础的概念及较常见的应用方法做出介绍。

4.1.1 概率研究的对象——随机事件

4.1.1.1 随机现象和随机事件

初学概率，需要学习和理解相应的术语及其专用的表述方式。下面，先介绍"随机现象""事件""实验"这三个术语。

在人们的生产和生活活动中，经常要考查（抽取、观察、化验、检测、分析）各种生产和社会活动某方面的现象。有些现象的发生与否，同人们生产、生活的目标追求密切相关。例如，任意抽取一件产品做质量检测，会出现（发生）"合格"或"不合格"现象；向某一目标射击，会有击中或未击中的现象；一位篮球运动员做一次定点投篮，会存在投中和投不中的现象；一条河流有些年份会发生特大洪水泛滥现象；某市110台一个值班日内会发生100次以上报警电话或少于20次报警电话的现象；等等。有很多时候，某种现象发生与否，或某一现象发生的可能性大小，对经济社会管理和人们安定、谐生活关系极大。例如，一条河流，10年、100年之内会有多少次发生特大洪水泛滥成灾？发生一天内洪水水位升至河床以上20m高会有多大可能？

这对于计划在某一河段建筑护堤或拦河坝来说，至关重要。又如，1 000 瓶啤酒，有 1~2 瓶发生瓶盖自然脱落现象可能不算什么，但若 1 000 顶降落伞也会发生 1~2 顶张伞挂钩自动脱落现象，问题就不一般了，因为它意味着每 1 000 名空降兵上天，就有 1~2 名要发生无意义死亡。针对这类问题，人们进行了几百年的研究和实践摸索，最后形成了解决这类问题的一个数学分支——概率。

在概率这门学科中，人们把对各种现象的考查（观察、化验、检验、分析）统称为"实验"，而把在每一次试验中出现（发生）的所有现象称为"事件"。例如，向一目标射击一次，就称为进行一次射击试验，目标被击中现象称为这次试验发生"击中目标事件"，目标没有被击中现象称为发生"未击中目标事件"。从 10 件产品中任取 3 件检验，三件都合格称为"三件都合格事件"，两件合格、一件不合格现象称为"两件合格、一件不合格事件"。为表述简洁，概率在讲述"事件"时，也分别以英文大写字母 A、B、C 等代表，简称事件 A，事件 B，事件 C。

在一项或一次实验中，有些现象一定会发生，有些现象有可能发生，也可能不发生，有些现象一定不会发生。例如，在低海拔地区正常大气压下，水烧到100℃一定沸腾，冷却到0℃一定结冰；医院病人体温达到60℃的现象一定不会发生；士兵向目射击一次，目标被击中的现象可能发生，也可能不发生，但子弹飞出地球之外的现象一定不会发生；取 100 粒种子做发芽试验，有 98 粒种子发芽的现象可能出现（发生），也可能不出现（发生）。概率学中，通常把一项（或一次）实验进行时，一定会发生的现象称为必然事件，一定不会发生的现象称为不可能事件，把有可能发生，也可能不发生的这类事前难以明确的"不确定"现象称为随机事件。概率最主要的研究对象是随机事件。

4.1.1.2 关于基本随机事件及其集合

一项实验中，每一个可能发生的最基本的随机事件 w，称为这个实验的基本随机事件，它的集合 $\{W\}$ 称为这项实验的基本事件空间，记为 $\Omega = \{W\}$。

例 4-1：一次打靶射击，射击者瞄准靶心进行一次射击，由于瞄准偏差和风速等多种因素影响，因而弹头有可能落在靶心(10 环)和靶心以外的其他环内，甚至脱靶(0 环)。其形象如图 4-1 所示。于是，这项打靶射击活动的基本事件全部可能结果的集合是{0环，1环，2环，…，9环，10环}。若把这次打靶射击作为一项实验，它的基本事件空间就表述为：

Ω = {0环，1环，2环，…，9环，10环}。

例4-2：某市110值班台在某日下午4点至6点间接到求助电话次数可能是0，1，2，3，…，n次，则其基本事件空间为：

Ω = {0，1，2，3，…，n}（n为有限正实数）。

在基本事件空间 Ω 内，由符合某一限制条件或满足某些特定要求的一个或若干个基本事件所构成的子集，

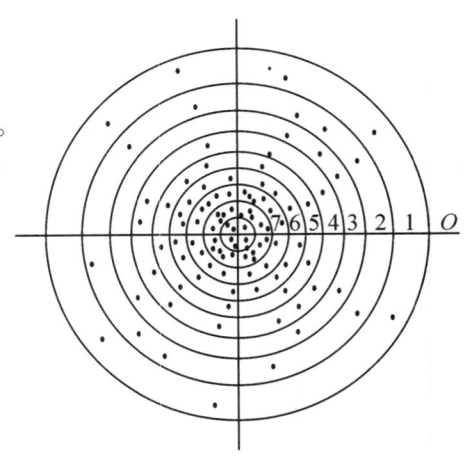

图4-1　一次打靶试验事件集合

也是该实验的一个随机事件。在很多情况下，我们不需要讨论单一的随机事件，而是要研究作为符合某一限制条件或满足某些特定要求的子集的那些随机事件。在例4-1中，"目标被击中"和"弹着点在3环以内"是两个不同的随机事件，而它本身又是一次打靶射击实验基本事件空间 Ω = {0环，1环，2环，…，9环，10环} 的两个不同子集，即 $Ω_1$ = {1环，2环，…，9环，10环}，和 $Ω_2$ = {1环，2环，3环}。100件产品每次任取2件进行检验，其中"至少有一件是正品"的事件，就是该实验全部基本事件集合 Ω = {2个全是正品；1个正品，一个次品；2个全是次品} 的子集 $Ω_3$ = {2个全是正品；1个正品，一个次品；}，显然，这个子集 $Ω_3$ 也是随机事件。在实践中，研究或分析子集 $Ω_1$，$Ω_2$，或 $Ω_3$ 才是人们的工作方向。

4.1.1.3　随机事件间关系的6种表述方式

（1）事件 $A + B$，表示"事件 A 和事件 B 中，至少有其中一个发生"的事件（注意，这里的"+"不是运算关系，它和下面的"·""/"一样，仅是概率事件相互间某种关系的表述形式）。

（2）事件 $A · B$ 表示"事件 A 和事件 B 同时发生"的事件。

（3）事件 B/A 表示"在事件 A 已经发生的前提条件下，事件 B 再发生"的事件。

（4）互斥事件，事件 A 和事件 B 互斥，表示"事件 A 和事件 B 不可能同时发生（或 A、B 无共同部分）"。两个互斥事件绝不可能同时发生，但可能都不发生——事件互斥的这个概念很重要，请注意弄清"互斥"和"非互斥"事件

的不同内涵意义。

（5）独立事件，"事件 A 发生与否同事件 B 发生与否互不相关"，称事件 A 和事件 B 互为独立事件。

事件互斥与独立有相通之处，但各有不同的内涵。

（6）互补事件，若事件 A 和事件 B 互斥，且事件 A 与事件 B 之"和"构成整个基本事件空间 Ω，则称 A 和 B 互补事件。A 的互补事件称标记为 $\underline{A}$，或 B = $\underline{A}$（有的读本称为对立事件）。

结合上面的例 1，一次打靶射击中，击中 1 环与击中 3 环的两个随机事件是互斥事件，而"击中"与"未击中"这两个随机事件就构成了互补关系。

4.1.2 概率的定义

当然，仅仅分析和认识到某种事件是否是随机事件或这些事件间的关系，并不是概率研究的目的，概率研究的根本目标或概率学的本质还在于要对满足一定条件的某随机事件发生的可能性大小做出确切的数学计算和表述，以使其能为社会经济管理和人们的生活需求服务。由此，我们给概率做出如下定义。

概率的定义：当一项（或一次）实验进行时，满足一定条件的某随机事件 A 发生的可能性大小，叫作在这项实验中，事件 A 的概率，简记为 P(A)。

回顾本章 4.1.1 的讲述，满足一定条件的某随机事件 A 仅是整个基本事件空间的一部分，因此随机事件 A 发生的可能性大小就是一个以整个基本事件空间为比较基础的相对数，且是一个取值范围大于"零"而小于"1"的相对数，即：0 < P(A) < 1。

由此，衍生出概率的三个拓展性质：

（1）P(不可能事件) = 0

（2）0 < P(A) < 1　（随机事件）

（3）P(必然事件) = 1

在社会经济管理和日常生活中，满足一定条件或要求的随机事件 A 的概率 P(A)，是一客观存在，而且往往是有规律性地存在，概率学的任务就是要研究和揭示这个客观存在及其存在规律，用相应的数学方法计算和用特定的数学语言表述这个客观的存在，并利用其为人们的生产和生活服务。

说明：迄今为止，在笔者所使用和参阅过的若干有关概率学科的著述中，对"概率"这个概念所确立的定义，几乎都绕不开"概率的统计定义、概率的古典定义"这种"双定义"羁绊，作者认为这种双定义表述，既不能揭示概率的内涵本质,也违背了逻辑思维规律,作者研究认为,所谓"概率的统计定义、概率的古典定义"实为寻求和计算某随机事件概率的两个方法性途径。

4.2 随机事件概率的基本寻求途径

作者结合生产实践,经过了反复地研究探讨,认为,寻求和计算概率最基础的途径归纳起来有三个:即①从满足一定条件的随机事件 A 发生的频率的稳定性(统计意义)求概率;②从包含某随机事件 A 在内的基本事件频率发生的等可能性(古典意义)求概率;③从 A 事件与其他事件间的关系推导计算满足一定条件的随机事件 A 的概率。其中第③条途径是最具应用意义的途径。

4.2.1 从概率的统计意义(频率稳定性)求概率

由随机事件 A 发生的频率随实验次数增大而逐步趋向于某一确定值的途径求事件 A 的概率,体现了概率的统计特征。

例4-3:某集训队为了评价一篮球队员定点投篮命中率,让其投篮一次或两次当然不能得出结论,于是总让他进行大数量的投篮实验,例如50次,100次,1 000次,2 000次,5 000次,而且分别记录下每一投栏实验总次数与投中次数,结果如下:

表4-1 投栏实验总次数与投中次数表

投栏次数 n	50	100	1 000	2 000	5 000	8 000	…
抽中次数 k	35	57	588	1 208	2 998	4 802	…
投栏命中率 $p=k/n$	0.7	0.57	0.59	0.60	0.60	0.60	…

由上表可以看出,当实验(投篮)次数 n 充分大时,"投中"这个事件 A 发生的频率将稳定在0.6这个确定值附近,这种现象反映了这名篮球队员投篮命中能力的内在素质。通过这样的统计性实验,我们就可以确定这名篮球队员任意一次定点投篮的命中的随机可能(投中"事件"的概率)是0.6,亦即 $P(A)=0.6$。

需要注意的是,随机事件 A 发生的频率和它的概率是两个不同的概念,频率是实验值，随实验次数的不同，可以取不同的值；概率是由事件的内在本质所确定，是实验统计结果的理论值，且有其唯一性。概率能本质地反映某随机事件 A 发生的可能性大小。

下面的例子即是数学界有人用大量实验所得频率来求取某事件概率的有趣实例。

例 4-4：投掷一枚硬币，大家都能想到出现正面（或反面）的可能性都会是 $\frac{1}{2}$。两百多年前，在探讨概率论学问的进程中，欧洲确有两名数学家蒲丰和卡尔·皮尔逊分别以大数量的投掷铜板实验来证明这一点。他们所做实验列表如下：

表 4-2 欧洲确有两名数学家蒲丰和卡尔·皮尔逊投掷铜板实验

实验者	投掷总次数	出现正面次数	频率
蒲丰	4 040	2 048	0.508 0
K. 皮尔逊	12 000	6 019	0.501 6
K. 皮尔逊	24 000	12 012	0.500 5

可见在投掷总次数相当大时，频率愈趋近→$\frac{1}{2}$。

一般地，进行 n 次重复实验，当 n 充分大时，随机事件 A 在这 n 次实验中发生的频率将稳定在某个确定值（$\frac{k}{n} = r$）附近。我们称这个确定值为随机事件 A 的概率，记为 $P(A) = r$。在 n 充分大的前提下，随机事件 A 发生的频率趋向于某一确定值是事物自身内在的规律，人们只不过通过实验揭示了这个规律。在实际工作中，利用频率的稳定性代替某随机事件的概率是有很大实用价值的，我们平时所说的合格率、发病率、射击命中率、出生率、死亡率等，大都是利用频率的稳定性计算来确定概率的实例。

4.2.2 从概率的古典意义（基本事件等可能发生）求概率

概率古典意义的前提是基本事件的发生是等可能的。即是说，如果某一试验有 n 个可能的基本事件发生，且所有这 n 个基本事件单独发生的可能性是相等的，那么求满足一定条件的事件 A 的概率就变为只要知道事件 A 含于这 n 个结果中的个数 r 就行了。在这个前提下，求取随机事件 A 的概率不需要进行很繁杂的多次重复实验，而是可以借用一定的数学模式（通常大量地借用排列组合模式）求得结果。

例 4-5：有 20 件产品，假设其中有 2 件次品，18 件正品，问：任取两件都是正品的概率是多少？

解：任取两件是正品的现象（事件）是随机事件，而"任取两件"这个前提表明，全部基本事件和抽到正品的基本事件发生的可能性都相等。由排列组合知识可知，从 20 件样品中任取两件的取法有 C_{20}^2 种，而其中取到两件是正品的现象（事件）就好比单独从 18 件正品中任取两件的现象（事件），共有 C_{18}^2 种，因此任取两件是正品的现象（事件）A 的可能性（即概率）即为：

$$P(A) = \frac{C_{18}^2}{C_{20}^2} = \frac{18 \times 17/2!}{20 \times 19/2!} = 0.80 = 80\%。$$

一般地，假如某项实验结束后，全部基本事件 Ω 和满足一定条件的基本事件 A 的发生（或出现）都是等可能，且分别有 N 种和 r 种，我们就把 $\frac{r}{N}$ 叫作事件 A 发生的概率，记为：$P(A) = \frac{r}{N}$。

寻求 $P(A)$ 的这个途径，由于是科学家们最初从排列组合"种数"出现的等可能性这种早期数学认知思路出发，来推衍计算事件 A 的概率，故很多教材上便称这种从基本事件发生的等可能性出发，寻求其中满足某特定条件的事件 A 的概率为古典型（古典意义）概率。

4.2.3 概率统计意义和古典意义的功能及局限

概率的统计意义和概率的古典意义其本质内涵是一致的，例如说掷一枚硬币，无论从等可能（古典意义）性考虑，还是从尽可能多次投掷实验发生的频率（统计意义）考虑，其概率都只能是 1/2。

概率的统计途径和概率的古典途径更多的功能是揭示和解答了概率的本质内涵，但进行大数量的试验或先分析其若干等可能性，往往非常烦琐，因而在社会经济管理的实际工作中，很多时候，还是直接从随机事件本身构成和它与其他随机事件间的"关系"来推衍和确定某随机事件的概率。

4.3 从事件 A 与其他事件之间的关系计算概率

在 4.1 中我们已经介绍了随机事件之间所存在的 6 种基本关系，它们经常被单独或组合运用于寻求某随机事件 A 的概率的实际计算。

4.3.1 由互斥事件的"合成"关系求概率

若事件 A 或 B 其中之一发生即算 C 发生，则称作 C 是 A 和 B 的合成事件，简称事件 C 为 A 和 B 的合事件。简记为：

$$C = A + B。$$

命题：若事件 C 为 A 和 B 的合事件，且 A、B 互斥[内涵解释见 4.1.1.3 之 (4)]，则有：

$$P(A) = P(A + B) = P(A) + P(B)。 \tag{4-1}$$

证明：设在 n 次实验中，事件 A、B 分别发生了 r_1、r_2 次，因为 A,B 互斥，所以在这 n 次实验中，$C = A + B$ 共发生了 $r_1 + r_2$ 次，故 C 的频率为 $\frac{r_1 + r_2}{n}$ = $\frac{r_1}{n} + \frac{r_2}{n}$ 因为当 n 充分大时，$\frac{r_1}{n}$ + $\frac{r_2}{n}$ 分别稳定于 $P(A) + P(B)$，故由概率的定义而知事件 C 的频率也必将稳定于 $P(A) + P(B)$。即：

$$P(A + B) = P(A) + P(B)。$$

运用公式(4-1)的要点在于 A、B 互斥，否则会导致下面的错误。

例 4-6：民兵甲射击一次，击中目标概率为 0.9；民兵乙射击一次，击中目标概率为 0.8。问两人同时向同一目标射击一次，目标被击中的概率是多少？

本题若设甲击中为事件 A，乙击中为事件 B，目标被击中为事件 C，显然，A 或 B 发生都算 C 发生，即 $C = A + B$，倘若不考虑前提条件就导用公式 (4-1)，则会出现：

$$P(A + B) = P(A) + P(B) = 0.9 + 0.8 = 1.7；（？）$$

随机事件 A 的概率是不会大于 1 的，之所以得出错误结果，是因为两人向目标射击时，"目标被击中"事件，既可能只是甲击中(A 发生)，也可能只是乙击中(B 发生)，还有可能是两人同时击中(A、B 同时发生)即 A 和 B 不是互斥关系(关于 A 和 B 不是互斥关系的概率，将在 4.3.4 中讲述)。

例 4-7：某厂产品分为一级品、二级品、三级品三个档次，在正常生产条件下，出现二级品的概率为 7%，出现三级品的概率为 3%，其余都是一级品。问任取一件产品是"非一级品"的概率。

解：设任取一件产品是二级品为事件 A，任取一件产品是三级品为事件 B，而任取一件是非一级品的现象，只能是事件 A 或事件 B 的其中之一，二者

不可能同时发生，即事件 A 和事件 B 互斥，因此"任取一件产品是非一级品"就是事件 A+B，根据公式(4-1)知，

$$P(A+B) = P(A) + P(B) = 7\% + 3\% = 10\%。$$

由互斥事件合成关系求概率的思路，还可以推广到更为普遍的情形。设在一项实验中，事件 $A_1, A_2, \cdots, A_k$ 彼此互斥，则有：

$$P(A_1 + A_2 +, \cdots, +A_k) = P(A_1) + P(A_2) + \cdots + P(A_k) \quad (4-2)$$

公式(4-2)的证明途径及方法同证明公式(4-1)，故从略。

4.3.2 由独立事件的"兼有"关系求概率

独立事件的兼有关系是指两个独立事件同时发生而形成的(新)事件(现象)。设事件 A 和事件 B 互为独立，C 为事件 A 和事件 B 同时发生的事件，则称 C 对 A 和 B 兼有，概率上记为：

$C = A \cdot B$，也称为 C 是 A 和 B 的"积"或"并"。

为了较为直观地理解这种"积"或"并"的兼有关系，我们选用下面的实例说明：

例 4-8：如图 4-2 国产手表中的一个圆形零件，其直径、厚度的设计模数分别为：r 和 d，

且 $r\ 3.0 < \pm 0.03$m/m，$d\ 0.6 < \pm 0.02$m/m；已知加工该零件直径的合格率为 80%，加工该零件厚度的合格率为 75%，问经过这两道工序，该零件合格率是多少？

图 4-2　合格零件兼有关系

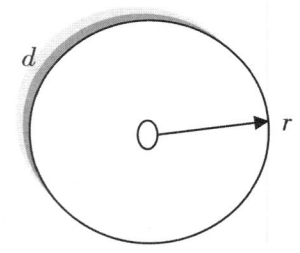

显然，只有当加工出来的零件其直径、厚度误差都在允许的范围内，这个零件才算合格。为述说简便，设"直径合格"为事件 A，则 $P(A) = 80\%$；"厚度合格"为事件 B，同理，$P(B) = 75\%$，"零件合格"为事件 C，加工直径和加工厚度是互不相关的，即 A 和 B 互为独立事件，C 为事件 A 和事件 B 同时发生的事件，或称 C 对 A 和 B 存在"兼有"关系。C 的概率可以这样来推导：假设先进行直径加工，100 产品中只有 80 件是合格品，只有再拿直径合格的 80 件产品加工厚度，达到直径、厚度都合格就只有 $80 \times 75\% = 60$(件)，即 C 的合格率为：$60 \div 100 = 60\%$。也即：

$$P(C) = P(A \cdot B) = P(A) \cdot P(B) = 80\% \times 75\% = 60\%。$$

即零件的最后合格率只有 60%。反之若先加工厚度，再加工直径，最终产品的合格率结果亦然。

在一般情况下，互为独立的事件 A 和事件 B 同时发生而形成新的事件 C 的概率都有：

$$P(C) = P(A \cdot B) = P(A) \cdot P(B) \tag{4-3}$$

公式(4-3)即是一般独立事件同时发生的概率计算公式。

按照同样的推证思路,这个计算公式也可以推广到有限多个独立事件同时发生的兼有关系(证明略):

$$P(A_1 \cdot A_2 \cdot \cdots \cdot A_k) = P(A_1) \cdot P(A_2) \cdot \cdots \cdot P(A_k) \tag{4-4}$$

4.3.3 由事件的"互补"关系求概率

在本章4.1.1.3一节中,我们已经知道,互补事件之"和"即$(A + \underline{A})$,构成了全部基本事件空间Ω,这个"和"是个必然事件,根据概率加法公式(4-1),则有:

$$P(\Omega) = P(A + \underline{A}) = P(A) + P(\underline{A}) = 1$$

此时若知$P(A) = p$,则可推证出

$$P(\underline{A}) = 1 - p。 \tag{4-5}$$

这就是互补事件的概率推衍计算的基本公式,这个公式在实际运用中往往需要作相应变通。

如某产品的正品率是0.9,因任取一件,不是正品(A),就是次品$(\underline{A})$,故其次品率即是$P(\underline{A}) = 1 - 0.9 = 0.1$。

例4-9:某产品从毛坯到零件,要经过4道连续加工工序,如果每道工序出废品的概率都是2%。问该产品从毛坯到零件,废品率是多少?

解:4道工序中,只要有一道工序上是废品,加工出来的产品都是废品,当然,各道工序出废品与否是相互独立的。但是分别把经过第1道、再经过第2道等事件的概率一一算出再相加,比较麻烦。而用"1道以上工序不合格"与"4道工序全合格"为互补事件这样的关系来计算废品率就简单得多。

设:经过第i道加工后合格为事件$A_i(i = 1, 2, 3, 4)$,经过全部4道工序后仍合格为事件B,显然,B与$A_i(i = 1, 2, 3, 4)$存在"积"或"并"的关系,即$B = A_1 \cdot A_2 \cdot A_3 \cdot A_4$;再设"1道以上工序不合格(废品)"为事件$C$,则$C$与$B$成为本项试验的互补事件。即有:

$P(C) = 1 - P(B)$

$\because P(A_i) = 1 - 2\% = 98\%, (i = 1, 2, 3, 4)$

得:$P(B) = P(A_1 \cdot A_2 \cdot A_3 \cdot A_4) = P(A_1) \cdot P(A_2) \cdot P(A_3) \cdot P(A_4)$

$= (98\%)^4$;

$\therefore P(C) = 1 - P(B) = 1 - (98\%)^4 = 1 - 92.2\%$

$= 7.8\%$。

即：该产品从毛坯到零件(经过 4 道连续加工工序)，废品率变成 7.8%。

利用事件的互补关系求概率的公式(4-5)还推广到更大范围的互补关系。

设一项试验中，存在 k 个独立事件 A_1，A_2，A_3，$\cdots$，A_k，且 $A_1 + A_2 + A_3 + \cdots + A_k = \Omega$ 这里其中任何一个单独的事件例如 A_2 与其他的事件组 $A_1 + A_3 + \cdots + A_k$ 也构成互补关系，同样有

$$P(A_1 + A_3 + \cdots + A_k) = 1 - P(A_2)。 \quad (4\text{-}6)$$

证明(略)。

例 4-10：从一副扑克(52 张)中任意抽取 10 张，问其中至少有一张是 10 点的概率是多少？

解：设"至少有一张是 10 点"的现象为事件 A，A_k 表示"出现 k 张 10 点"的事件，很明显，$k = 0，1，2，3，4$；且

$$A_1 + A_2 + A_3 + A_4 + A_0 = \Omega。$$

第一种解法：满足题目条件的

$$P(A) = P(A_1 + A_2 + A_3 + A_4)$$
$$= P(A_1) + P(A_2) + P(A_3) + p(A_4)，$$

再由排列组合知识推知：

$$P(A_1) = \frac{C_4^1 \times C_{48}^9}{C_{52}^{10}}; \quad P(A_2) = \frac{C_4^2 \times C_{48}^8}{C_{52}^{10}}; \quad P(A_3) = \frac{C_4^3 \times C_{48}^7}{C_{52}^{10}};$$

$$p(A_4) = \frac{C_4^4 \times C_{48}^6}{C_{52}^{10}}。 \quad 即：$$

$$P(A) = \frac{C_4^1 \times C_{48}^9}{C_{52}^{10}} + \frac{C_4^2 \times C_{48}^8}{C_{52}^{10}} + \frac{C_4^3 \times C_{48}^7}{C_{52}^{10}} + \frac{C_4^4 \times C_{48}^6}{C_{52}^{10}}$$

实际计算起来，工作量较大。我们换一种思路考虑。

第二种解法：本题中，事件 A_0(表示一张 10 点都没有)与事件 $A_1 + A_2 + A_3 + A_4$ 为互补关系，$P(A_0) = \dfrac{C_{48}^{10}}{C_{52}^{10}}$，于是有：

$$P(A) = 1 - P(A_0) = 1 - \frac{C_{48}^{10}}{C_{52}^{10}}。$$

利用事件的互补关系求概率，是一种技巧，使得求解过程往往要简捷、容易得多。这种技巧在后面的练习题中经常会遇到。下面再举一个利用多个独立事件与其互补关系求概率的例子。

例 4-11：单门高射炮打击敌方飞机，命中概率只有 0.4，而且针对每一架

来犯敌机，每门高炮只有射击一发炮弹的时空机会。为此，某部动用100门高炮同时向该机射击一发炮弹，问，此时飞机被击中的概率是多少？

解： 因为每门高炮向飞机发射一发炮弹命中与否，不影响其他高炮发射及命中与否，故100门高炮同时向该机发射一发炮弹就是100个独立事件。设飞机被击中（只要或至少被一门高炮击中）为事件A，事件A包含了被1门高炮击中，2门高炮击中，3门高炮击中……乃至100门高炮都击中的全部可能性，显然，直接计算$P(A)$工作量十分繁杂。这时我们换一下思路，既然每门高炮发射炮弹是相互独立的，那么每门高炮发射一发炮弹不命中（概率为$p=1-0.4=0.6$）的事件也是相互独立的。根据公式(4-4)，100门都不命中设为事件B，事件B的概率$P(B)=(0.6)^{100}$，是一个非常接近于零的实数，故B是一个小概率事件。而事件A（只要或至少被一门高炮击中）就成了事件B的互补事件，故有：

$P(A)=1-(0.6)^{100}(\approx 0.99999\cdots\cdots)$ 为所求。

（就实际而言，此时的$P(A)$是一个非常接近于1的大概率事件，换句话说，此时飞机被击中的可能性非常之大。）

例 4-12： 相似上题，设单门高射炮打飞机，命中概率只有0.4，而且只有射击一发炮弹的时空机会。今有一架敌机入侵，问需要组织多少门高炮同时发射一发炮弹，才能以99%的概率击中它？

解： 根据上题的思路，这个问题归结为要从$P(A)=1-(1-0.4)^n=0.99$中去解出n，应用常用对数方法，解得n约等于9（即组织9门这样的高炮同时向入侵飞机射击一发炮弹，即能以99%的概率击中它）。这是一个很有趣的军事活动的概率计算实例，它被广泛地运用于军事预期谋划实践。

4.3.4 一般独立事件合成关系概率的加法原则

任意两个独立但非互斥的随机事件A和B同时发生的概率也叫一般独立合成事件$A+B$概率，它需要遵循"一般合成事件概率的加法原则"。

随机事件A和B非互斥（互有重复或包含），表明在一次实验中，A和B有可能单独发生，也可能同时发生。它们之间的关系，可用图4-3来形象说明。

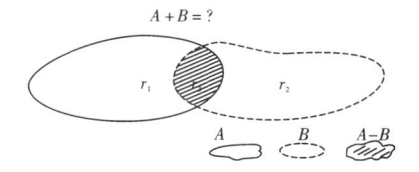

图4-3 非独立事件A和B的合成关系

如图 4-3，设在 n 次实验中，A 发生，B 不发生的次数是：$r_1 + r_3$；B 发生，A 不发生的次数是 $r_2 + r_3$。

很明显，A 和 B 都发生的次数是 r_3，先按互斥事件的加法原则，$A + B$ 发生的次数应为：$r_1 + r_2 + r_3$。

此时，若不考虑 A 和 B 是非互斥关系，单纯地把 A 发生，B 发生的次数相加应是：

$$(r_1 + r_3) + (r_2 + r_3) = r_1 + r_2 + 2r_3,$$

显然，按 A 和 B 是非互斥关系分析，这里的 r_3（即 A 和 B 都发生），被多计算了一次，此时，从事件发生的频率趋势角度考虑，作如下恒等变换有：

$$\frac{r_1 + r_2 + r_3}{n} = \frac{(r_1 + r_3) + (r_2 + r_3) - r_3}{n}$$

$$= \frac{r_1 + r_3}{n} + \frac{r_2 + r_3}{n} - \frac{r_3}{n}$$

当 n 充分大时，从概率的统计意义即有：

$\dfrac{r_1 + r_3}{n} = P(A)$，$\dfrac{r_2 + r_3}{n} = P(B)$，而 $\dfrac{r_3}{n} = P(A \cdot B)$。

即，对于一般非互斥独立事件形成的合成关系，就衍变为：

$$P(A + B) = P(A) + P(B) - P(A \cdot B) \tag{4-7}$$

在本章 4.3.1 节所举的例 4-6 中，民兵甲、乙同时向同一目标射击一次，因甲击中和乙击中是非互斥关系，目标被击中事件就包括重复计算了甲、乙同时击中的情形。因此"目标被击中事件"的概率应选用公式(4-7)计算：

$$P(A + B) = 0.9 + 0.8 - 0.9 \times 0.8 = 0.98。$$

下面再举一个非互斥独立事件合成关系求概率的应用实例。

例 4-13：棉花方格育苗是棉花栽培新技术。若已知每粒棉籽发芽率为 90%，试分析每个方格播一粒棉籽与每个方格播 2 粒棉籽能极大地提了每个方格有苗率的原因（如图 4-4 所示）。

解：如图 4-4 所示，从直观上看，若在 100 个方格中，每个方格播上第 1 粒种子，则整个方格的有苗率必然是 90%（假设最下面的 10 个小格第 1 粒棉籽未发芽——无苗）。现在每个方格中再播第 2 粒种子，它的出苗率也是 90%（设为最右边的 10 个小格第 2 粒棉籽未发芽——无苗），对于第 1 粒棉籽没有发芽的 10 个小方格来说，第 2 粒种子还有 90% 的发芽可能(9 小格有 1 苗)，即是说，100 个小方格中就会有 99 格有苗，即有苗率为 99%。

通过图 4-4 就能直观地说明播 2 粒种子能提高发芽率原因。

现在我们再用非互斥事件的合成关系求概率的加法原则来分析和计算。

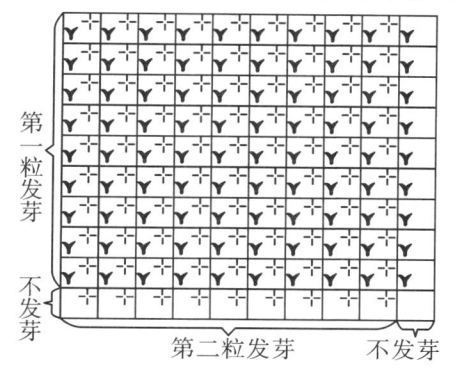

图例
第一粒发芽 Y
第二粒发芽 ┼

图 4-4　棉籽方格育苗发芽率示意图

本题若运用公式(4-7)求解，过程较为简单。设第 1 粒种子发芽为事件 A，第 2 粒种子发芽为事件 B，显然 A 和 B 是非互斥关系(互为独立但有重复或包含关系)，方格有苗即是即是 A、B 其中之一发生的事件，设为 C，$C = A + B$，运用公式(4-7)有：

$$P(A + B) = P(A) + P(B) - P(A \cdot B)$$
$$= 90\% + 90\% - 90\% \times 90\%$$
$$= 99\%。$$

结论与上面直观分析的结果一致。这个例子也说明，非互斥独立事件重复(合成)一次，它的概率就会有较大提升。育种是这样，军事上的射击、炮击也是这样。如某炮手向一固定目标打一发炮弹，击中该固定目标的概率只有 70%，若他再随即再补射一发，击中目标的概率就会增大为：

$$P(A + A) = 0.7 + 0.7 - 0.7 \times 0.7 = 0.91(即 91\%)。$$

4.3.5　条件概率，非互斥事件"兼有"关系

有些时候，两个随机事件 A 和 B，其中一个事件(现象)发生的可能性，要受另一个事件发生与否的影响，我们就称这两个事件为相依存(非互斥)事件。很明显，存在依存关系的两个事件是非独立的。存在相依存关系的某事件的"兼有"关系概率，是指在某一事件 A 已肯定发生的条件下，求另一事件 B 发生的条件概率，记为：

$$P(B/A)。$$

例 4-14：一个装有 10 件产品的盒中，假设有 3 件次品，7 件正品。若第一

位顾客甲从中任意抽取 1 件后,第二位顾客乙再从中任意抽取 1 件。问第二位顾客抽取到次品的概率有多大?

解:分析,因为顾客乙买到次品是在顾客甲先买走一件产品后才发生,而顾客甲先买走的一件可能是正品,也可能是次品,顾客乙再买一件且是次品的事件的概率依存于第一位顾客先期购买情况。

设:顾客甲买到一件是正品为事件 A,买到一件是次品为事件 C,顾客乙随后买到一件是次品为事件 B,根据概率的随机等可能法则有:

① 顾客甲先抽取一件是正品即事件 A 的概率:

$$P(A) = \frac{C_7^1}{C_{10}^1} = \frac{7}{10}(组合计算过程略)$$

在事件 A 已发生的前提下,顾客乙继续抽取一件,是次品即事件 B 的概率:

$$P(B/A) = \frac{C_3^1}{C_{(10-1)}^1} = \frac{1}{3}(组合计算过程略):$$

② 顾客甲先抽取一件是次品即事件 C 的概率:

$$P(C) = \frac{C_3^1}{C_{10}^1} = \frac{3}{10}$$

在事件 C 已发生的前提下,顾客乙继续抽取一件,是次品即事件 B 的概率:

$$P(B/C) = \frac{C_2^1}{C_{(10-1)}^1} = \frac{2}{9}(组合计算过程略)$$

即是说,对于同一事件 B,由于前提条件不同,得出的概率是不同的。

条件概率存在依存关系的两个非独立事件发生"兼有"时的概率,即是指在某一事件已经发生的前提条件下,另一事件再发生(即两个非独立事件同时发生)的概率。简称为条件概率。结合例 4-14 的题意,我们首先从概率的随机等可能法则寻求"顾客甲先买走的一件是正品后,顾客乙再买到一件是次品"的概率,亦即求事件 A、B 同时发生(即兼有)概率 $P(A \cdot B)$。

首先,顾客甲先购取一件的可能有 C_{10}^1 种,在顾客甲之后,顾客乙购取一件的可能还有 C_9^1 种,全部可能就有:$C_{10}^1 \times C_9^1$ 种,这全部可能中,只有 $C_7^1 \times C_3^1$ 种才符合"事件 A、B 同时发生"的条件,所以,

$$P(A \cdot B) = \frac{C_7^1 \times C_3^1}{C_{10}^1 \times C_9^1} = \frac{7 \times 3}{10 \times 9} = \frac{7}{30}$$

结合例4-14的解答,我们很快悟出,这个 $\frac{7}{30}$,就是 $P(A) \times P(B/A) = \frac{7}{10} \times \frac{1}{3}$ 的结果。

当然,就直接明确 $P(A \cdot B) = P(A) \times P(B/A)$ 在理论上是站不住的,还须做一般的证明。

参考本章4.3.4(一般独立事件合成关系概率的加法原则及计算公式)的模式,我们对"一般非独立事件的兼有关系条件概率的乘法原则及计算公式"做如下证明。

证明:(参见图4-5)设某项试验中,总的基本事件个数为 n,其中 A 事件所包含的基本事件为 r_1 个,B 事件包含的基本事件为 r_2 个,因 A 和 B 非独立,即是它们有可能相依关系,一般就存在 r_3 个基本事件既属于 A,也属于 B(如图4-3所示)根据这些假设,即有 $P(A \cdot B) = \frac{r_3}{n}$,$P(A) = \frac{r_1}{n}$;此时来看 $P(B/A)$,因这是在 A 已经发生的条件下考虑 B 发生的可能性,就只能考查既含于 A、又属于 B 的 r_3 个基本事件在 r_1 个基本事件中所占的比率,即 $P(B/A) = \frac{r_3}{r_1}$,根据"兼有"关系乘法原则,A、B 事件同时发生的概率就应为:

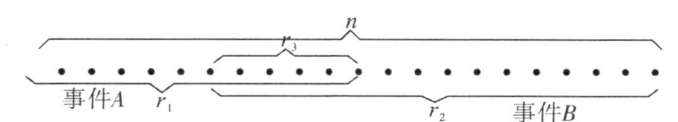

图 4-5 非互斥事件 A 和 B 的兼有关系

$$P(A) \times P(B/A) = \frac{r_1}{n} \times \frac{r_3}{r_1} = \frac{r_3}{n} = P(A \cdot B)。$$

即:$P(A \cdot B) = P(A) \times P(B/A)$ (4-8)

并得到:$P(B/A) = \dfrac{P(A \cdot B)}{P(A)}$ (4-9)

同理有:$P(B) \times P(A/B) = P(A \cdot B)$

即:$P(A \cdot B) = P(B) \times P(A/B)$ (4-10)

又得到:$P(A/B) = \dfrac{P(A \cdot B)}{P(B)}$ (4-11)

公式(4-9)和公式(4-11)被称为条件概率公式,而公式(4-8)和公式(4-10)被称为条件概率乘积公式。

现在再来看一个有趣现象。在条件概率计算式 $P(A \cdot B) = P(A) \times P(B/A)$ 和 $P(A \cdot B) = P(B) \times P(A/B)$ 中，若 A、B 互相"独立"，即 B 发生与否同 A 无关，即 $P(B/A) = P(B)$，$P(A/B) = P(A)$，才有 $P(A \cdot B) = P(A) \times P(B)$，这就又回到本章 4.3.2 由独立事件的"兼有"关系求概率了。

例 4-15：某商店出售的灯泡由甲、乙两厂供给，现正待售的灯泡中，80%属甲厂产品，20%属乙厂产品；又已知甲厂产品中一等品占 95%，乙厂产品中一等品占 85%。问，一位顾客从商店购买一个灯泡，买到一等品的概率是多少？买到一等品又属于甲厂产品的概率又是多少？

解：设"买到一等品"为事件 A，"买到甲厂产品"为事件 B。则"买到一等品又属于甲厂产品"成为 A 与 B 的兼有事件 $A \cdot B$，据此题意，待售的每 100 个灯泡中，一等品共有：

$$100 \times 80\% \times 95\% + 100 \times 20\% \times 85\% = 76 + 17 = 93(只)$$

知：顾客"买到一等品"灯泡的概率 $P(A) = \dfrac{93}{100} = 0.93$

在 A 已发生，即"买到一等品"，又属"甲厂产品"（即在甲厂产品内的一等品）的概率（即在甲厂产品内的一等品）就成为 B 的条件概率

$$P(B/A) = 80\% \times 95\% = 76\%,$$

因此，$P(A \cdot B) = P(A) \times P(B/A) = 0.93 \times 76\% = 0.7068$。

4.4 全概率和贝叶斯公式

4.4.1 全概率的意义

在此前所学过的互斥事件和条件概率的基础上，我们再引申出两个对于产品质量监测、考核十分有用的概率计算公式，分别叫作全概率公式和贝叶斯公式。

若已知 B_1，B_2，B_3，$\cdots$，B_k 是某一试验的完全事件系，即：$B_1 + B_2 + B_3 + \cdots + B_k = \Omega$，从而知，$B_1$，$B_2$，$B_3$，$\cdots$，$B_k$ 任何二个都是互斥的，而 A 是分别以 B_i 发生为前提的、反映 B_i 另一共同特征事件，显然，事件 A 和事件 $AB_1 + AB_2 + AB_3 + \cdots + AB_k$ 完全是同一个事件，且 AB_1，AB_2，AB_3，$\cdots$，AB_k 中的任何两个也都是互斥的。即有：

$P(A) = \sum_{i=1}^{k} P(AB_i)$；但由条件概率公式(4-8)知：

$P(AB_i) = P(A/B_i) \times P(B_i)$，所以上式又变化为：

$$P(A) = \sum_{i=1}^{k} P(A/B_i) \times P(B_i) \tag{4-12}$$

公式(4-12)即是所谓的全概率公式。关于它的应用可从下面的实例中得到初步理解。

例 4-16：一产品经销公司的某同一商品分别由甲、乙、丙三个厂家提供，公司现有的库存品中，属甲厂的占总量的 $\frac{1}{4}$，属乙厂的占 $\frac{1}{2}$，属丙厂的占 $\frac{1}{4}$；又知甲厂所供商品合格率为 90%，乙厂合格率为 96%，丙厂合格率为 80%，任意从这批库存商品中提取一件，其为合格品的概率是多少？

分析："任取一件"是合格品，必然是从这三个生产厂的合格品中抽取而得，"合格品"就成了这三个生产厂各自产品反映出的"共同特征"的总况。

解：任意抽取一件属甲厂生产为事件 B_1，属乙厂生产为事件 B_2，属丙厂生产为事件 B_3，显然，就抽取检验而言，三个事件 $B_1 + B_2 + B_3 = \Omega$，且三个事件彼此互斥。

又设，任意抽取一件是"合格品"为事件 A，则事件 A 的发生分别依存于 B_1，B_2，B_3；事件 A 发生即 AB_1，AB_2，AB_3 其中之一发生。由 B_1，B_2，B_3 彼此互斥，知 AB_1，AB_2，AB_3 也彼此互斥。而每一个 AB_i 的概率 $P(AB_i)$ 又是 B_i 发生的概率 $P(B_i)$ 与 A 在 B_i 已发生的前提下再发生的条件概率 $P(A/B_i)$ 的乘积。

由题设知：

$P(B_1) = \frac{1}{4}$，$P(B_2) = \frac{1}{2}$，$P(B_3) = \frac{1}{4}$；而 $P(A/B_1) = 90\%$，$P(A/B_2) = 96\%$，$P(A/B_3) = 80\%$；依据公式(7-12)得：

$$\begin{aligned} P(A) &= \sum_{i=1}^{3} P(A/B_i) \times P(B_i) \\ &= P(A/B_1) \times P(B_1) + P(A/B_2) \times P(B_2) + P(A/B_3) \times P(B_3) \\ &= \frac{1}{4} \times 90\% + \frac{1}{2} \times 96\% + \frac{1}{4} \times 80\% \\ &= 0.905(90.5\%)。\end{aligned}$$

这里的 90.5% 是指从当前库存商品任取意抽取一件是合格品的概率。

全概率公式在计算上与我们之前学习过的"加权求和"有类似之处，这里的 $P(A/B_i)$ 相当于变数 X_i，而 $P(B_i)$ 相当于"权数"。

4.4.2 贝叶斯公式及其应用

在全概率的基础上，我们进一步问，如果 A 已发生，问这个 A 刚好属于 B_i 的可能性（即概率）有多大？

分析：这个问题即是在已知 $P(A) = \sum_{i=1}^{k} P(A/B_i) \times P(B_i)$ 的前提下，求 $P(B_i/A) = ?$ 借助于条件概率和全概率公式，可做如下推导：

$$P(B_i/A) = \frac{P(B_i \cdot A)}{P(A)} = \frac{P(B_i)p(A/B_I)}{\sum_{i=1}^{k} P(A/B_i) \times P(B_i)} \quad (4\text{-}13)$$

概率运算公式（4-13）及其应用价值最早是由英国数学家贝叶斯（Bayes）研究提出，故被称为贝叶斯公式。

结合例 4-16，我们来了解一下贝叶斯公式的应用。求 $P(B_i/A) = ?$ 即是要求解决：任取一件是合格品，问其分别为甲厂、乙厂、丙厂产品的概率？直接代入公式(4-13)，知：

$$P(B_1/A) = \frac{P(B_1) \cdot p(A/B_1)}{\sum_{i=1}^{k} P(A/B_i) \times P(B_i)} = \frac{\frac{1}{4} \times 90\%}{P(A)} = \frac{22.5\%}{90.5\%} = 24.86\%;$$

$$P(B_2/A) = \frac{P(B_2) \cdot p(A/B_2)}{P(A)} = \frac{\frac{1}{2} \times 96\%}{90.5\%} = 53.04\%;$$

$$P(B_3/A) = \frac{P(B_3) \cdot p(A/B_3)}{P(A)} = \frac{\frac{1}{4} \times 80\%}{90.5\%} = 22.10\%。$$

需要补充说明的是，在例 4-12 中，$P(A/B_1) = 90\%$，$P(A/B_2) = 96\%$，$P(A/B_3) = 80\%$，这样的概率数据一般是由以往的数据分析先期得到的，类似的如前面使用过的射击命中率、单粒种子发芽率等，也是由以往的数据分析先期得到的，在概率问题研究中，称其为"先验概率"，而在这些前期工作的基础上，根据目标需要，再结合事物发展变化的内在联系进行变换和运算得出某个（类）现象的概率，又被称作"后验概率"。

公式（4-12）和公式（4-13）即是全概率公式和贝叶斯（Bayes）公式，

结合下面的例 4-13 一题的解答分析，即可看出它在质量检测和检测推断中的重要作用。

例 4-17：在无线电通讯的手动发报年代，发出和收到信号符号只有"·"和"－"两种，由于多种随机因素干扰，发出和接收之间会发生"误会"，经长期测试，在某对应的收、发员之间，当发出的信号是"·"时，收到信号是"·""不清"和"－"的概率分别是 0.7，0.2，0.1；而当发出的信号是"－"时，收到的信号是"－""不清"和"·"的概率分别是 0.9，0.1，0；且在正常发报过程中，发出信号是"·"和"－"的概率又分别是 0.4 和 0.6；问，当收到的信号"不清"时，原发出的信号最大可能是什么？

分析：如图 4-6，这是当年收发报之间经常要及时处理的判断难题。既然原发信号只能是"·"和"－"，只要我们能求出在收到信号是"不清"时，分别是由发出信号"·"或"－"各自分别导致的概率（可能性）大小就可以了。

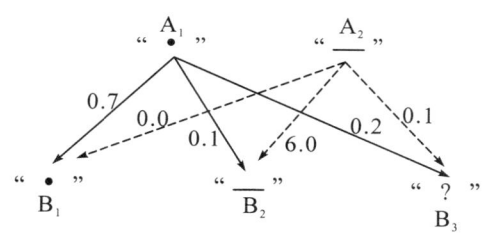

图 4-6　收发报信号对应示意图

解：设发出信号"·"为事件 A_1，发出信号"－"为 A_2；收到信号"·"为 B_1，收到信号"－"为 B_2，收到信号"不清"为 B_3，从图 4-6 所示意的关联关系，收到信号是"不清"时，分别是由发出信号"·"或"－"各自导致的概率就变成为求 $P(\dfrac{A_1}{B_3})$ 和 $P(\dfrac{A_2}{B_3})$。

由全概率公式知：

$$P(B_3) = p(A_1) \times P(\dfrac{B_3}{A_1}) + p(A_2) \times P(\dfrac{B_3}{A_2})$$
$$= 0.6 \times 0.2 + 0.4 \times 0.1$$
$$= 0.16;$$

再由贝叶斯公式知：

$$P(\frac{A_1}{B_3}) = \frac{P(A_1) \times P(\frac{B_3}{A_1})}{P(B_3)} = \frac{0.6 \times 0.2}{0.16} = 0.75 = 75\%;$$

$$P(\frac{A_2}{B_3}) = \frac{P(A_2) \times P(\frac{B_3}{A_2})}{P(B_3)} = \frac{0.4 \times 0.1}{0.16} = 0.25 = 25\%。$$

由于 $P(\frac{A_1}{B_3}) > P(\frac{A_2}{B_3})$，说明当发生"收到的信号不清"时，原发出信号是"·"的可能性要大得多，收报方在翻译判别时，按照事前这种分析推断，就能减少很多工作量。

4.5 独立重复实验和伯努利公式

4.5.1 社会经济管理中的独立重复实验概率

经济社会管理中，有一种概率现象很有应用价值。先考查几个实际问题：

问题 1：某射手向一目标射击一次，命中的概率只有 0.7，现让其在同一条件下，向同一目标连续射击 5 次，命中 3 次的概率是多少？

问题 2：某车床工人一天中加工零件的合格率为 95%，问他在 7 天中有 3 天无废品的概率是多少？

问题 3：经试验，一批纺织原棉中，任意抽取一根纤维长度小于 5cm 的概率是 0.6，问每次任意抽取一根纤维，连续任意抽取 3 次，出现纤维有 2 根小于 5cm，1 根长于 5cm 的概率是多少？

问题 4：某产品的合格率为 98%，现从这批产品中每次任取 1 件检查，连续取 3 次，最多有一件不合格品的概率是多少？

……

上述实例问题有一个共同特点，即要考查的现象（某事件）的发生情况存在于某项实验独立地进行了若干次之中。好比说，这项实验总共独立进行了 n 次，问在这 n 次实验中，事件 A 刚好发生 k 次的概率是多少？这一类问题的概率计算，有一共同规律，最早由 16 世纪瑞士数学家伯努利（Daniel Bernouli）研究并获得结论，所以这类问题通常又被称为伯努利独立重复实验概型。

伯努利独立重复实验概型解决问题的基本思路是，设事件 A 在每一单次实验中发生的概率为 $P(0 < P < 1)$，它的对立事件设为 $\underline{A}$，其概率为 $q = 1 - P$；独立重复实验了 n 次，事件 A 发生了 k 次，与之对应的事件 $\underline{A}$ 则发生了 $(n - k)$ 次，再假设其中之一是 A 发生在前 k 次，按独立事件同时发生的乘法原则，其概率为：

$$\underbrace{P \cdot P \cdot P \cdots P}_{\text{共有 } k \text{ 个}} \cdot \underbrace{q \cdot q \cdots q}_{\text{共有 } n - k \text{ 个}} = P^k \cdot q^{(n-k)} = P^k \cdot (1 - P)^{(n-k)}$$

进一步，考虑到事件 A 在这 n 次独立重复实验中又是"随机"出现，"A 发生在前 k 次"只是满足题设条件的一种，若只考虑"n 次实验中，事件 A 发生 k 次"，则总共的就有 C_n^k 种满足题设条件且又是彼此互斥的不同情形。于是，n 次伯努利独立重复实验中，事件 A 发生 k 次的概率就为：

$$P_{\frac{k}{n}}(A) = C_n^k \cdot P^k \cdot (1 - P)^{(n-k)} \qquad (4\text{-}14)$$

公式（4-14）即伯努利独立重复实验概型公式，简称伯努利公式。

4.5.2 伯努利公式在实践中的应用

伯努利公式在分析、解决生产实际问题时，常用于指导人力物力配置、确定抽样检查结果的置信程度等。

例 4-18：结合本节上面问题 1 中某射手"向同一目标连续射击 5 次，命中 3 次的概率"的实际事例，让我们来直观地分析、认识伯努利公式。

设：该射手每次射击中，"目标被击中"为事件 A，"目标未被击中"为事件 $\underline{A}$，即有：$P(A) = 0.7$，$P(\underline{A}) = 1 - 0.7 = 0.3$。进行 5 次射击，相当于把一次射击的实验独立重复 5 次，其中满足"有 3 次击中"的事件，即是在这 5 次实验中 A 发生 3 次，$\underline{A}$ 发生 2 次。如下面表 7-4 所示，按"机会均等"的组合原则，这种情形（以 A 为主）共有 C_5^3 次。

代入伯努利公式有：

$$P_{\frac{3}{5}}(A) = C_5^3 \times 0.7^3 \times 0.3^2 = 0.3087。$$

具体如表 4-3。

表 4-3　5 次射击的伯努利重复试验概率分析

5 次射击中 A 发生 3 次, $\underline{A}$ 发生 2 次的全部可能情况 $P(A) = 0.7$ $P(\underline{A}) = 1 - 0.7$ $= 0.3$	A 在 5 次射击中位置示意					每种情形下单种概率	总概率
	一	二	三	四	五		
	A	A	A	$\underline{A}$	$\underline{A}$	$0.7^3 \times 0.3^2$	代入公式计算: $P_{\frac{3}{5}}(A) =$ $C_5^3 \times 0.7^3 \times 0.3^2$ $= 0.3087$
	A	A	$\underline{A}$	A	$\underline{A}$		
	A	A	$\underline{A}$	$\underline{A}$	A		
	A	$\underline{A}$	A	A	$\underline{A}$		
	A	$\underline{A}$	A	$\underline{A}$	A		
	A	$\underline{A}$	$\underline{A}$	A	A		
	$\underline{A}$	A	A	A	$\underline{A}$		
	$\underline{A}$	A	A	$\underline{A}$	A		
	$\underline{A}$	A	$\underline{A}$	A	A		
	$\underline{A}$	$\underline{A}$	A	A	A		

例 4-19：对于问题 2 相当于把一天加工的事件连续重复 7 次，这里 $P(A) = 0.95$，$P(\underline{A}) = 0.05$，代入伯努利公式则有：

$$P_{\frac{3}{7}}(A) = C_7^3 \times 0.95^3 \times 0.05^4 = \frac{7!}{3! \times (7-3)!} \times 0.95^3 \times 0.05^4$$

$$= 0.00019。$$

这是个非常小的概率，表明 7 天中 3 天无废品的可能性很小。

例 4-20：对于问题 3、相当于把每次任意抽取一根纤维检验的独立重复 3 次，满足设定条件事件的概率是：

$$P_{\frac{2}{3}}(A) = C_3^2 \times 0.6^2 \times 0.4^1 = 0.432。$$

例 4-21：对于问题 4、相当于同样的检查独立重复 3 次。此处 $P(A) = 0.95$，

$P(\underline{A}) = 1 - 0.95 = 0.05$，最多有 1 件不合格品的概率当是：

$$C_3^1 \times 0.05^1 \times 0.95^2 = 0.1354$$

较之于 $P(A) = 0.95$，这是一个小概率事件，它表明，大约要抽检 7 次才可能抽到一件不合格品，仅连续抽检 3 次，就出现一件不合格品的可能性不大。

例 4-22：某车间有 10 台车床，每台车床开动时耗电功率为 7.5kW，各台车床使用上彼此独立，每台车床在一小时内大约只有 12 分钟在进行车削工作，问全部车床耗电功率超过 48kW 的可能性（概率）是多大？

分析：6 台车床同时开动，耗电功率为：$7.5 \times 6 = 45(\text{kW})$，7 台车床同时开动，耗电功率为：$7.5 \times 7 = 52.5(\text{kW})$，欲求耗电功率超过 48 千瓦的概率，即是求 10 台车床中有 7 台和 7 台以上车床同时开动的概率。

解：设每一个小时内，1 台车床正在工作为事件 A，没有工作为事件 $\underline{A}$，则 $P(A) = \dfrac{12}{60} = \dfrac{1}{5}$，$P(\underline{A}) = 1 - \dfrac{1}{5} = \dfrac{4}{5}$；10 车床独立工作与否可以看作 1 台车床的 10 次独立实验，据伯努利公式，恰有 k 台车床正在工作的概率是：

$$P_{\frac{k}{10}}(A) = C_{10}^{k} \times P(A)^{k} \times P(A)^{10-k}$$，则至少有 7 台以上车床同时工作的概率为：

$$P_{\frac{7}{10}}(A) + P_{\frac{8}{10}}(A) + P_{\frac{9}{10}}(A) + P_{\frac{10}{10}}(A)$$

$$= C_{10}^{7} \times \left(\frac{1}{5}\right)^{7} \times \left(\frac{4}{5}\right)^{3} + C_{10}^{8} \times \left(\frac{1}{5}\right)^{8} \times \left(\frac{4}{5}\right)^{2} + C_{10}^{9} \times \left(\frac{1}{5}\right)^{9} \times \left(\frac{4}{5}\right)^{1} + C_{10}^{10} \times \left(\frac{1}{5}\right)^{10} \times \left(\frac{4}{5}\right)^{0}$$

$$= \frac{1}{1\,157}（计算过程从略）。$$

这个结果表明，这个车间有 7 台和 7 台以上车床同时开动即耗电功率超过 48kW 的可能性很小，大约每 20 个小时（1 200 分钟）才出现 1 分钟。对于每天 8 小时或 12 小时开班的车间来说，不必考虑按 $7.5 \times 10 = 75\text{kW}$ 耗电功率配置供电设备，而选择介于 75kW 与 48kW 之间的、适当的供电千瓦设备就能既节约又确保安全了。

经济社会管理中其他类似问题，都可以运用伯努利公式方便求解。

4.6 随机变量的概率分布及期望值检验方法

4.6.1 随机变量与随机变量的概率分布

在 4.1 至 4.5 中，我们学习和掌握了应用概率的基本理论和一般情况下随机事件概率的计算方法。本节中，再进一步学习从随机现象的统计规律中确立概率期望值检验方法，这是将概率与数理统计方法相结合来组织产品检验或规划随机成本的应用方法。为了学习和运用这个方法，需要先学习和掌握概率学的另外两个概念，即"随机变量的概率分布"及"随机变量概率分布的数学期望值"。

4.6.1.1 随机变量及随机变量的数量表述法则

很多随机现象发生的结果都可以用数量值予以表述。

如射击一次中靶的环数、图书馆每天可能被借出图书的册数、工人每天可能出废品的个数、营业员在一天内需要接待顾客人数、测量物体长度时可能所产生的误差值……另有一些随机现象表面看其结果无具体数值，但可人为"数量化"。如把种子"发芽"记为数值"1"，"不发芽"记为数值"0"，于是试验种子发芽与否的随机现象的结果也就能与数量表达联系上了。

显然，既然是随机现象，出现何种数量值结果（即取什么样的数值）要受偶然因素影响，但某一个数量值结果发生的可能性大小（随机现象概率）又是由该随机事件自身内在规律（随机事件的频率趋向）支配和决定，呈现出某个确定数值。

为了表述简单，我们通常把表示随机现象结果数值的未知数叫作随机变量，用"ζ"和"η"表示，如在一次（项）全部 n 种基本事件试验中，若当 $n = k$ 时的某随机变量的确定值对应的概率为 P，就可写为：

$$P\{\zeta = k\} = P。$$

例 4-23：某人向靶子射击，中靶的环数是个随机变量，设为 ζ，则 ζ 可取值为 0，1，2，…，10；若其击中 7 环以上的概率为 0.21，就记为：

$$P\{7 \leq \zeta \leq 10\} = 0.21；$$

例 4-24：在查验大豆种子发芽的实验中，已知一粒种子能"发芽"的概率为 0.85，"不发芽"的显然是 0.15；若我们用"1"，"0"分别表达"发芽"与"不发芽"两个结果，再令 $\eta_1 = 0$，$\eta_2 = 1$ 分别代表一粒大豆种子"不发芽"与"发芽"这两个事件，我们就能用随机变量 η 描述这个随机现象了，如我们讲该批大豆发芽率为 0.85，就可表示为：

$$P\{\eta = 1\} = 0.85，$$
$$P\{\eta = 0\} = 0.15；$$

引入随机变量，就能充分运用其他数学工具来研究随机现象，同时，在描述过程中，也减少了"事件"语言的累赘。

随机变量有两种类型，术语通常说法是分为离散型随机变量和非离散型随机变量两类。

离散型随机变量 在概率和数理统计中，我们把可取值为有限个或可按顺序一一列举的随机变量称为离散型随机变量。前面刚列举的例 4-19 和例

4-20即是这种类型的随机变量（其"ζ"或"η"可取值有限，或可按序一一列出）。

非离散型随机变量 非离散型随机变量也称为连续型随机变量。这种随机变量的特点在于变量的可取值可以随机地充满某个整体区间，其"ζ"或"η"的某些可取值落在其中的部分区间的概率是由随机现象自身的统计规律唯一确定。例如，某地若干次降雨过程中，每次降雨的雨量是个随机变数，它无确定的数值，事先也无法排列出它取值的顺序，但该地降雨的统计规律确能唯一确定其降雨量落入某一实数区间（如降雨量在 600~800mm）的概率值却能由该地降雨量的统计规律唯一确定。

4.6.1.2 随机变量的概率分布

随机变量"ζ"或"η"的值与这个值所对应的概率发生范围之间的对应关系叫作随机变量的概率分布。

由此前对随机事件的介绍和分析可知，每一随机事件发生的可能性都对应着一个确定的概率，那么很容易明白：伴随该随机事件而出现的随机变量也会以一确定的值表明它的概率。某随机变量所有可取值与每个可取值所对应着的一个个概率值按顺序排列起来，即反映着该随机现象的变化规律。概率分布就是用列表的办法来反映这种变化规律的。而从经济社会管理的实际需要来讲，人们特别希望了解随机现象能以什么样的数量化结果表述出这种变化规律。下面我们通过几个实例来加深对这个问题的理解。

1. 离散型随机变量概率分布表述

例 4-25：对某射手进行实弹射击考核，一次次射击活动中，击中的环数 ζ 是个随机变量。显然，ζ 的可取值是：0，1，2，3，…，10；对于某一射手来说，在一定的训练基础上，ζ 的每个取值所对应的概率会是一确定值。如表4-4 所示：

表4-4 某射手击中环数概率分布表

击中环数 ζ_i	0	1	2	3	4	5	6	7	8	9	10
对应的 $P\{\zeta_i\}$	0.02	0.00	0.01	0.02	0.02	0.04	0.10	0.15	0.28	0.26	0.10

通过表4-4 所列概率分布，可看出该射手的射击技术较好，击中靶心（10环和靠近10环）的概率大，几乎无脱靶可能。

例 4-26：工人操作技术的好坏，可以按其一个工作日内出废品的多少来判断。而工人一天之内出废品的个数是个随机变数，于是人们就通过出废品的概率分布来进行判别。如，经过一段时间考查，得出某两个工人一天内出废品的概率分布为：

表 4-5　工人甲

废品数 ζ_i	0	1	2	3	4
$P(\zeta_i)$	0.8	0.15	0.05	0	0

表 4-6　工人乙

废品数 ζ_i	0	1	2	3	4
$P(\zeta_i)$	0.6	0.2	0.15	0.05	0

表 4-5 和表 4-6 所列概率分布，表明工人甲在一天内不出废品或至多出一件废品的概率较工人乙大，因此工人甲的技术比工人乙好。

例 4-27：已知一批产品共 $n+m$ 件，其中有 n 件正品，m 件次品，今任取一件检验，求任取一件是正品或次品的概率分布。

解：设任取一件是正品或次品的结果为随机变量 η_i，并设任取一件是正品为 $\eta = 1$，任取一件是次品为 $\eta = 0$；由概率的古典意义途径知，"任取一件是正品"的概率为 $\dfrac{n}{n+m}$，而"任取一件是次品"的概率为 $\dfrac{m}{n+m}$，于是，其概率分布就是：

表 4-7　正品和非正品概率分布

随机变量 η_i	1	0
$P(\eta_i)$	$\dfrac{n}{n+m}$	$\dfrac{m}{n+m}$

通过这三个例题，读者会发现，概率分布与之前学习过的频率分布有相似之处。但一定要弄清频率是随机现象在某项实验进行时发生的频数，而概率是该随机现象发生的内在规律揭示。

2. 非离散型随机变量概率分布表述

对于非离散连续型随机变量，"ζ"或"η"的取值就只能是一个个连续移动的区间。

例 4-28：在同一生产条件下，某品种的小麦亩产量是个随机变量，设其概率分布为：

表 4-8　小麦亩单产概率分布

亩产 ζ_i（kg/亩）	200 以下	200～250	250～300	300～350	350 以上
概率 $P(\zeta_i)$	0.10	0.20	0.40	0.25	0.05

由表 4-8 可看出，该品种小麦亩产集中在 200～350(kg) 区间，占全部概率的 85%，200kg 以下和 350kg 以上概率只占 15%。

3. 一般情况下随机变量概率分布表述

现在考虑在一般情况下的概率分布。设在一项试验中（即同一考查目标下）随机变量"ζ"的全部可取值分别为 ζ_1，ζ_2，ζ_3，…，ζ_{n-1}，ζ_n；它们对应的概率分别为 $P\{\zeta = ki\} = P_k$，按照例 4-21—4.22 的办法，列表如下：

表 4-9　一般情况下的概率分布

$P\{\zeta = k\}$	ζ_1	ζ_2	ζ_3	…	ζ_{n-1}	ζ_n
P_k	P_1	P_2	P_3	…	P_{n-1}	P_n

表 4-9 即是一般情形下的概率分布表，它把随机变量的所有可取值及每个可取值对应的概率完全表达出来。同时也能在一定程度上反映出随机变量的某些特有性质。

概率分布遵循的原则是，在一项试验中（即同一考查目标下），各随机变量对应的概率之和为"1"。即当 $\zeta = \zeta_i (i = 1, 2, 3, …, n)$ 时，有：

$$\sum P(\zeta i) = 1$$

概率分布的种类很多，在有的情况下，某随机变量的概率分布还应结合具体问题进行复杂的计算才能得出。本书仅从入门及基础应用的角度进行上述介绍。

4.6.2　概率分布与数学期望值

随机变量的概率分布反映了随机变量的取值规律，但更多的时候，在已知概率分布的前提下，人们还希望对随机变量可取值的总体规模有所估计，如某新安装生产线一次试车未必能成功，但究竟需试车多少次——即试车次数 ζ 总体有多大取值规模，这对于安排试车费用指标或编制费用计划就有弄清楚的必要。又如，军事上，针对一军事目标，某迫击炮手发射一发炮弹未必能摧毁目标，但为安排摧毁一个或多个军事目标，战前究竟要为此准备多少发炮弹？军事后勤工作就必须精确计算并准确把握。运送多了后勤运输代价太大，运送少了又不利于或无法按事前要求完成任务。类似的问题在防疫的疫苗配送、抗洪器材、生产耗材供应等方面，都需要做类似考量，都涉及随机变量取值规律及其取值总体规模问题。随机变量取值总体规模在概率和数理统计的术语中，称其为数学期望值。在经济管理中，数学期望值又叫期望金额，在军事术语中，数学期望值也叫弹药配置"基数"。

随机变量 $\zeta = \zeta_i$ 对应的概率为 $P(\zeta i)$。则 $\zeta_i \cdot P(\zeta i)$ 就是代表 ζ_i 在随机变量期望值总数中对应于 ζ_i 可能取得的期望值。对于整个分布中的 ζ_i，

$$\sum_{i=1}^{n} \zeta i \cdot P(\zeta i) \qquad (4\text{-}15)$$

公式(4-15)即代表了 ζ 取值的总体规模 —— 数学期望值。

例 4-29：某基层军事单位的迫击炮手发射一发炮弹，摧毁目标的概率为 0.6，一发不中，经调试再打第二发，摧毁目标的概率可达到 0.95，若第二发仍未摧毁目标，再调试后，发射第三发，目标一定被摧毁。问，战前理论上应为摧毁这个目标准备多少发炮弹？

解：打第一发即摧毁目标的概率为 0.6，即 $P\{\zeta = 1\} = 0.6$；需要打第二发弹是在第一发不中的前提下进行的，所以打第二发弹并摧毁目标的概率是第一发不中的<u>条件概率</u>，即 $P\{\zeta = 2\} = (1 - 0.6) \times 0.95 = 0.38$；需要打第三发炮弹的概率是前两发都不中的概率，即 $1 - 0.6 - 0.38 = 0.02$。其概率分布为：

$\zeta =$	1,	2,	3
$P\{\zeta\} =$	0.6,	0.38,	0.02

代入公式(4-15)知其数学期望值：

$$\sum_{i=1}^{n} \zeta i \cdot P(\zeta i) = 0.6 \times 1 + 0.38 \times 2 + 0.02 \times 3$$
$$= 1.42(发)。$$

这个 1.42 发在军事术语上就被称为一个目标的弹药准备"基数"。如果在一个战术行动中，有 10 个要求摧毁的目标，后勤供给部门最多准备 10 个"基数"，即 15 发炮弹就充裕了。

例 4-30：军事射击比赛中要对射手进行评分比较。若规定，击中 0 环(脱靶)得 0 分，击中 1～2 环得 5 分，击中 3～6 环得 15 分，击中 7～8 环得 25 分，击中 9 环以上得 40 分，且连续射击 3 发。按评分标准，某参赛战士由平时训练中考查得知，其射击中靶概率分布如表 4-10。

表 4-10　射击得分概率分布

击中环数 η	0	1～2	3～6	7～8	9～10
(η 得分数)	0	5	15	25	40
概率 $P(\eta)$	0.02	0.01	0.18	0.43	0.36

问，若该战士参加射击比赛，可能得多少分？

解：一次射击得分数学期望值为：

$$\sum_{i=1}^{n}\zeta i \cdot P(\zeta i) = 0 \times 0.02 + 5 \times 0.01 + 15 \times 0.18 + 25 \times 0.43 + 40 \times 0.36$$
$$= 27.9(分);$$

三次连续射击,累计可得分为:
$$27.9 \times 3 = 83.7(分)。$$

上面所举的例 4-30 其事例类型及计算处理方法,对一般体育运动的赛前获奖预测也完全适用。

例 4-31:某企业新安装的生产线一次试车的费用为 5 000 元,按以往经验分析,一次试车成功的概率为 0.75,若第一次试车不成功,通过调整试车方案和设备检修,进行第二次试车,成功的概率可达 0.92,若第一、二次试车均不成功,再调整方案,第三次试车一定成功。问,该企业应为此新安装生产线预先安排多少试车费用?

解:本题中,需要试车的次数是试车成功的随机变量,设为 ζ,于是知 ζ = 1,2,3;一次即试车成功的概率为 0.75,即 $P\{\zeta=1\}=0.75$;第二次试车成功是在第一次试车不成功(失败)的前提下进行的,是个条件概率,所以第二次试车成功的概率为:$P\{\zeta=2\}=(1-0.75)\times0.92=0.23$;而需要进行第三次试车的可能性是前两次试车均未成功导致,其概率为:$P\{\zeta=3\}=1-0.75-0.23=0.02$。

试车次数的概率分布为:
$$\frac{\zeta= \quad 1, \quad 2, \quad 3}{P\{\zeta\}=0.75, \ 0.23, \ 0.02};$$

试车次数的数学期望值为:
$$\sum_{i=1}^{n}\zeta i \cdot P(\zeta i) = 1\times0.75+2\times0.23+3\times0.02=1.27(次)$$

即,该企业新安装生产线试车成功的次数规模为 1.27 次。企业为此预算的试车费用最少应按 5 000 × 1.27(元) 安排。

4.6.3 概率分布数学期望值的应用实践

概率分布数学期望值的原理及方法,在生产和生活实践中有着较为广泛的应用价值。

4.6.3.1 概率分布在质量控制中的应用

概率分布经常被用来考核和评价人员或设备的技术水平。两个或几个工人在同一条件下加工产品,可以通过他们一天出废品件数的概率分布来评价其技术水平高低。

用概率分布评价工艺水平：

例 4-32：已知甲乙两个工人在一天生产过程中出废品件数的概率分布为：

表 4-11 工人甲

废品数 η	0	1	2
概率 P	0.80	0.20	0.00

表 4-12 工人乙

废品数	0	1	2
概率	0.70	0.20	0.10

从上述两个工人一天中出废品件数的概率分布表即可明显地看出，甲在一天中不出废品的概率比乙大，因此甲的技术比乙好。

4.6.3.2 用叠合分布进行质量管控预测

例 4-33：在例 4-32 的基础上，进一步考虑两个工人一起生产，一天出废品件数的概率分布。

分析：通常情况下，甲、乙两人出废品与否互不影响，彼此独立。两个工人一起生产一天出废品的件数，仍然是随机变数。只不过是两人出废品概率的"叠合"。设 x 为甲出废品的件数，y 为乙出废品的件数，$x+y$ 为甲和乙共同出废品（叠合）的件数，因 x 与 y 是相互独立的随机变数，$x+y$ 的概率即为独立事件共同发生的概率，从而知：

当 x 取"0"，y 也取"0"时，$P(x+y) = 0.8 \times 0.7 = 0.56$；

当 x 取"0"，y 取"1"时，$P(x+y) = 0.8 \times 0.2 = 0.16$；

x 有效取值仅为两个，而 y 的有效取值为 0，1，2。故 $x+y$ 的全部取值可列表如下：

表 4-13 甲、乙两个工人一起生产出废品的可能情况

x	y	$x+y$	概率 $P(x+y)$
0	0	0+0=0	$0.8 \times 0.7 = 0.56$
0	1	0+1=1	$0.8 \times 0.2 = 0.16$
0	2	0+2=2	$0.8 \times 0.1 = 0.08$
1	0	1+0=1	$0.2 \times 0.7 = 0.14$
1	1	1+1=2	$0.2 \times 0.2 = 0.04$
1	2	1+2=3	$0.2 \times 0.1 = 0.02$

现在，根据表 4-13 来看 $\zeta = x+y$ 的分布，ζ 可取值为 0，1，2，3；其中 $x+y=1$ 和 2 时各有两组平行数据其概率分布为：

表4-14　甲、乙同时生产出废品概率分布

$\zeta = x + y$	0	1	2	3
$P\{\zeta = x + y\}$	0.56	0.30	0.12	0.02

把表4-14与表4-11、表4-12进行比较，不难看出，两个工人一起生产，一天不出废品($x+y=0$)的概率，要低于单个人一天不出废品的概率。关于这种现象，可以这样理解，一个工厂或一个车间，若每个工人的技术都很好，出废品的可能性(概率)就很小，但是要求整个厂或整个车间一天都不出一件废品确很难办到，但要求每天出1件或至多2件的概率小到什么程度，又是可以进行预测控制的。

4.6.3.3　二项分布及重复抽验推断

二项分布以0—1分布为基础，是指在一项实验中，某随机现象(事件)A只有两种结果，与之相应的随机变量也只有两种取值可能，即要么"发生"(即1)，要么"不发生"(即0)(参见本章第4.6.1.2中例4-27及概率分布表4-7)。这种概率分布就是0—1分布，它满足：

① $P\{\zeta = 0\} + P\{\zeta = 1\} = 1$；

② $\sum_{i=1}^{n} \zeta i \cdot P(\zeta i) = 0 \times P\{\zeta = 0\} + 1 \times P\{\zeta = 1\} = P\{\zeta = 1\}$

结合伯努利独立重复实验公式和二项展开式系数表达方法，对独立重复实验的二项分布问题，可做下面的推衍。

设在一次实验中，事件A发生的概率为p，其不发生的概率的为$q = 1 - p$，则，进行n次独立重复实验，A正好发生k次的概率就应为：

$$P_{k/n}(A) = C_n^k \times P^K \times q^{n-k}, \quad (k = 1, 2, \cdots, n) \quad (4-16)$$

此时若把事件A发生的次数当作随机变量，则其概率分布即如：

表4-15　二项独立重复n次实验概率分布

$\zeta = k$	0	1	2	$\cdots$	k	$\cdots$	n
$P_{k/n}(A)$	$C_n^0 \cdot p^0 \cdot q^n$	$C_n^1 \cdot p^1 \cdot q^{n-1}$	$C_n^2 \cdot p^2 \cdot q^{n-2}$	$\cdots$	$C_n^k \cdot p^k \cdot q^{n-k}$	$\cdots$	$C_n^k \cdot p^k \cdot q^0$

这种分布的各个$P_{k/n}(A)$刚好与n次二项式$(p+q)^n$展开式的各项相对应，所以这种分布叫作二项分布。

不难看出，二项分布只进行一次实验时，服从0—1分布，当发生A的实验独立重复进行2次以上时，它服从二项(展开式)分布。

由二项分布表 4-15 可推知：

① 事件 A 最多出现 k 次的概率为

$$P\{0 \leqslant \zeta \leqslant k\} = \sum_{i=0}^{k} C_n^i \times P^i \times q^{n-i};$$

② 事件 A 至少出现 k 次的概率为

$$P\{k \leqslant \zeta \leqslant n\} = \sum_{i=k}^{n} C_n^i \times P^i \times q^{n-i}。$$

在生产实践中，当原始概率 p 和 q 的取值差距较大时，二项分布可作为粗略检验的推断依据。

例 4-34：某建筑工地规定，所用充填砖块发生有断缝者超过 10%，即不符合使用要求，工地应拒收。今有一加工厂运来一批充填砖块，经随机抽取 10 块进行现场粗略检验，发现有 2 块砖有断缝，试做合格程度推断。

解：以每块被抽验的砖块出现断缝与否作为随机变量，则其符合二项分布，且 $p = 10\% = 0.10$，$q = (1 - 0.10) = 0.90$；随机抽取 10 块，相当于进行 10 次独立重复试验，即 $n = 10$。

按二项分布的概率计算公式(4-16)，知：

① 出现 1 块有断缝的概率是

$$P_{1/10}(A) = C_{10}^1 \times (0.10)^1 \times (0.90)^9 = 0.3874$$

②、出现不多于 2 块有断缝的概率是

$$P\{0 \leqslant \zeta \leqslant 2\} = \sum_{i=0}^{2} C_n^i \times P^i \times q^{n-i}$$

$$= C_{10}^0 \times 0.10^0 \times 0.90^{10} + C_{10}^1 \times 0.10^1 \times 0.90^9 + C_{10}^2 \times 0.10^2 \times 0.90^8$$

$$= 0.34868 + 0.3874 + 0.1937$$

$$= 0.9298;$$

③ 出现 2 块以上有断缝的概率是

$$P\{\zeta > 2\} = 1 - \sum_{i=0}^{2} C_n^i \times P^i \times q^{n-i}$$

$$= 1 - 0.9298$$

$$= 0.0702。$$

即出现 2 块以上砖块有断缝的概率是一个极小的值，大约重复进行 14 次（$\frac{1}{0.0702}$），这样的抽验才会发生一次，而现在只抽验一次即出现了 2 块有断缝现象，根据上述推断，这批砖块不符合使用要求，应拒收。

需要特别注意的是，利用二项分布进行检验推断，只有当二项分布中"$\zeta = 1$ 或 $\zeta = 0$"所对应的概率值 p、q 相互间差距较大时（一般选取差距宜至少在9倍以上），其推断结果的置信度（把握度）才会较大。

例 4-35：按出口规定，每批食品罐头单个内装物重量不够标准者若超过 1%，则会被确定为不合格。某口岸质检部门对某厂准备出口的 30 000 个罐头分成 6 组（每组 5 000 个），随机从每组中抽取 1 件作粗略检验，发现有一个罐头内装物不达标，试做结果推断。

解：因为这种检验是破坏性的，且抽检结果只有合格与否两种，故按二项分布做粗略检验推断是可取的。这 6 个被抽检罐头之一是"不合格"的概率为 $p(\zeta = 0) = 1\% = 0.01$，则是"合格"的概率即为 $q(\zeta = 1) = 1 - 0.01 = 0.99$；取 6 组各一个，相当于一个二项分布事件被重复了 6 次，即本题的 $n = 6$。从而知：

① 被抽查的 6 个全合格（零个不合格）的概率
$$p(\zeta = 0) = p_{0/6}(A) = C_6^6 \times 0.01^0 \times 0.99^6 = 0.941\,5$$

② 被抽查的 6 个中 5 个合格，1 个不合格的概率
$$p(\zeta = 1) = p_{1/6}(A) = C_6^1 \times 0.01^1 \times 0.99^5 = 0.057\,1$$

③ 被抽查的 6 个中 4 个合格，2 个不合格的概率
$$p(\zeta = 2) = p_{2/6}(A) = C_6^2 \times 0.01^2 \times 0.99^4 = 0.001\,5$$

……

由上述计算知，一次任意抽查 6 个，会出现一个不合格的已经是个小概率事件，相当于要如此检验 17 次以上（$\frac{1}{0.057\,1} \approx 17.51$）才会出现一次，此处仅抽取检验一次就发生不合格事件，故可粗略做出这批罐头"内装物不达标超过了 1%，不能出口"的推断。

4.6.3.4 连续型随机变量概率分布及期望值

从 4.6.1.2 至 4.6.3.3，我们主要讲述的都是离散型随机变量分布的内容，在生产实践和自然现象中，还有很多随机现象的概率分布都表现为非离散（即连续）型随机变量分布。特别对于总体数量较大的统计对象来说，其随机变量取值大体会充满整个实数空间。此时要把随机变量的每一个取值及其对应的概率都罗列出来，是不可能的。但一种统计对象的随机变量取值，都有各自的出现规律，都是会围绕某一中心值在一定范围内波动，若把整个波动范围分划成若干小区域后，随机变量"落在"每一个小区域内的频率也是确

定的,且随着小区间隔长度划分得愈来愈细,频率分布也将趋于一条平滑曲线(称为频率分布曲线)。当样本容量不断增大到一定程度,频率分布曲线便可近似地当作概率分布曲线,通过这种方式求得的样本均值,也就可以用为频率分布的数学期望着值了。这个思路就是连续型概率分布应用于某些定额指标值产品检验的推断依据。

在社会经济管理实践中,利用概率及数理统计知识进行量化考核评估和质量检测推断的方法还很多,同数理统计中计算方差和样本标准差一样,概率分布中也有计算概率分布的方差和标准差概念,但所涉及的概率及数理知识也较宽、较深,已超出本书框定的基础应用范围。

作为本章结束,再介绍一下利用概率二项分布知识调控产品检验取样数量(样本容量)的应用方法。即所谓"预设置信度下取样个数(样本容量)推断"。这也是应用概率较有实践意义的应用方法。

4.6.3.4 预设置信度下样本容量推断

在社会经济管理实践中,很多时候不仅要对一个批次或一个生产期限内的产品进行抽样检测推断,也还有个对所需要抽取出样本的容量大小的预测推断。如疫情抽样调查、家庭社会消费品能力评估,满足预定质量要求关送检产品个数预测等,样品取少了会出现"代表面"不够,推断结果偏离实际,可信度不大。当然可以遵从统计学中的那个著名的大数定律,即大样本容量的均值趋于总体均值,把样本容量增大,但若取样太大,不仅增加检验工作量,还会出现资源(样件)破坏或浪费。从4.6.3.2节概率二项分布的推衍得知,在$p(\zeta=0)$和$p(\zeta=1)$的概率值彼此相接近时,对抽做检验的样品取多少个为宜,问题都不大,因为其推断结果不会出现特大或特小概率。而有实用价值的样本容量预测,主要针对在检验过程中必然会出现针对小概率事件的这类质量控制或检验问题。下面用实例进行讲述。

例4-36:质检部门规定,某种商品的出厂合格率不能低于96%,今有一批待出厂产品,问,需要取多少件样品进行检验,才能保证其"结果合格"的检验推断有95%的把握(即置信度达95%)?

解:本题中,在一次试验中合格的概率为$p(\zeta=1)=96\%=0.96$,不合格的概率为$p(\zeta=0)=1-0.96=0.04$;"不合格"是个小概率事件;设选取n件样品检验就能保证这样的小概率事件不至于被抽样不足漏掉(也即让这样的小概率事件至少发生1次)。而预设的95%的置信度则是这类小概率事件至少发生1次的分布概率。再设这个小概率事件为A,于是:

$P\{A\text{至少发生}1\text{次}\} = 1 - P\{A\text{全不发生}\} = 1 - (1-0.04)^n$

即：$95\% = 1 - (1-0.04)^n$，$95\% = 1 - 0.96^n$。

利用常用对数方法解得：$n = 73.5$（个）。即若取 74 个样品送检，其推断结果的把握度（预设的置信度）可达 95%。

同样，对于本题内容，当预设置信度提高为 98% 时，按上述办法计算出的样本容量提高为 $n = 147.8$（个）。当预设置信度提高为 99% 时，按上述办法计算出的样本容量提高为 $n = 295.7$（个）。

基于同样的道理和推衍程序，我们对生产实践中，以小概率事件为 $P(A) = 0.02$（即合格率达 98%）和 $P(A) = 0.01$（即合格率达 99%）这两种类型的产品检验，在不同的预设置信度下，同样按上述办法计算出的送检查样品的取样个数计算结果列举出来，以供参考：

表 4-16　小概率事件预设置信度取样个数参考

小概率取值 $P(A) =$	预设置信度	取样个数推断 $n =$	小概率取值 $P(A) =$	预设置信度	取样个数推断 $n =$
0.02	90%	114	0.01	90%	227
0.02	95%	148	0.01	95%	296
0.02	98%	193	0.01	98%	386
0.02	99%	227	0.01	99%	455

由上表可看出，当检验对象精度要求高，把握（置信）度要求也高时，样本容量就要大，反之则小。为了保证检验推断的可靠性，在实际抽取样本时，一般都是稍大于计算出的 n 的最低限额。

整个第 4 章共 6 节，分别从概率的基础知识起，结合生产、生活实践对应用概率知识作了由浅入深的介绍。尤其第四至六节的知识介绍，重点讲述了概率基础知识在经济和社会管理（包括军事活动）乃至人们日常生活中很广泛、很有价值的若干应用方法。初学者甚至可以"比照"所举例题进入学以致用。

4.7　练习题

1. 判断下述事件间的关系

①向一靶子射击一次，"击中第 3 环"是_____事件，"击中"是_____

事件。(基本，复合)

②随机抽取 3 件产品，"都是正品"是_____事件。(基本，复合)

③在一批样品中，随机抽验 2 件，"至少有一件不合格"的事件是_____事件。(基本，复合)

④随机抽取 3 件产品检验，"至少有一件合格品"的事件与"都是次品"的事件是_____事件。(互斥、独立、对立)

⑤每窝播 2 粒种子，"第一粒发芽"的事件与"第二粒不发芽"的事件是_____事件。(互斥、独立、对立)

2. 判断正误

①某企业一商务情报员预报，该企业产品在某地市场价格上涨、持平、下跌的概率分别为：0.4、0.6、0.3。

②由 $P(A)=0.5$，$P(B)=0.4$，能推算出 $P(A \cdot B)=0.2$，则事件 A 与 B 互斥。

3. 100 件产品中有 2 件次品，任意从这 100 件产品中取出 3 件，问，两件都是合格品的概率是多少？一件是合格品的概率又是多少？

4. 某车间生产 50 个零件中，若已知有 3 个不合格，现从这 50 个零件中任取 5 个来查验，问，取出的 5 个零件中分别有 0，1，2，3，4 个不合格品的概率各是多少？

5. 为了减少比赛场次，某主办部门随机把 20 个参赛队分为每组 10 个参赛队的两个大组先进行单循环赛。问，两个最强队被分在不同大组的概率是多少？

6. 一电路上有 R_1，R_2，R_3 三个电阻器连接方式如图 4-7 所示，已知三个电阻器各自正常损坏的概率分别为 0.3，0.2，0.2；求电路系统因电阻器损坏而发生间断的概率。

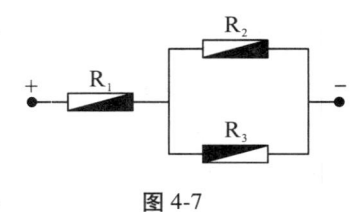

图 4-7

7. 为保卫一重要港口，针对某一敌机来犯方向，安全部门计划设置若干岸防炮，若每门岸防炮向敌机射击一发炮弹，其命中率仅为 0.3，且在实战时，每门岸防炮只有发射一发的时空间隔，问，要组织多少门岸防炮统一集中发射，才能以 99% 的概率命中来犯敌机？

8. 三个工人加工零件的废品率分别为 0.1，0.15，0.2，现在从他们加工出的零件中各取一件检验，求三件都是合格品的概率。

9. 某省体委担任一次篮球邀请赛的东道主，作为主办方，他可以享受派两个队参加比赛的优惠,设该省甲队夺取冠军的概率为 0.5,乙队夺取冠军的概率为 0.3,问该省夺取冠军的可能性有多大?

11. 一灯泡市场 30% 的商品由某厂家提供,而该厂产品的合格率仅为 96%,问,一顾客由市场买到属于该厂生产的合格品灯泡的概率的是多少?

11. 一批皮鞋共 1 000 双,次品率为 0.005,问,先从中任取一双,发现是次品,然后再随机抽验两双,这两双中又至少有一双是次品的概率又是多少?

12. 甲、乙、丙各自向指定目标射击时,击中目标的概率分别为 0.6,0.7,0.4;问,让三人同时向同一目标射击一发子弹,目标被击中两弹的概率是多少?

13. 某知复烤厂有 3 个烟叶生产基地,今年三个基地提供原料比例为 30%,50%,20%;每个基地所产烟叶中三个等级比例分别为:甲产地一级烟叶 0.6,二级烟叶 0.2;三级烟叶 0.2;乙产地一级烟叶 0.4,二级烟叶 0.5,三级烟叶 0.1;丙产地一级烟叶 0.5,二级烟叶 0.3,三级烟叶 0.2。问,该厂今年收进的烟叶中,三个等级烟叶的比例各占多少?

14. 某车间 A、B、C 三个工人加工同一种零件,合格率分别为 95%,96%,98%。当月入库零件分别为 50 件,70 件和 80 件。问:

①这批零件的次品率是多少?

②今随机从中抽出一零件检测,发现是次品,这个次品零件是由 A、B、C 加工生产的概率各是多少?

15. 某医生对三种抗感冒药物习惯处方概率为 0.3,0.5,0.2;而某患感冒病员能被这三种药物治愈的可能性为 0.7,0.6,0.4;问今让该医生为这名患者治疗感冒,开一剂药即能治愈的可能性有多大?

16. 某市近期每年 1~2 月份雨天与晴天的比例是 0.4:0.6。问,春节 5 天长假中,有 3 天或 4 天不下雨的概率分别是多少?

17. 盒装瓷器在运输过程中坏损率最高可达 10%,今有一批盒装瓷器从产地运到销售城市,若从其中随机抽取 10 件进行检验,出现有 2 件发生坏损的概率有多大?

18. 甲、乙、丙三名手提火箭弹射手向敌方装甲车射击一发,击中敌方装甲车的概率分别为 0.4,0.5,0.6;而若只有一人击中,装甲车被击毁的概率为 0.2;两人击中,被击毁的概率为 0.6;三人同时击中,敌方装甲车一定被击毁。问,三人同时向敌方装甲车射击一发,敌方装甲车被击毁的概率是

· 127 ·

多少？

19. 已知某车间加工零件的次品率为 10%，现从该车间加工的一批零件任意抽取 3 件检验，要求：

①列出以被抽检的次品零件个数为随机变量的概率分布表，并计算累计概率。

②计算其数学期望值。

20. 某企业计划投资 50 万元新开办一项目，经专家组评估，若经营状况良好，年收益比例可望达 20%；若经营状况一般，年收益比例只能达 10%；若经营失败，每年还需要贷款 2 万元作补偿维持。专家组对该项目经营状况良好、一般、失败的粗略测定分别为：0.35，0.50，0.15。问，项目建成投产后，年投资回报的期望金额是多少？

21. 掷骰子比赛规定，上面现 1 点记 1 分，现 2 点记 2 分，…；某参赛者掷一次得分期望值是多少？

22. 某地一品种原茶年产量受气候变化影响较大，好年景可收购 150 万 kg，一般年景能收购 110 万 kg，干旱多灾年景只能收购 80 万 kg。据长期气象统计，该地区十年中大约有 3 年好年景，5 年一般年景，2 年多灾年景，问：

①该地原茶年收购量期望值是多少？

②若再按 15% 留有余地，在该地建原茶初加工企业的消化规模应为多少？

23. 某迫击炮手对一目标实施攻击时，第一炮为试，其能摧毁目标的概率为 0.6，第一弹未能摧毁，经过调整，再发射第 2 弹摧毁目标的概率增大为 0.95，若第二炮仍未摧毁目标，再调整，第三炮一定能摧毁目标。今让这个炮手随步兵作战，其需要完成摧毁 20 个目标的任务，问参战前需为其准备多少发炮弹？

24. 一水果店某次购进 1 000kg 鲜果，第一天应市，若遇大热天，价格定为 20 元/kg，可望销售 90%；遇阴天，作价 14 元/kg，可望销售 60%；遇雨天，作价 10 元/kg，只可望销售 30%。对第一天卖剩下的部分，第二天再卖，遇大热天，作价 16 元/kg，也可全部销完，遇阴天，作价 14 元/kg，可销售余下的 70%，遇雨天，作价 10 元/kg，也只能销售掉余量的 40%，且若第二天再卖不完，第三天已无食用价值。假设该地这段时间出现大热天、阴天、雨天的概率分别为 0.5，0.3，0.2；问，该水果店出售这批水果的期望金额是多少？

25. 射击比赛规定，每名参赛射手可连续射击 4 弹，脱靶计 0 分，命中 1

弹记 15 分，中 2 弹记 30 分，中 3 弹记 55 分，4 弹全中靶记 100 分。某参赛射手平时射击 4 弹，中 1 弹命中率为 0.60，中 2 弹和 3 弹命中率各为 0.25 和 0.15，脱靶率为 0.00，问其本次参赛期望可得多少分？

26. 某检验员检测某种样品，一个工作流程为：随机取出一件样品，进行规定的几项指标测试，做出确切判断，放还样品。这个过程平均需要 8 分钟时间。而其做一次检测即能做出确切判断的概率为 75%，第一次检测不能做出确切判断，再按流程做第二次检测，能做出确切判断的概率为 85%，第二次检测仍未能做出确切判断，再按流程做第三次检测，能做出确切判断的概率可提高到 96%，若第三次检测仍未能做出确切判断，再按流程做第四次检测，则一定能做出确切判断。问：

①该检验员平均要进行几个流程才能对检测一件样品做出确切判断？

②该检验员每工作 1 个小时，可以完整地检测好多少件样品？若他（她）每个工作日实际站岗 6 小时，每个工作日可完整地检测多少件样品？

说明：第 4 章练习题 26 所探讨的问题，对于测算服务窗口一名服务人员每小时或每个工作日内能有效接待顾客人数、机关工作人员每月能有效下基层的搞调研的时日数、一台供电设备能有效保障多少台机床正常开机使用等，都属于同一应用范畴。

第 5 章　应用运筹方法初步

5.1　运筹学与应用运筹方法

5.1.1　运筹学基本概念

运筹学是 19 世纪 30 年代以来（最初主要是起步于指导优化军事决策）逐步发展起来的一门新兴跨界应用学科，也是人们实现经济社会管理最系统、最完善、最科学的有力工具之一。"运筹"这门学问，其实也并不神秘。顾名思义，所谓运筹，即是指为解决某个问题、完成某项任务或实现某个目标取向，事先进行的谋划和运作（重点指事前对人力、物力、财力、时耗等要素的科学调配，对工作环节、衔接关系的科学安排，对生产组织方式、行进程式合理布局等），以寻求有限资源得到科学合理利用，从而使目标效益得到最优和最大化结果。中国从古到今产生过众多的能"运筹帷幄，决胜千里"的杰出军事、政治、经济、建设人才和众多的优秀运筹决策事例。即便在人们的日常生活中，也能寻找到非常多的运筹增效实例。中学古文中曾讲过的春秋战国时期"田忌赛马"的故事，就是一个古人田忌经过事前运筹谋略，将与对方参赛对阵的同样三个档次的赛马的出赛对阵顺序做了科学调配，在没有增加其他任何投入的情况下，取得了赛马胜利。这是个较为典型的运筹增效的朴素实例。

严格地说来，运筹学并不是纯数学的一个门类。但运筹学在自身学科研究和与生产实践结合的进程中，又必须在量化表述和量化分析的基础上进行。针对具体的管理目标取向，建立相应的数学模式，并通过必要的数学分析、运算，从而得出尽可能满意的、可量化的结果，转而成为行动或决策的前导依据。即是说，在"运筹"的过程中，运用数学模式和严谨的量化分析来对某项社会经济管理活动的事前方案分析、比对及进程管控，已成为提高事前谋划化及进程管控科学性、严密性、和精确性的有效途径，因而，学界干脆称"运筹学是一种应用数学方法"，把它归并到应用数学范畴。当代运筹学科主要内容包括网络理论、线性规划、统筹论、优选法、存储（运输）论、概率决策等。

5.1.2 关于应用运筹方法

"应用运筹方法"要点在于针对具体决策方案进行量化分析，并在量化分析的基础上提出行动或决策的科学依据。它的着力点有二：一是从全局、从系统整体出发权衡利弊得失，科学地调整或协调社会管理或生产组织方式，从而更加科学、合理地配置现有的资源、设施、人力、时间等要素，达到既节省投入，降低成本，又能增加目标效益的目的；二是在讨论分析过程中建立相应的数学模型或拟模型，进行必要的量化运算，使问题得到充分量化的、又是最优化的解决。随着运筹学理论和社会经济管理空间的不断拓展，现代运筹学的应用早已大大突破优化军事决策范畴，并产生了若干新的门类。本书依据编辑宗旨，仅从经济社会管理中运用较为普遍的网络运筹方法、部分简单线性规划知识及多变量运输和类运输特殊运筹方法做出普及性介绍。

5.2 抢时间、抓效益的网络运筹方法

5.2.1 什么是网络运筹方法

网络运筹方法也叫网络统筹方法。主要指用网络图形的特定语言和方法对社会经济活动中诸如生产组织、资源配置、工程项目建设、军事行动谋划，乃至日常生活、工作事务等方面的活动内容进行优化或完善的一种应用数学方法。它能使庞大、复杂的工作程序、衔接关系等表达得简明、形象，便于决策者或操控者清晰地把握全局，抓住主要矛盾或主要矛盾方向，合理调配人力、物力、时间、环节、程序等要素，妥善协调工作进程，以期目标效益达到质量最佳、数量最大。

常用的运筹网络图有三种，分别称为"时序和箭头线网络图""时间、进度坐标网络图"和"进度及资源投入网络图"。这三种网络图方法在网络图式编制上有各区别，且在应用的适应性上也各有特点，但其内涵本质相同，术语相通，都是用来形象描述运筹思维、处理运筹事项的方法性工具。

5.2.1.1 时序和箭头线网络图

在学习时序和箭头线网络图之前，为了便于掌握和理解"网络运筹"方

面相关的术语,我们先从一件生活小事谈起。

例 5-1:设某人早上从起床到锁门上班,有下列事项需做(包含做好每项事情所需花费的时间,以分钟计算,用括号附后):

①整理床铺(1.5),②上厕所(5),③洗漱(3),④烧开水(10),⑤洗茶杯(1),⑥取、放茶叶(0.5),⑦泡茶(0.5),⑧等茶凉(6),⑨喝茶吃早点(3.5),⑩整理提包(1.5),⑪锁门上班(0.5)。若这个人把 11 项事件依序而行,按部就班做完后再出门上班,得花 33 分钟。实际上,谁也不会采用这样的顺序安排来逐一做完上述事项。

同样,安排一个生产性投资项目,从大的方面看,需要经历:①方案设计;②方案审批;③基建施工;④设备采购;⑤设备安装;⑥技术人力培训;⑦原料采购;⑧试车;⑨检验鉴定;⑩正式投产等推进程序。事实上人们也不会从①至⑩一项接一项按部就班实施。这里面的学问与上面例 5-1 的生活实例有类似之处,所以我们仍从起床上班的实例、从处理生活小事起步,由浅入深地学习网络运筹方法。

箭头线网络图示常用一根箭头线代表一件事项或一道工序,事项或工序名称标注在箭头线上,完成这件事项或工序所需要的时间(或需要投入的资源)标注在箭头线下面;箭头方向表示这件事项结束后向下衔接的走向。这里有一个不可忽视的问题,就是必须把类似"等茶凉"这种没有实际工作内容,且不需要投入人力、物力,但需要"占用"时间(或过程)的环节(如工程建设中必需的方案审批等待、混凝土养护期,机械制造中零件降温、物态固化等待等),也作为一件事项。若把起床至上班这些事项按顺序列出,就得出如图 5-1 所展示的最基本的箭头线图示:

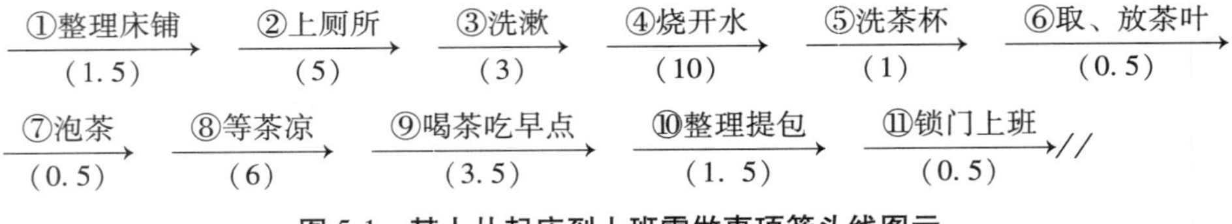

$$\xrightarrow{\text{①整理床铺}\atop(1.5)} \xrightarrow{\text{②上厕所}\atop(5)} \xrightarrow{\text{③洗漱}\atop(3)} \xrightarrow{\text{④烧开水}\atop(10)} \xrightarrow{\text{⑤洗茶杯}\atop(1)} \xrightarrow{\text{⑥取、放茶叶}\atop(0.5)}$$

$$\xrightarrow{\text{⑦泡茶}\atop(0.5)} \xrightarrow{\text{⑧等茶凉}\atop(6)} \xrightarrow{\text{⑨喝茶吃早点}\atop(3.5)} \xrightarrow{\text{⑩整理提包}\atop(1.5)} \xrightarrow{\text{⑪锁门上班}\atop(0.5)} //$$

图 5-1 某人从起床到上班需做事项箭头线图示

严格地讲,箭头线图示还并非网络图。还需在箭头线图示的基础上,再将事项或工序编号、运行顺序、衔接关系一并体现,才算构成最基本的箭头线运筹网络图示,简称箭头线网络图。针对图 5-1,结合生活实际,在保证最终目标实现的前提下,可以把做某些事项的时间衔接关系作一定的协调调整,例如可以把②上厕所、③洗漱,乃至⑤洗茶杯这 3 件事项穿插到④烧开水的事项进程中并列进行，把⑩整理提包提前并穿插到第⑧等茶凉的事项进程中并列进行。通过这样的"穿插"，形成如图 5-2 所示的最简单，也是最基本的箭头线运筹网络图。

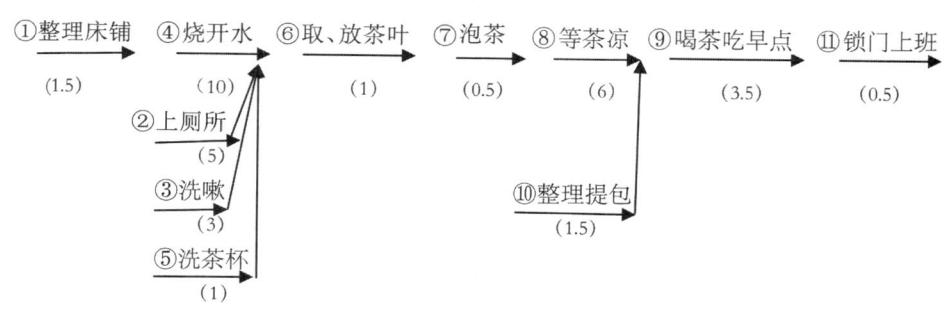

```
①整理床铺   ④烧开水   ⑥取、放茶叶   ⑦泡茶   ⑧等茶凉   ⑨喝茶吃早点   ⑪锁门上班
  (1.5)      (10)        (1)        (0.5)     (6)        (3.5)         (0.5)
           ②上厕所
             (5)
           ③洗嗽
             (3)
                                  ⑩整理提包
                                    (1.5)
           ⑤洗茶杯
             (1)
```

图 5-2　某人从起床到上班需做事项简单运筹网络图示

这样一来，做完上述 11 项事件，总体所花费的时间就只需 22.5 分钟，即是说，仅通过网络运筹（本题为时序环节上的"并行"协调），不增加任何成本代价，就能帮助这个人节省出 10.5 分钟时间。在当前"时间就是金钱""时间就是效益"的市场经济的激烈竞争环境中，这当然是"何乐而不为"的大好事。

为了对这种可"并列进行"的衔接关系表达得更形象、简洁，在实际操作中，我们进一步用"带编号的圆圈加箭头线"代表一件事项或一道工序，在箭头线上方标注事项或工序名称，下方标注所需占用或耗费的时间（有的情况下可能是占用或耗费的物力、财力）；同时还规定，在某一事项或工序开始或结束能"并列进行"事项或工序的衔接关系（无实际内容）用零箭头线表其过渡关系，然后再把要完成的事项或工序名称按行进或衔接关系列表，例 5-1 就成为如图 5-3 所示的箭头线网络图示：

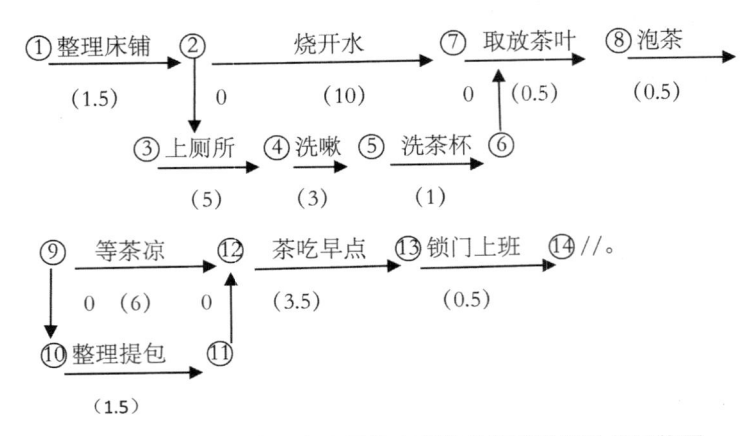

```
①─整理床铺─②─────烧开水─────⑦─取放茶叶─⑧──泡茶──▶
      (1.5)    │0   (10)      ↑(0.5)    (0.5)
              ↓              │
              ③─上厕所─④─洗漱─⑤─洗茶杯─⑥
                 (5)    (3)     (1)

⑨──等茶凉──▶⑫──茶吃早点──⑬──锁门上班──⑭//。
│  0   (6)  ↑0   (3.5)      (0.5)
↓           │
⑩──整理提包──⑪
     (1.5)
```

图 5-3　某人从起床到上班需作事项较为规范的箭头线网络图

图 5-3 即是用箭头线网络图形象描绘的某人早上从起床到锁门上班完成这一系列事项内容，且这个箭头线网络图即较为规范的网络运筹图。

若再把图 5-3 所列出的事项或工序用列表的方式如表 5-1 配合表述出来，则对本项活动的网络运筹表达就更加完善了。

表 5-1　某人从起床到上班需作事项时序表

工序名称	编号	耗时	工序名称	编号	耗时	工序名称	编号	耗时
整理床铺	①→②	1.5	取、放茶叶	⑦→⑧	0.5	锁门上班	⑬→⑭	0.5
上厕所	③→④	5	泡茶	⑧→⑨	0.5	过渡	②→③	0
洗漱	④→⑤	3	等茶凉	⑨→⑫	6	过渡	⑥→⑦	0
洗茶杯	⑤→⑥	1	喝茶早点	⑫→⑬	3.5	过渡	⑨→⑩	0
烧开水	②→⑦	10	整理提包	⑩→⑪	1.5	过渡	⑪→⑫	0

图 5-3 和表 5-1 即是常用的、最为基础的网络运筹图、网络运筹表的编制方法。从图 5-3 还可看出，经过运筹处理的网络图，其主干线工序已经变为①→②→⑦→⑧→⑨→⑫→⑬→⑭，而③→④→⑤→⑥和⑩→⑪工序分别被协调穿插于主干线的②→⑦和⑨→⑫这两道工序之间"并列进行"。

上面对这个生活实例所提问题的分析和协调处理过程，也即是用统筹法分析和协调处理一般的经济社会管理系统具体问题时，所需要采用的箭头线网络运筹方法的常规操作过程。在生产实践中，拟定工作方案、编制作战计划、组织建设项目施工、维修更换设备、甚至在医院对患者做手术时，都可以被看作针对一个个门类不同的工程系统,都可以运用网络图的运筹分析方法,对系统中的相应事项或工序(这些不同门类的研究对象的事项或工序,在运行时,所必须耗费的可能是时间,也可能是资金、材料、人力等)进行统筹兼顾的协调调整,合理地调配利用时间、人力、设备、资金等要素,以期既能节省时间、减少资源耗费,又能保质、保量完成任务,实现最优效益目标。

5.2.1.2 时序和箭头线网络图编制规范

当然,例 5-1 本身是个一目了然的简单问题,我们从图 5-1 逐步协调完善到图 5-3 才把它表述清楚,这样看来似乎反而把简单问题复杂化了。但这是运用网络运筹方法必不可少的工作程序,这是因为在社会经济管理的实践中,实际问题往往是部类多,环节也多,事项或工序的衔接关系又较复杂,我们只有用从图 5-1 逐步协调完善到图 5-3 的这种分析程序和编列事项或工序衔接的方法,才便于把所有事项及其衔接关系全面、完整地有序罗列,并便于从中发现若干可以被协调、调整事项,进而做出相应调整,使之形成较为规范的箭头线网络运筹图示,提供决策或实施使用。

下面继续学习关于运筹网络图的编制规范。

1. 方向、时序、编号

运筹网络图中,代表事项或环节的箭头线反映着经济社会管理工作中事项或环节的运行方向或工艺流程的顺序,因而它应当是有方向的,且必须由始点指向终点。一支箭头线和它两端衔接节点圆圈(包括编号),只代表一件事项或一道工序。编号数目少的,可按自然数 1,2,3……的顺序编列,且箭头起始端的编号数字一定小于箭头线尾(右)端编号数字。若工序繁多,或衔接关系复杂,可以参照图 5-8 那样搞大分段编号。大分段编号相当于在一道大或复杂的事项、工序之下,再继续划分为更多层次的小工序,这样既不会与总体编号冲突,又有做到编号层次分明,便于利用电脑进行程序处理。

2. 前接工序和后续工序

若某一事项或工序 a 完成后需要同时展开工序 b 和工序 c,则称 a 有两个后接工序,而 b 和 c 有一共同的前接工序。一般情况下 a 的后接节点编号要高一个数码级(如图 5-4 所示)。

有时,在一项重大工程事项中,有许多事项或工序互不统属,有不同的启动时刻,仅在某一事项或工序节点上才能衔接起来,于是就会出现一个网络图有多个起始点的状况,但一个网络图的终点只能有一个。如一项医务手术直接实施前，医生、护士及辅助人员都已开始了各自的准备工作，在进入手术室准备"动"手术这个"节点"上，才彼此衔接起来。一项大的建设工程的实施头绪往往是很多的，在调查、分析、划分工序时，这些"头绪"要尽可能考虑完备，避免实施过程中出现漏项或发生"锣齐鼓不齐"。

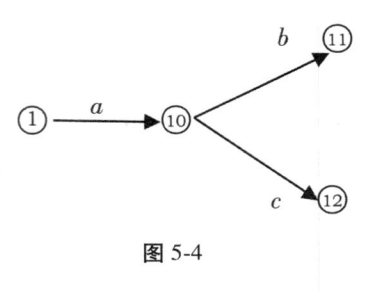

图 5-4

3. 缺口和虚工序

一项工作或工程的诸多事项或工序的每一项（序），都是系统整体不可分割和缺少的组成部分，因此，网络图中除起始事项或工序、终结点事项或工序可以断头外，中间的其余节点都要首尾相连，表示终结点的圆圈编号只能有一个，因而网络图中不可能有缺口。若出现图 5-5 的情况，就可以判定其网络图的画法是错误的。因为如图 5-5 所示，如果说 e 工序和 f 工序完成后，整个工程即告完成，则图形应描绘成图 5-6 的形式。它表明当 f 和 e 完成，整个工程即告完成。

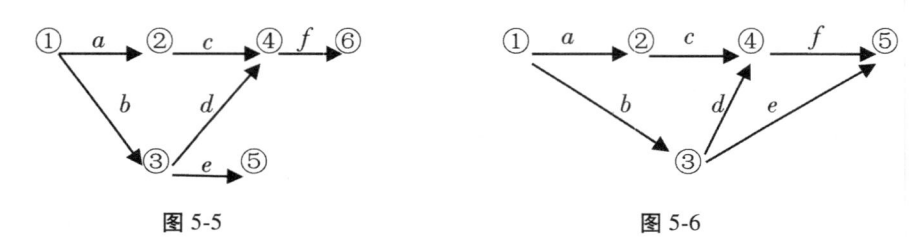

图 5-5   图 5-6

两个事项或工序间若仅表明是"过渡"，而无前接、后续的衔接关系，则可用"0"工序线表示。"0"工序是一种假设工序，"0"工序的过程不需要耗费时间、人力、资金。但它表明了前接、后续工序的衔接关系。如图 5-3 中的②$\xrightarrow{0}$③，⑥$\xrightarrow{0}$⑦，⑨$\xrightarrow{0}$⑩，⑪$\xrightarrow{0}$⑫即是用"0"工序表示出的"过渡"和"衔接"意义。按这种规定，图 5-6 也可以增加一个代表"0"过渡意义的虚拟工序 g，如图 5-7；其中的 g 工序即是一个虚拟工序，它仍然表明当 f 和 e 完成，整个工程即告完成。

图 5-7

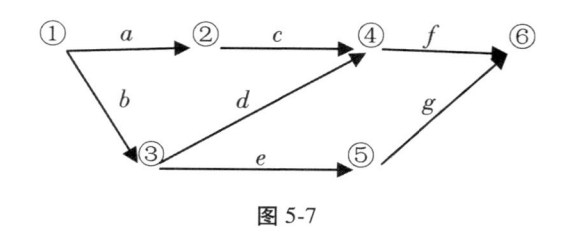

运筹网络图编制规范还规定，按工序的行进方向和工序间的衔接关系，从每一个起始点到终结点任何一条途径，都是一条网络线路（简称线路）。如图 5-6、图 5-7 各有 3 条网络线路，而图 5-3 却有 4 条网络线路。以图 5-7 为例，3 条网络线路分别为：

①──→②──→④──→⑥、①──→③──→④──→⑥ 和 ①──→③──→⑤──→⑥。

5.2.2　从网络图谈管理

5.2.2.1　抓主要矛盾，向主要矛盾线路挤时间——快

在一个网络图中，我们称需要时间最长的线路为整个系统的主要矛盾线路。因为系统整体目标最终实现（建设项目建成投产、通行、医疗手术完成、社会发展试验终结、军事行动或新武器研发结束等）的全部时间耗费都要由这条线路上的时间耗费情况决定。这条主要矛盾线路上各事项或工序完成时间是提前还是延后，起着关键作用。用网络图进行运筹管理，一个重要环节就是向时间要效益，这就要首先着眼抓主要矛盾线路上的事项或工序的时间环节。下面以一实际事例进行介绍。

例 5-2：某山区县立足本地大宗农林资源开发，决定引资兴办一大型产业项目，从计划投资到正式投产，有很多工序环节，从大的方面看，计划自 2008 年 3 月着手方案设计，从方案设计到方案审定确定为第一个环节段，称为立项阶段，接下来有基建施工，设备购置，机器安装，原料基地建设，中下级管理人员及生产线人员技术培训，试车，试产鉴定，正式投产等诸多环节。经事前的调查、分析，把完成这些事项、环节所需的时间（以月为单位）及衔接关系做了测算，对几项可分头同步进行的大的环节（工序）也做了初步协调安排，初步方案确定 2010 年 9 月正式投产。为了统筹运作，形成一张如图 5-8 的初始运筹网络图。

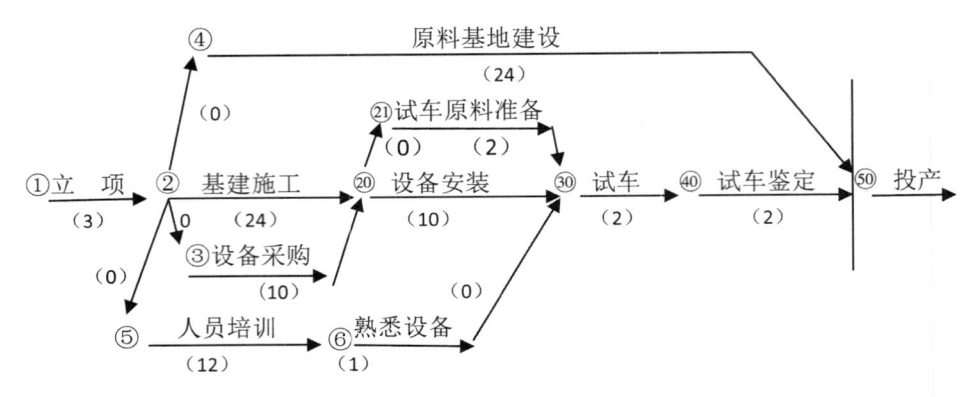

图 5-8 ××县××产业项目建设初始箭头线网络图

从图 5-8 中可看出，①是最原始的始点，而③④⑤均可称为本网络图的其他始点。㊿为本项目建设的终点。全部网络线路共 5 条，即：

①$\xrightarrow{3}$⑩$\xrightarrow{24}$⑳$\xrightarrow{10}$㉚$\xrightarrow{2}$㊵$\xrightarrow{2}$㊿；需要时间为 41 个月；

①$\xrightarrow{3}$⑩$\xrightarrow{0}$③$\xrightarrow{10}$⑳$\xrightarrow{10}$㉚$\xrightarrow{2}$㊵$\xrightarrow{2}$㊿；需要时间为 27 个月；

①$\xrightarrow{3}$⑩$\xrightarrow{0}$④$\xrightarrow{24}$㊿；需要时间 27 个月；

①$\xrightarrow{3}$⑩$\xrightarrow{0}$⑤$\xrightarrow{12}$⑥$\xrightarrow{0}$㉚$\xrightarrow{2}$㊵$\xrightarrow{2}$㊿；需要时间为 19 个月；

①$\xrightarrow{3}$⑩$\xrightarrow{24}$⑳$\xrightarrow{0}$㉑$\xrightarrow{2}$㉚$\xrightarrow{2}$㊵$\xrightarrow{2}$㊿；需要时间为 33 个月。

这 5 条线路中，需要的时间最长的是第一条线路，需要时间为 41 个月，它是本项目从方案设计到建成投产的主要矛盾线路，本项目建设最终目标（投产）实现的时间要由这条线路上的事项或工序完成的情况决定，这条线路上某事项或工序提前或拖后一个月，整个项目建设的目标实现（投产）的时间就要跟着提前或拖后一个月。抢时间，争取日早日投产的关键问题就是在保证质量的前提下，想办法让这条主要矛盾线路上的相关事项或工序完成时间提前。

在运筹网络图中，人们常用粗箭头线表示主要矛盾线路。明确了主要矛盾线路，项目决策层和各工段、工序负责人及第一线具体实施人员对自己所承担职责、任务在整个项目总体进程中所处的地位就能分别心中有数，就能从全局出发把握自身职责的轻重缓急。

5.2.2.2 "平行作业"法和"交叉作业"法

找出了主要矛盾线路，下一步就要在主要矛盾线路上做文章，想办法缩短主要矛盾线路上的时间需求，办法有二，一是在某些工序或区间实行"平行作业"；二是在某些工序进程中实行"交叉作业"。

所谓"平行作业"，是指结合实际与可能，把网络线路上某个工序段上的任务拆分成几个部分同时实施（同步施工）。例 5-2 中的基建工序 ⑩ $\xrightarrow{24}$ ⑳，要耗时 24 个月，经过调研和分析，主厂房建设与其他基建内容，可以分别发包给两个施工单位同步进行，主厂房单独施工，需要时间为 14 个月，其他基建内容施工 10 个月，于是基建工序 ⑩ $\xrightarrow{24}$ ⑳ 即可改画为图 5-9 所示：

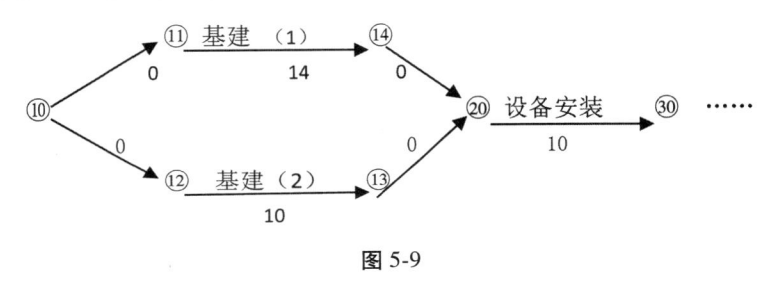

图 5-9

改画后的主要矛盾线路就变为：①→⑩→⑪→⑭→⑳……了。改画后的基建工序 ⑩→⑳ 需要的时间缩短为 14 个月，于是，原主要矛盾线路上需要的时间缩短为 31 个月（即整个项目从立项到投产，从原计划 41 个月缩短至 31 个月）。而原始运筹网络图中第 5 条次主要线路所需要的工期相应缩短至 23 个月。

为了从总体上尽可能地节约时间，缩短工期，主要矛盾线路上其他事项或工序、非主要矛盾线路的某些工序同样也可以采用此种"平行作业"方法。

所谓"交叉作业"法即是指对于某些总体上需时较长的事项或工序，在条件许可时，人为地将其再分化为更小的工序段，且在具体实施时，不必等全部该工序完成才转入下一工序，而是在该工序的某小工序段完成后，进行该工序下一小工序段时，部分转入该工序的下一工序。例如，某基建工地开挖基槽和浇铸砼基础这两道工序原计划分别需要 12 天和 20 天，用箭头网络图表示即如图 5-10。

⑩ $\xrightarrow[12]{挖基坑}$ ⑳ $\xrightarrow[20 天]{浇铸砼}$ ㉚

图 5-10

在不打乱原工序衔接关系的前提下，为了节约工期时间，在实际施工时，工地技术人员把开挖工序和浇铸工序各平均分为四个小工序段，分别以挖

· 139 ·

（1），挖（2），挖（3），挖（4），和浇（1），浇（2），浇（3），浇（4）注明。在完成挖（1）后，同时进行挖（2）和浇（1）；接下来挖（3）、浇（2）；挖（4）、浇（3）；使原开挖工序和浇铸工序变成如此交叉进行，则原图 5-10 也就标识成图 5-11 的形态。

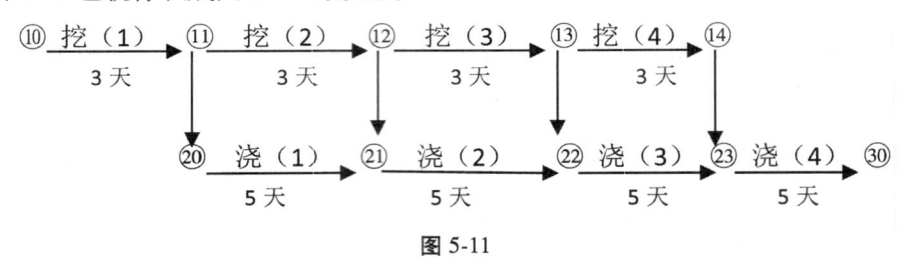

```
⑩ ─挖（1）→ ⑪ ─挖（2）→ ⑫ ─挖（3）→ ⑬ ─挖（4）→ ⑭
      3天            3天           3天           3天
      ↓             ↓            ↓            ↓
      ⑳ ─浇（1）→ ㉑ ─浇（2）→ ㉒ ─浇（3）→ ㉓ ─浇（4）→ ㉚
           5天          5天          5天          5天
```

图 5-11

这样，完成图 5-10 所示的两道工序，所需工期就不是 12+20 = 32（天），而是缩短为：3+5+5+5+5 = 23（天）了。这就是工程上常用，也是箭头网络图术语讲的"交叉作业"方法。

再回到前面的例 5-2，已使用"平行作业"法分为基建（1）、基建（2）的方案，还可以再结合实际用"交叉作业"方法来缩短工期。从例 5-2 的整个投资项目来看，无论是基建工序、设备采购工序或是设备安装，还是试车和试产鉴定等各项大的工序，也都可以用"平行作业"方法或"交叉作业"方法来优化方案和缩短工期。例如，例 5-2 中的设备安装工序经过分析，还可将其拆分为主要设备安装和辅助设备安装两个部分平行作业。设主要设备安装和辅助设备安装分别需要占用工期为 6 个月和 4 个月，若对其利用"平行作业"方法或"交叉作业"方法，就可在主要矛盾线路上再节约出至少 4 个月时间。

在很多时候，结合管理工作实际，平行作业法和交叉作业法还可以灵活交替使用，完全能使运筹方案更加优化。

5.2.2.3　在时序及工时安排上满足质量要求——好

有人说，网络运筹方法能有效协调工序衔接关系，优化时间效益，但不能保证质量。例如某道工序按优化运行方案，需要耗时 1 小时，但不能保证质量过关，还要另外花费时间返工或检修。其实，这种说法是站不住脚的，问题在于确定这道工序的耗时基数必须以保证质量为前提。若这道工序包括质量检测、返工重作等耗费的时间在内，需要 8 小时乃至 100 小时，在网络图中，该工序的耗时应确定为 8 小时或 100 小时。在本章例 5-2 中，试车工序安排了 1 个月，也许实际试车一次只需 2~3 天，但一次试车未必成功，或者还需要试车 3~5 次都成功才能提请鉴定，于是，这道工序安排 1 个月就是保证质量所必需的时间。只有保证每件事项、每道工序为实现质量目标所必须耗费的时间或能源、资金、材料、人力等的投入需求，网络运筹图才能保证最终目标高效、优质实现。

5.2.3　时间、进度坐标网络图

在上述规范绘制箭头线网络图的基础上，在实际用其指导管理运作时，为了进一步掌控整体进展情况和不同层次的相关事项、工序的即时进展情况，以便随时按主要线路推进情况或某些关键节点的相关事项、工序衔接关系进行检查或调整，人们还需要把事项、工序的进展、衔接与时间推移关系相互结合，时间进度坐标网络图就是在这种思路下逐步形成的。我们仍结合例 5-2 继续学习关于时间、进度坐标网络图的有关知识。

5.2.3.1　时间进度坐标网络图的特点与要求

时间进度坐标网络图既要体现箭头线网络图的规范，还要体现事项、工序的进展、衔接与时间推移形态。它要求把某一事项、工序起步施行点与时间坐标点对应标出，把表示衔接关系的过渡性虚工序同样用箭头线标示，例 5-2 的原始箭头线网络图改用时间进度坐标网络图表述，即有如图 5-12 所示的形态：

年度	2008年	2009年	2010年	2011年
月份	3 4 5 6 7 8 9 10 11 12	1 2 3 4 5 6 7 8 9 10 11 12	1 2 3 4 5 6 7 8 9 10 11 12	1 2 3 4 5 6 7
序号	1 2 3 4 5 6 7 8 9 10	11 12 13 14 15 16 17 18 19 20 21 22	23 24 25 26 27 28 29 30 31 32 33 34	35 36 37 38 39 40 41
网络图示	立项(3) → ⑩ 基建施工(24) → ㉒ 设备安装(10) → ㉚ 试车(2) → ㊵ 鉴定(2) → ㊿ 投产　原料基地建设(24)　试车材料准备　②(2)　设备采购(10)　人员培训　⑥　熟悉设备(1)
备注	①虚剪头线代表可灵活调控延后运作时间；②至2011年8月投产，总工期41个月。

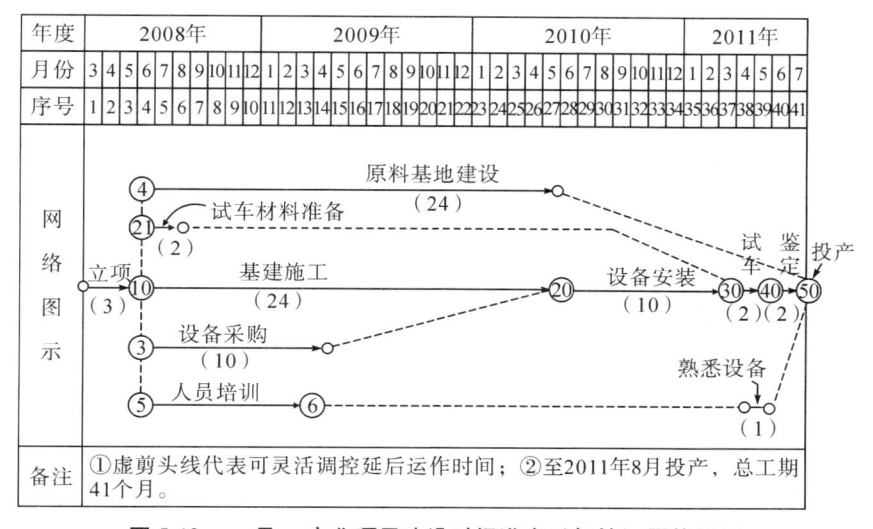

图 5-12　××县××产业项目建设时间进度（初始）网络图示

5.2.3.2　时间进度坐标网络图的应用

时间进度坐标网络图将事项、工序的时间进程的衔接关系和在主要矛盾

141

线路上用"平行作业"方法或"交叉作业"方法优化方案表述得更加形象、清晰。既便于决策层全局掌控，也便于执行层面了解本事项、工序在全局所处的地位，对全局或主要矛盾线路上其他事项、工序的促进或牵制关系。

结合图 5-12，对例 5-2 中的基建工序拆分主厂房施工的基建（1）和其他建筑物施工的基建（2）两个部分平行作业，对设备安装工序拆分为主设备安装和辅设备安装两部分，同样用平行作业方法进行优化，对"人员培训、熟悉设备"和"试车材料准备"工序，采取适时后延，至于基建或设备安装，原料基地建设等大的事项（工序）内，其所属的局部事项是否还要用到交叉作业等方法，可由具体执行层根据实际情况决定。经过这样的技术处理后，再回到时间进度坐标网络图中来表述，即有如图 5-13 所示的时间进度网络图：

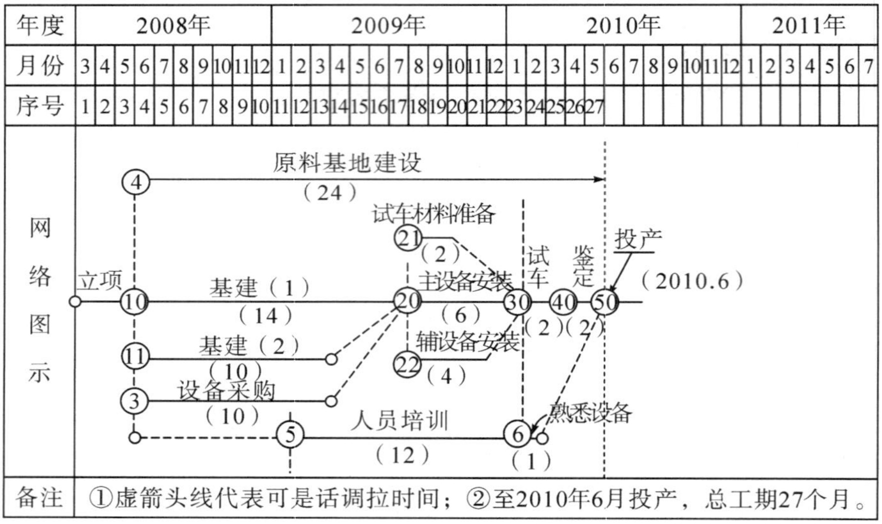

图 5-13　××县××产业项目建设时间进度（修订）网络图示

从图 5-13 可明显地看出，运用"平行作业"方法或"交叉作业"对原始方案进行运筹优化后，对于缩短整个项目的进程作用非常突出，投产日期可从 2011 年 7 月提前至 2010 年 5 月，整个项目的投产日期，总工期缩短了 14 个月，效益十分显著。

5.2.3.3　注意矛盾转化

搞统筹规划是为了兼顾全局，合理调配和使用资源。同时，还要在不断完善原有方案的过程中，紧盯最终目标，主动打破原有的平衡，在不断揭露矛盾和调整方案中推进发展，求得新的平衡，扩大效果。现在仍以例 5-2 为对象来讲述。倘若在原主要矛盾线路上，对原来⑩——→⑳的基建工序，⑳——

㉚的设备安装工序采用"平行作业"方法或"交叉作业"方法,来缩短了工期,又在试车和试车鉴定阶段引进了新技术、新工艺后,使原主要矛盾线路上的总工期缩减至 22 个月,低于原规划的原料基地建设工期 24 个月。但倘若原规划的人员培训线路工序因外界因素发生重大变化,需要增加了 10 个月以上的变数,这时,原来的主要矛盾线路相对又成了非主要矛盾线路,原来的非主要矛盾线路上升成为投产日期的主要矛盾线路。这就说明,一个网络中主要矛盾线路是相对的,平衡是暂时的。因而在运用网络图统筹全局时,一定要盯紧终结目标,并随时注意矛盾转化,实施动态测控。

5.2.4 时间进度及资源投入网络图

用统筹方法编制网络图时在经济社会管理的实际工作中,很多时候,人们不仅要考虑争取时间效益,更多的情况下,还要考虑有限资源如人力、资金、场地、材料、设备、动力等的供应能力或合理调配问题,为了解决这方面的问题,就要用到所谓的"时间进度及资源投入网络图"。这种网络图在运用时又出现两个模式,一个叫图块式,称为"图块式时间进度及资源投入网络图",另一个叫横道式,称为"横道式时间进度及资源投入网络图"。

首先学习什么是"图块式时间进度及资源投入网络图"和怎样编制"图块式时间进度及资源投入网络图"。

我们还是从解决一个实例问题着手。

例 5-3:某城市燃气公司要实施一项燃气扩容改造建设工程,政府要求对老用户片区的设备检修和新增扩容片区的设备安装调试同步进行,并要求尽最大努力缩短停供时间(即缩短燃气扩容改造建设的实施时限)。同时,公司在这一期间能为此投入的技术管理人员数仅有 8 人,数量十分有限。围绕这一思路,有关人员经过分析、测算,编制出一份如图 5-14 所示的初始箭头线网络图示。

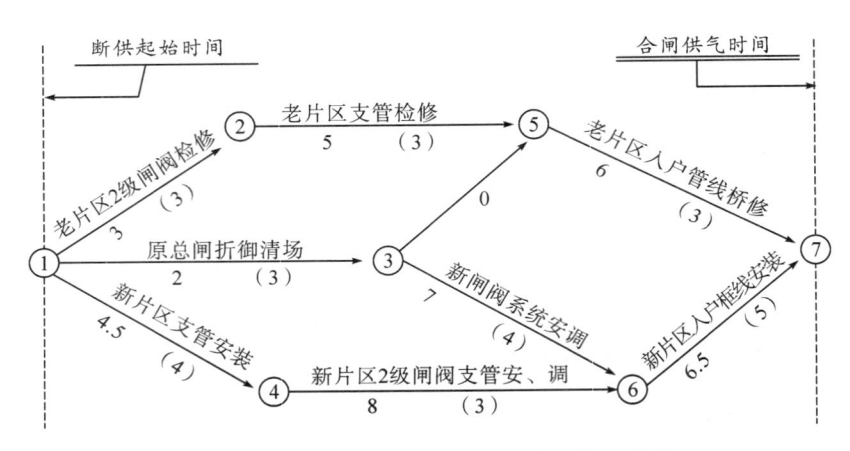

图 5-14 某某市燃气扩容改造（初始）箭头线图示

（工序线下括号外数字为实施该工序需要耗费的时间，括号内数字表示该工序所需要安排使用的技术管理人员数量）

这份初始箭头线网络图示表明，全部实施时间被限定在断供起始时间至合闸供气时间之内。在每道工序的下方，分别标示所需要耗费的进程时限和所需投入的技术管理人员人数（括号内数字）。由于这项工程在实施时限和技术管理人员投入上都有特别要求，我们只可以从统筹兼顾出发，从网络图运筹中寻求总体时限最短、有限的技术管理人员又得到合理安排的效果。

为了叙述上的方便，我们把图 5-14 中的文字部分省略，直接用带编号的箭头线代替工序内容，同时，把每个工序所需要的时间放在箭头线上方，把每个工序需要投入的"技术管理人员"数量（其他实例中或许是需要投入的资金、物料或需要提供的动力等）放在箭头线上方的括号内，如此，则得到如图 5-15 的简化箭头线网络图：

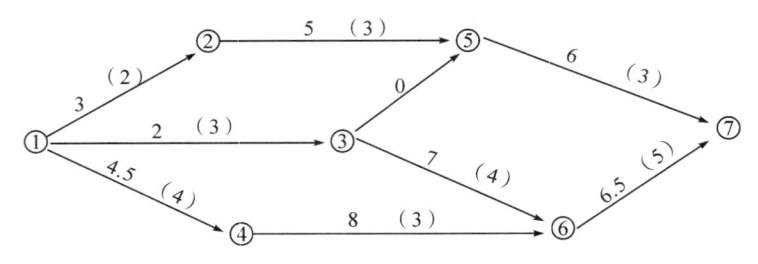

图 5-15 某某市燃气扩容改造实施（简化）图示

从图 5-15 可看出，主要矛盾线路为 ① $\xrightarrow{4.5}$ ④ $\xrightarrow{8}$ ⑥ $\xrightarrow{6.5}$ ⑦；即整个系统总工时为 19 小时。同时，各时间段所需投入的技术管理人员人数也明确了。

由于"公司在这一期间能为此投入的技术管理人员人数十分有限",而在主要矛盾线路上再用"平行作业"方法或"交叉作业"(实质为多安排作业工序)方法挤时间势必增加投入的技术管理人员人数。要想进一步优化方案,就需要抓住"有限的技术管理人员"如何巧妙安排使用这个关键。要解决这方面的难题(有限资源合理利用),就只有在次要矛盾线路上想办法节约挖潜。网络图中"时差"这个概念就是我们寻找和计算这个潜力的出发点。

5.2.4.1 时差问题

所谓时差,就是在不影响总工期的前提下,某工序最迟必须开工时间与最早可能开工时间之"差"。其实质即是在该工序上可以灵活支配的时间限度。我们知道,在非主要矛盾线路上的工序,无论怎样缩短工时,也不能使总工期提前。且在其时差范围内,无论怎样提前或延后完工时间,也不至于影响总的完工期限;但在"时差"给出的这个可以"灵活支配"的时间限度内,为我们在合理调配人力、物力投入方面找到了可乘之机。下面,结合例5-3讲述一下"时差"概念及其应用。

先考查图5-15中各工序最早可能开工时间和最迟必须开工时间。很明显,工序①——②,①——③,①——④从一开始就可进行,即这三个工序(事项)最早可从"0"小时起开工。我们把这三个工序(事项)最早可以开工的时间标记在工序箭头线下方的方框内,如:

①——②,①——③,①——④;
 $\boxed{0}$ $\boxed{0}$ $\boxed{0}$

而工序②——⑤必须在工序①——②之后开工,由于工序①——②需耗时3个小时,因而②——⑤最早只能在第3小时开工,故标记为:

②——⑤;同理有⑤——⑦,③——⑥,④——⑥。
 $\boxed{3}$ $\boxed{8}$ $\boxed{2}$ $\boxed{4.5}$

对于工序⑥——⑦,它有两条前接工序③——⑥和④——⑥,两条前接工序线路从起始点①到节点⑥所需要的时间分别为9小时和12.5小时,则工序⑥——⑦最早只能在第12.5小时开工。记为:⑥——⑦。
 $\boxed{12.5}$

接下来,再看每道工序最迟必须开工的时间。计算最迟必须开工时间,需要从最终节点倒推,以工序⑤——⑦为例,因为总工时为19小时,⑦这个节点意味着第19小时。工序⑤——⑦所需工时为6小时,因此它最迟必须在(19-6=13)即第13小时开工,否则就要延误整个进程。按同样思路,我们把13也标记在工序⑤——⑦下方的三角形框内,如:⑤——⑦。
 $\boxed{8}$ $\triangle{13}$

· 145 ·

它表明，工序⑤──→⑦，最早可以在第 8 小时开工，也可以在第 8 到第 13 小时之间的任何一个时刻动工，它有 5 小时的"灵活度"。这个"灵活度"，即是该工序上的"时差"。同理，对于其他有实际内容的工序也可以很方便地计算出最早可以开工时间和最迟必须开工时间。

工序③──→⑤是反映衔接关系的虚工序，虚工序按其定义，计算其最早开工和最迟开工时间无意义。

最后，当我们分别用方框和三角框把计算出来的最早可以开工和最迟必须开工的数据全部标记在网络图上，就得出如图 5-16 的带有"时差"标志的网络图示：

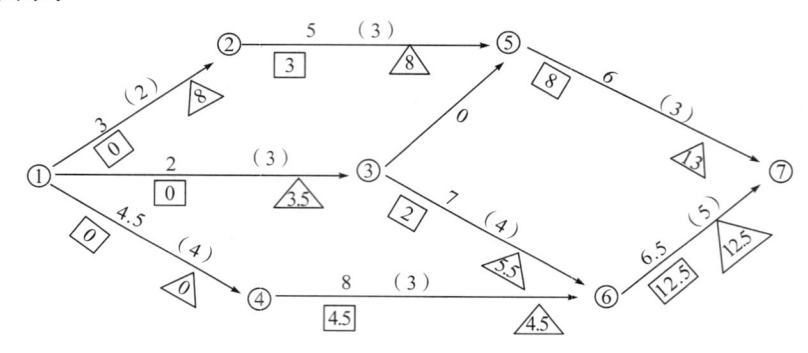

图 5-16　某某市燃气扩容改造实施（时差）图示

按"时差"定义，再将图 5-16 中各工序计算出的时差列表如下。

表 5-2　某某市燃气扩容改造工序时差计算

工序	①→②	①→③	①→④	④→⑥	⑥→⑦	②→⑤	⑤→⑦	③→⑥	③→⑤
时差	3	3.5	0	0	0	5	5	3.5	

由表 5-2 可看出，主要矛盾线路：①──→④──→⑥──→⑦上的时差为 0。

5.2.4.2　有限资源的合理利用——省

如果在编制运筹网络图时，既要考虑时间效益，又要考虑人力、场地、资金、材料等投入能力，设备或动力配置限制等因素，即需对有限资源进行科学合理调配，而解决上述"有限资源的合理利用"这个难题，就可以借助于网络"时差"这个观念来实现"巧安排"。下面，我们仍利用例 5-3 某市燃气扩容建设中"有限技术管理人员投入"这个实践问题，结合"时差"运用技巧，进而讲述"时间进度及资源投入网络图"的网络运筹知识。在实践中，这种网络运筹方法又被再分为"图块式时间进度及资源投入网络图"方法和

"横道式时间进度及资源投入网络图"方法两个小类。

5.2.4.3 图块式时间进度及资源投入网络图

在前述时间进度网络图的基础上,用方块图像从纵、横两个方向上把每个工序所需耗费的时间及所需要投入的人力(或资金、物资、动力等)同时表达出来,并加上原箭头线网络图标示的工序行进顺序、时差和衔接关系,就构成了图块式时间进度及资源投入网络图。按照这种思路,对例5-3所列举的某城市燃气扩容建设工程的初始箭头线网络方案,按工序行进顺序、时差和衔接关系,用方块图像的大小代表人员(其他地方或为其他资源)投入量,就可以将用箭头线网络图5-16表达的内容,转而绘制成图5-17的形象。

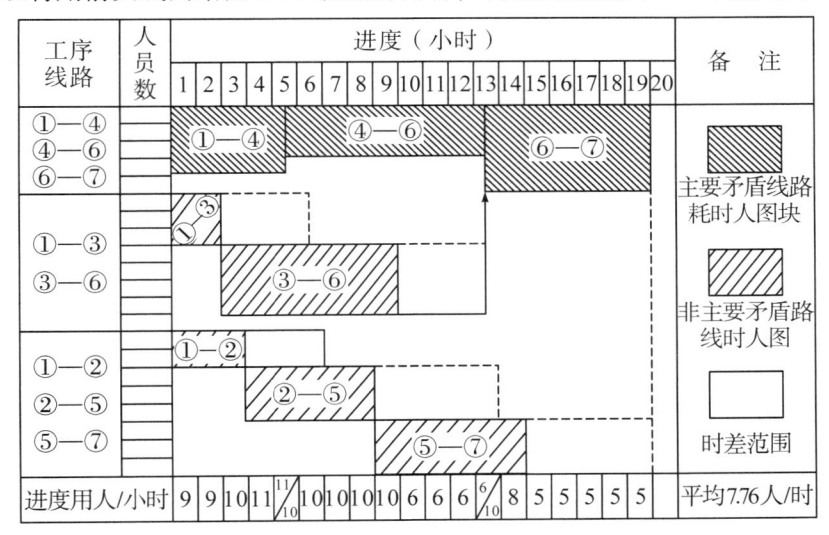

图5-17 某某市燃气扩容项目(初始)进度及资源投入网络图

图5-17中,各工序是按最早可能开工的时间排出,最迟必须开工时间用竖虚线示意,主要矛盾线路工序安排在最突出的上方,图的最下方计算出每一工序所需安排技术管理人员的投入量。从图5-17可以看出,主要矛盾线路和非主要矛盾线路工时衔接、工期进程、时限明确,各工序的耗时、用人数量、"时差"范围、衔接关系也非常明确。但在具体到每小时"技术管理人员"的投入"量"上,出现了"高""低"起伏太大的现象,前紧后松。最多时每小时需要11人,最少时每小时仅需5人。而燃气公司仅有8名技术管理人员可供调用。

用加权平均数法进一步分析知,其每小时的平均用人量:

$$\underline{X} = \frac{1}{19}(11 \times 1.5 + 10 \times 5.5 + 9 \times 2 + 8 \times 1.5 + 6 \times 3.5 + 5 \times 5)$$

$$= \frac{1}{19}(147.5)$$

$$= 7.76(人/小时)$$

表明平均每小时需要投入的"技术管理人员"数量小于并接近公司能提供安排的 8 人。说明，或许通过统筹协调，把每小时投入的"技术管理人员"数调整到高峰期每小时不超过 8 人是可行的。优化调整的原则和出发点是针对非主要矛盾线路上的工序，在"时差"范围内着手人力资源调配（主要矛盾线路工序时差为 0，没有调整余地）。

例如，我们可以把工序③——⑥中某 1 人在其前 4 个小时（第 3 到第 6 小时）的任务，调整它的"时差"范围之内的第 10 到 12 小时期间安排 2 人实施；把工序①——②中 2 个人、3 小时的任务在其"时差"范围内调整为安排 1 人在 6 小时内完成，类似的工序②——⑤和工序⑤——⑦也做相应调整，最后得出如图 5-18 的调整后的时间进度及资源投入网络图。

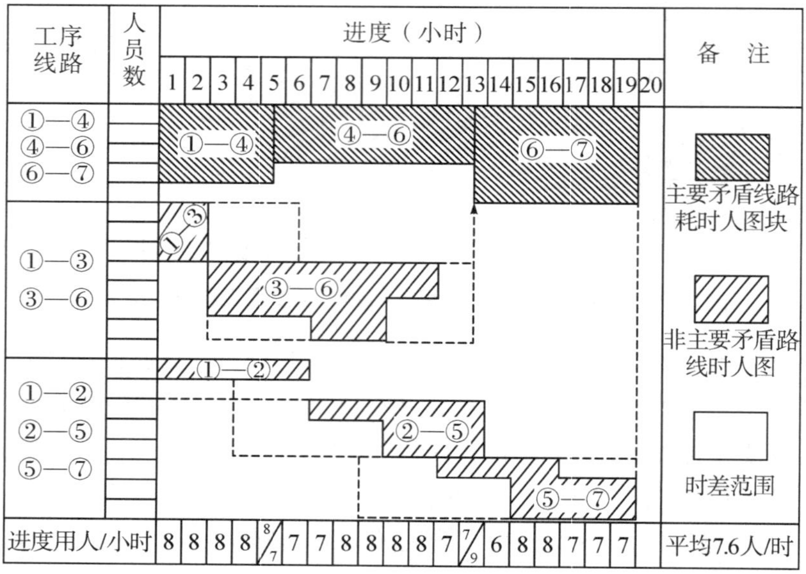

图 5-18　某某市燃气扩容项目（调整）时间进度及资源投入网络图

调整后的进度及资源投入网络图，主要矛盾线路各工序内容未变。非主要矛盾线路进行过调整的工序，发生的时间安排变化均在原方案的"时差"范围之内。然而，经过这样"调整"后，避开了"技术管理人员"用人高峰，又保证总期不受影响。

调整后的网络图中，"技术管理人员"配置除第12.5至第13小时的半个小时区间为9人外，主要用人区间有11.5个小时为8人，6小时为7人，1个小时为6人。使得这有限的"技术管理人员"配置均衡，利用合理。当然，要达到较为满意的效果，既要通过多次实践，较为熟练掌握运用技能，也要通过多次观察测算，才能调整修订出较为满意的效果。

5.2.4.4 横道式时间进度及资源投入网络图

图块式时间进度资源投入网络图，主要适应于投入资源与工序任务可以在工序实施进程中进行"切割"匹配的情形，例5-3中，某两个技术管理人员在一时限完成的工作量，可以等效"切割"匹配成一个技术管理人员在两个时限完成的工作总量。若遇某个单项进度时限内资源投入不可"切割"匹配的情形，如开工或待工期间投入场租费、行进和空转过程必需的电力供给等，这时，我们就可以利用被称为"横道式时间进度资源投入网络图"的表述和调整优化运筹方案的方法。

仍然从对应用实例的讲述出发。

例5-4：一企业要对新建硫酸塔进行焊接，经过初步测算分析，工程技术部门得出如图5-19所标示的施工安排初始箭头线网络运筹图。

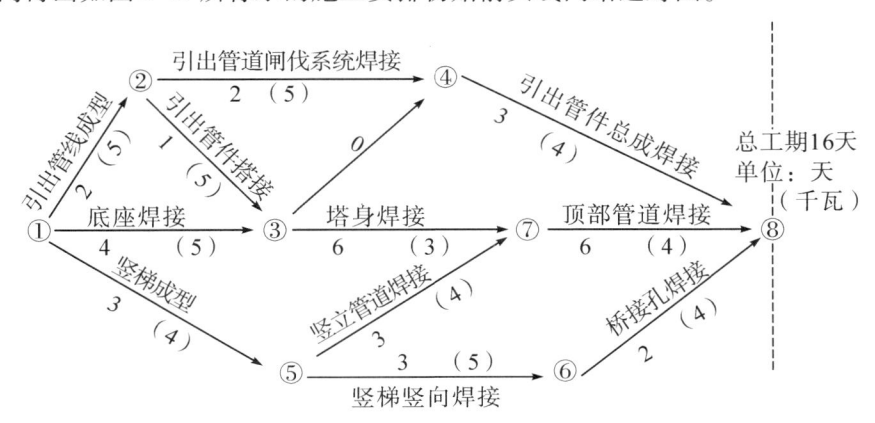

图5-19 硫酸塔焊接箭头线（初始）网络图

[括号内数字是该工序在实施期间每天所需提供的电量（千瓦/小时）]

这个初始网络图中，其编号箭头线上方是工序内容，下方括号外数字是该工序所需时限（工日）数，括号内数字是该工序在实施期间每天所需提供的电量（千瓦/小时），由于受到建设工地电力资源供应的限制，每天对该项目提供的电能力最多只有 12kW/h，问能否利用优化运筹提供既能保证总工期不变，又能保证不超过电力投入限制的实施方案？

解： 由初始箭头线网络图可看出，这项焊接工程的主要矛盾线路为：

①──→③──→⑦──→⑧ 三大工序段，总工期为 16 天。

同样，为方便讲述和简化方案表达，按工序衔接关系把图 5-19 抽象简化成如图 5-20 那样的纯箭头线网络图：

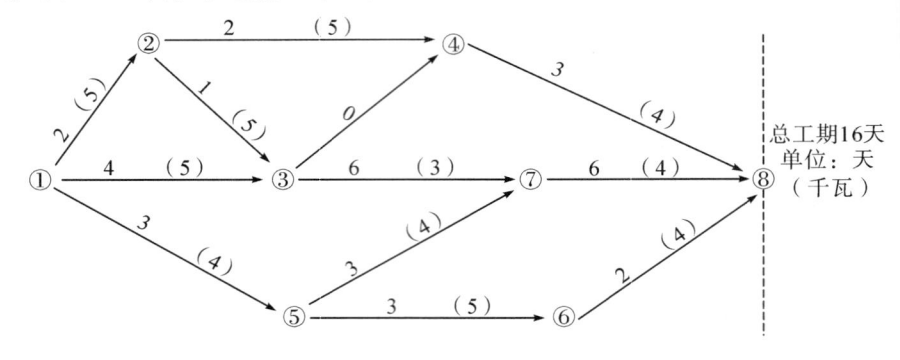

图 5-20 硫酸塔焊接箭头线（简化）网络图

在图 5-20 的基础上，进一步计算和标注出各工序最早可以开工时间和最迟必须开工时间，就可以得到如图 5-21 所示的、标明时差关系的箭头线（时差）网络图：

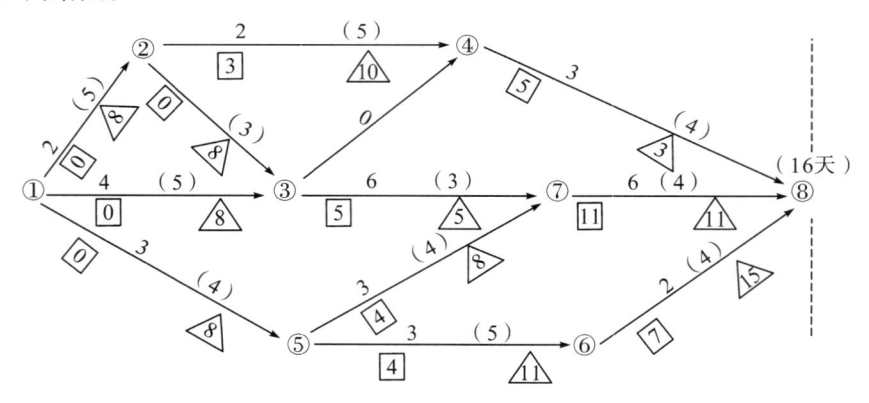

图 5-21 硫酸塔焊接箭头线（时差计算）网络图

从图 5-19 变化到图 5-21，仅表述的方式发生了变化，其工序进程、工序内容、衔接关系及主要矛盾线路等，都未发生变化。

下面，结合例 5-4、学习"横道式时间进度资源投入网络图"应用。

步骤和方法如下：①在工程进度栏目之内，把工序名称、编号、时限、时差等逐一列出；②在工程进度栏目下，用粗实线先标示出初始方案中主要矛盾线路每道工序对应的时限区间，同时用数字标示出各工序在实施时每天需要提供（投入）的电力量；③用双单线标示出初始方案中其他线路上各工序对应的时限区间和实施时每天需要提供（投入）的电力；④再用单虚线标示出该工序的"时差"范围；⑤在工程进度栏目内，计算出每天用电量合计数。

从而得到如图 5-22 所示的"横道式时间进度资源投入网络图"：

工序名称（略）	工序编号	工序时限	工序时差	1	2	3	4	5	6	7	8	9	10	11	12	13	14	15	16	备注
	①—③	4	0	5	5	5	5													
	③—⑦	6	0					3	3	3	3	3	3							
	⑦—⑧	6	0											4	4	4	4	4	4	
	①—②	2	8	5	5															
	②—③	1	2			3														
	②—④	2	7			5	5													
	④—⑧	3	8					4	4	4										
	①—⑤	3	8	4	4	4														
	⑤—⑦	3	4					4	4	4										
	⑤—⑥	3	7					5	5	5										
	⑥—⑧	2	7							4	4									
每天用电合计(瓩)				14	14	17	19	16	16	11	11	3	3	4	4	4	4	4	4	

图 5-22 硫酸塔焊接横道式时间进度及用电投入（初始）网络图

图 5-22 所表示的硫酸塔焊接横道式时间进度及投入初始运筹方案反映出工期用电负荷前高后低，且有 6 天超出能提供的用电限额，最高达 19kW/h，方案有待改进。

再计算日均供电数额：

$$X = \frac{1}{16}(19 \times 1 + 17 \times 1 + 16 \times 2 + 14 \times 2 + 11 \times 2 + 4 \times 6 + 3 \times 2)$$

$$= 9.25 \text{（kW/d）}。$$

初始方案的日均供电数额小于规定的日供电 12kW/h 限额，说明可以利用"时差"的灵活度,挖掘潜力,进一步调整优化。

优化调整方案的原则同样是针对非主要矛盾线路上能够推迟实施的工序,在"时差"的范围内调整每天的用电限额(主要矛盾线路工序时差为0,没有调整余地)。例如,可以把工序①——②调整到第5和第6天施行,把工序④——⑧调整到第14至第16天施行……经过若干次这样的调整、对比、再调整,就得到一个日需供电量比较均匀的如图5-23所示的修订方案。

图5-23所示的修订方案所配置出的日均用电负荷比较均匀,最高负荷12kW/h,最低为7kW/h,在确保施工进度要求的前提下,确实做到了有限电力投入的合理调配。

工序名称（略）	工序编号	工序时限	工序时差	1	2	3	4	5	6	7	8	9	10	11	12	13	14	15	16	备注
	①—③	4	0	5	5	5	5													
	③—⑦	6	0					3	3	3	3	3	3							
	⑦—⑧	6	0											4	4	4	4	4	4	
	①—②	2	8					5	5											
	②—③	1	2				3													
	②—④	2	7										5	5						
	④—⑧	3	8														4	4	4	
	①—⑤	3	8	4	4	4														
	⑤—⑦	3	4					4			4	4								
	⑤—⑥	3	7									5			5	5				
	⑥—⑧	2	7														4	4		
每天用电合计（瓩）				9	9	9	12	8	8	7	7	8	8	9	9	9	8	12	12	

图 5-23 硫酸塔焊接横道式时间进度及电力投入（修订）网络图

这是运用用横道式时间进度及资源投入网络图方法对原方案进行优化的理想结果。

当然,这样的调整不可能做到一次成功,但经过多次探讨摸索,总可以使初始方案逐步趋于科学合理。

以上,我们从简单的箭头线网络图到为寻求网络运筹尽可能实现多、快、好、省，增加了"时差"概念，进而学习了"图块式时间进度及资源投入网络图"和"横道式时间进度资源投入网络图"两个应用方法。至于在解决某一实际问题时究竟要用何种网络图示方法，主要由需要用网络运筹解决的问题内容特征和所涉及的管理方式需要决定。读者应在不断的应用实践中逐步熟能生巧，灵活把握。

从统筹思维出发，运用网络运筹方法制定规划、组织生产或谋划军事行动，不仅能实现有限资源的最大或最优使用效益，也能帮助决策者和执行者增强全局意识，和有条不紊地寻求最佳实施方案，做到事半功倍。

5.2.5 运筹系统的层次和网络图的简繁

网络图运筹方法需要人们运用系统论观点看待和处理经济社会管理中的某些具体问题。自然界和人类社会都可以看成是由一个个不同大小、不同层级的系统构成。一个区域的经济社会发展是一个系统，一项工程、一项军事行动也是一个系统，系统之外有更大系统，系统之内还可以划分出若干不同层次的小系统。如一项工程可以分为若干大的工序，每一个大的工序又可以分为更细的工序。例5-2中，工序②——⑩在整个项目中是基建工序，而在具体进行基建工作时，它又可以看作是一个相对独立的层次性系统，它还可以分为建筑设计、施工准备（含"三通一平"）、地基、墙体、楼地面、水电安装等小工序。如果把这些大大小小的可分划内容（工序）全反映在一张网络图上，必然繁乱不堪。因而在实际运用网络统筹方法时，要根据不同层级的使用对象，编制出层级不同、简繁不同、范围不同的网络运筹图。通常人们把运筹网络图分为三个层级。

5.2.5.1 较高层次决策运筹——战略图

战略性网络运筹图简称战略图。它反映的层次较高，范围较大，工序（事项）的时限单位也较大，而工序（事项）却划分得较粗。这种图主要提供给较高层级的军事指挥员或较高层领导机构作重大决策使用，使指挥员或较高层级领导能较为方便地提纲挈领、把握全局，以便在进程中适时掌控住战略意图的关键。战争中，统帅级层面需要做的即是战略性的决策，为他们做决策而提供的运筹网络图示，即可称为战略性运筹网络图，简称战略图。对于管控一定地域经济发展的政府机关来说，采用网络运筹法编制某一时限进程的发展规划，平衡所辖区域或主要职能部门在进程中的相应指标量衔接关系，也属于战略性网络运筹图。当年专家们集体修订提供的反映葛洲坝长江三峡电站建设流程规划,就属战略性运筹网络图。对于管理某一行政地域范围的经济社会发展的政府机关来说,在很多时候也需要从战略的高度决策重要事项。例 5-2 中关于某地决定上项一大宗农林资源开发项目的网络图,在一定程度上,也可看成是战略性运筹网络图。

5.2.5.2 中级管理运作——战役图

在战略图的基础上,为进一步反映或实施某一重大工序(事项),需要以这一重大工序(事项)为整体,再编制出更为细致一些的运筹图,例如,在例 5-2 中,②——→⑩在战略图中只是一道环节或工序,但对于具体负责该项目基建工作和建筑工程施工的负责人来说,为了顺利完成这一环节的建设任务,就得把战略图中的工序②——→⑩看成是一个独立的整体系统,并将其再分划为:主厂房建设,办公、生活用房建设,场坝、道路、排水排污管网建设等各项实施层次工序。所有这些实施层次工序,都被战略图中的②——→⑩所统率。同样,例 5-2 战略图中的设备购置、人员培训、原料基地建设等工序,在组织实施时,也都要把它当作一个个相对独立的子系统,再由各相应的子系统管理层级进一步细分成具体化的、实施性运筹网络图示,才能使操办这些工序(事项)的负责人和实施单位清晰自己负责工序(事项)在全局中的总体要求和本工序(事项)所管辖的全部下层工序的具体内容及其衔接关系,有所适从,并能据此发挥各自的主观能动性。这就像在总体战略意图下,还得制定阶段性、方面性战役计划或方案一样。因而,这种反映"子系统"的实施性运筹网络图就被称为战役运筹网络图,简称战役图。

战役图需细分到什么程度,要视具体情况而定。例 5-3 即可看作是实施燃气扩容改造的战役运作,为其服务的网络图即可称为战役运筹网络图。

5.2.5.3 实施(操作)层级——战术(斗)图

在战役运筹网络图的基础上,针对实施层级完成某项具体工作任务,有时还需要编制更为详尽的操作性运筹详图。这种操作性运筹网络图的工序(事项)可细划到一个人、一件物、一个基本时限、一个基本动作(如医生手术运筹图示)。这种划分到最基础、最细致网络图,便于最基层主管、班组长、工人、主治大夫、医护人员等在进程中明确各自职责、把握好与其他工序、事项、时限或程序的衔接关系,做到既循序履责,又主动协调配合。

对于工程中技术难度大、质量要求高的重点工序,编制好详尽、细致的战术性运筹图,对于保证质量、提高效率很有帮助。

从另一角度讲,对联合或配套类的某项具体操作任务而言,在可引入电脑程控或智能机器人操作的今天，编制详尽、细致的战术性运筹图，也相当于编制出完善的智能操控运行程序。

5.2.5.4 运筹图的分级调控和修订完善

一项较为简单的工程项目的网络运筹图，无论项目的指挥层级、管理层级，还是实施操作层级大都能一目了然地弄清整体或全局，把握各工序间的衔接制约关系，对于初始方案的改进完善也易于着手。而对于一项大型的、涉及内容较多、范围较宽的工程或经济、军事活动来说，要想从粗到细都做到一目了然实属不易，进一步对其初始方案进行调整完善，也不易着手。而用系统论的观点，按战略、战役、战术的不同层级处理和编制出相应层级的运筹网络图就能较为方便地帮助不同层级的指挥掌控和管理实施人员把握全局，在各自的职责范围内审时度势，扬长避短。做到既自上而下，又是自下而上地协调调整，主动配合，使快、好、省的统筹兼顾原则发挥得更好。

运筹网络方法能否掌握得好，运用得好，还要在实践中不断摸索，取得经验，才能熟能生巧。读者应先从小范围的、简单一些的网络运筹工作做起，逐步进入到大范围的、较为错综复杂的、全局战略性网络运筹工作中去。据有关资料透露，在我国，为了保证第一颗原子弹顺利发射成功，曾对涉及一万余不同层级的人员、一百余个工种、一千七百多台设备、一千多道工序进行过网络图运筹。到了近代，人们不仅能用网络运筹方法编制重大工程建设运行方案，编制较大区域的经济社会发展的实施规划，还能运用电子计算机手段处理和解决更大范围内的更为复杂的网络运筹问题。

为了帮助读者学习和掌握网络运筹方法，本书特设计几份用网络运筹方法解决实际问题的较为成功的范例，供读者参考。

例 5-5：某某建设工程基础钢砼梁现浇施工运筹图

按施工顺序和衔接关系，本项任务有 5 个独立的工作环节（5 道工序）：①制作、支撑木结构模型框（简称支模）；②制作、绑扎钢筋（简称扎钢筋）；③按设计要求准备粗细砂石、标号水泥（简称备料）；④现场浇铸砼（简称浇铸）；⑤对新浇铸砼实施保养维护（简称养护）。由于支模、扎筋、备料这 3 道工序结束后，必须经由质监部门检审合格，才能进入下道工序，现场浇铸砼工序则实行现场即时监测，人力配置按不同技术工种派遣。

最初组织的施工运筹图为：

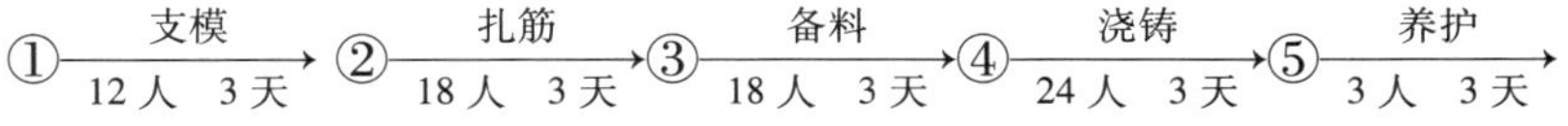

① —支模 12人 3天→ ② —扎筋 18人 3天→ ③ —备料 18人 3天→ ④ —浇铸 24人 3天→ ⑤ —养护 3人 3天→

图 5-24　某某建设工程基础钢砼梁现浇施工初始运筹图

初始运筹图反映出总工期为 15 天，各专业工种人员单工序配置量大，不同技术工种人员分头闲置的时间太长。后来，企业技术部门按网络运筹的思路，把全部任务平均分为三个工段，对各工段的施工又从整体上采用平行作业和交叉作业法施工方法，重新编制出修改后的施工运筹如图 5-25 所示。

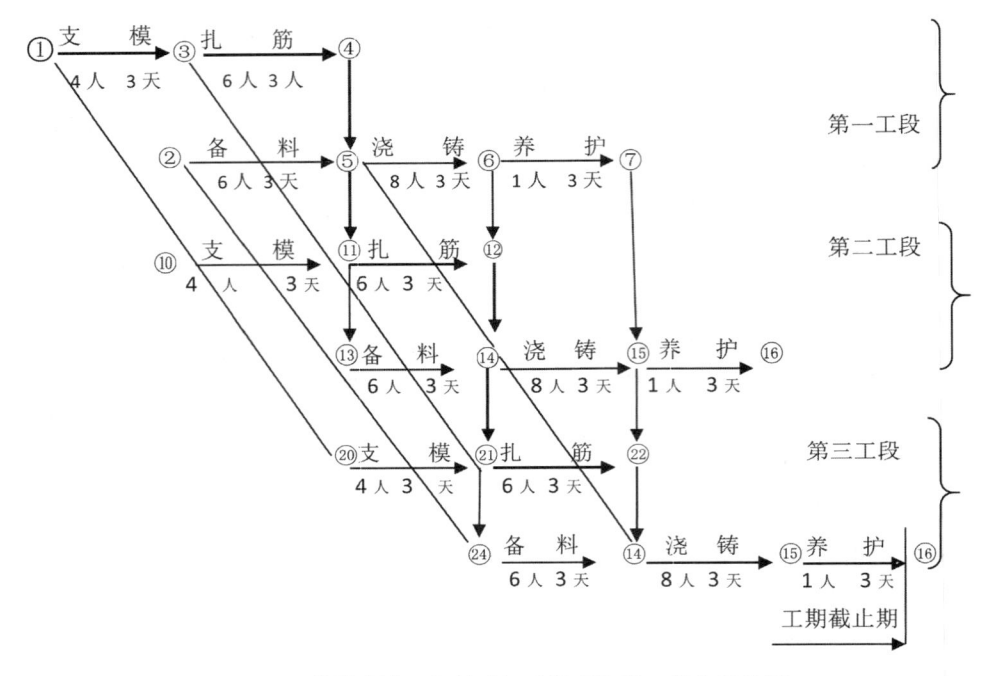

图 5-25　某某建设工程基础钢砼梁现浇施工优化运筹图

说明：1. 支模、扎筋，与备料、浇铸、养护分别是平行作业，而三个工段之间又是交叉作业。

2. 粗实线为主要矛盾线路，空白箭头线为零（虚）工序线，只表示衔接关系，虚线为相应专业工班人力转移线路。

3. 第三工段浇铸时，支模工、备料工转入清洁工地，清收工具，做结束准备。

修改后的施工运筹图 5-25 最大的效能是把各工序需要的专业工种人员配置数减少了三分之二，且避免了长时间闲置待工，大大节约了人力资源，虽然反映出的总工期延长了 3 天，但实质性工期仍然在 15 天以内（最后 3 天仅需 1 人做养护工作）。

例 5-6：某企业一个车间要对总控仪表室进行拆迁重装，并趁机对控制仪表及线路进行检修，共有 8 名工人参加拆迁工作，计划 10~12 天完成任务。后车间将 8 名工人分为 3 个作业班组，并采用网络运筹方法组织施工，实行环环相扣的平行作业，结果只用了 6 天即完成了全部任务。企业仪表室拆迁施工网络运筹图如图 5-26 所示。

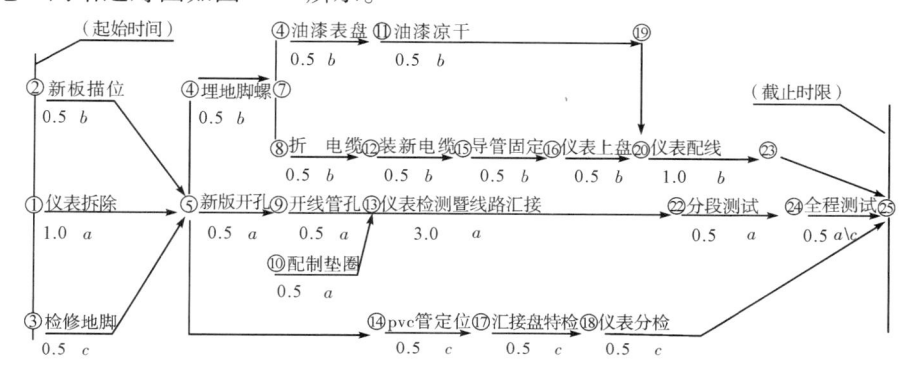

图 5-26 ×车间仪表室拆迁施工网络运筹图

说明：1. 箭头线下数字为工序需要工日数，a、b、c 分别代表三个作业班组。

2. a 作业班组工作线路为主要矛盾线路，b、c 作业班组空隙时间应主动抽派人员协助 a 组作业。

3. 箭头线为工序线路及衔接关系，竖立线代表时间控制限期。

例 5-7：某某医院外科阑尾切除手术操作运筹图。

某某医院外科做阑尾切除手术，一般需要操作一个半小时，医务人员感到操作时间长，麻醉用药量大，病人伤口暴露时间长，易感染。于是，有关专业人员帮助对手术操作进程进行网络运筹，形成某某医院外科阑尾切除手术操作运筹图如图 5-27 所示。

通过网络图运筹，使得全部工作内容和进程一目了然，程序紧凑，衔接自然，手术时间缩短为 48 分钟，既减少了病人疼痛，又使感染风险降低。

· 157 ·

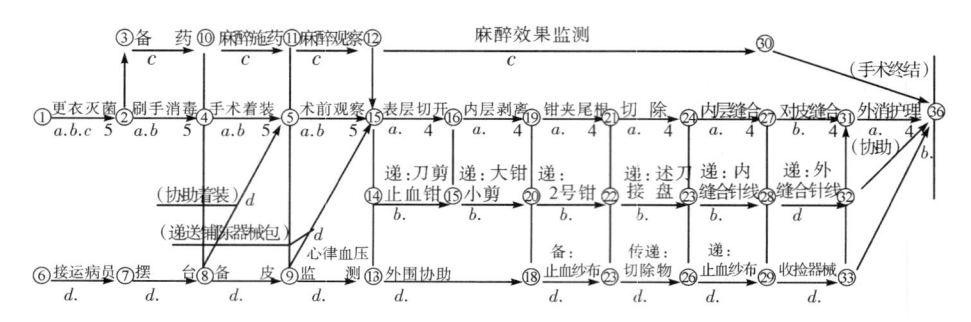

图 5-27　××医院外科阑尾切除手术操作进程网络运筹图

说明：1. 图中 a、b、c、d 是人员代码，其中，$a.$ 手术主刀医师，$b.$ 手术助理医师，$c.$ 麻醉师，$d.$ 护士2至3人。

2. 手术以主刀医师工作进程为主要矛盾路线，工序编号下方数字为时间（单位：分）限定，总时限为48分钟。

3. 箭头线为工序行进方向，单线表示工序在时间限定的衔接关系连线。

5.3　几种常用线性规划方法

5.3.1　线性规划应用方向与相应的数学模型

线性规划也是运筹学的一个重要分支。

在社会经济管理实践中，有一类运筹问题在分析和解答时要用到普通数学中被称之为线性（即多元一次）方程和方程组的相关理论和求解技巧，因而被称之为线性规划方法，而且通过相应的变通操作，还能使这些线性方程（组）的相关理论和求解技巧在经济社会管理中发挥出特殊的功用。经过专业人员结合实践进行长时间研究，了解到这类应用方法或技巧可重点运用于下述几个方向。

（1）运输类问题。即如何组织或调整运输方案，做到既满足产销或供需要求，又能使总的运费或运输量（总的运行吨千米数）最少。

（2）生产的组织与计划问题。一个企业或经营实体，可以生产或经营若干成本耗费和市场销售价位各不相同、原料或工艺投入各不相同的产品，如何组织和制定相应的生产计划，才能使成套产品总量最大或可获效益最大。

（3）产业或站点布局问题。作物种植分布安排，工厂（或产业）布局，军事上后勤保障站点分布或兵营建设布局,应怎样合理安排,才能满足需要,又能使建设费用或成本最低。

(4) 合理下料问题。使用不同规格原材,加工成型多类产品,如何选取合适原材和科学的裁切方法,才能耗费原材少,丢弃料少,所获效益最高。

(5) 配方、配料问题。土壤配肥、食品、化工、冶炼、烟草等企业,经常要用几种不同原料配制成含有各自一定成分的产品,而这些不同原料往往价位成本差异较大,如何选定科学的配方方案,既使生产的产品所含成分合乎要求,又使产品成本最低。

上述这5个方面的应用问题从求解的目标上看,分为如下两类。

一是在某既定任务(目标)的前提下,如何通过科学合理地调配安排,用最少的人力、物力去完成既定任务,实现既定目标。

二是如何科学合理地调配安排,从而使现有的或有限的人力、物力资源,发挥出最大限度的积极作用,以取得最大的目标效益。

这5个方面的应用问题,其中的大多数问题求解过程都能共同抽象成满足一定条件的多元一次代数方程(组)求解的数学模型,且因为这种相同的数学模型和求解思路最初来源于对物资调运中最优运输方案的探讨,所以有的书籍中,又把上述5个方面应用问题中后4类中能采用最优运输方案数学模型求解的线性规划问题,直接称为类运输线性规划问题。

基于本教材的编写宗旨,仅对几种简单常用的线性规划方法做出介绍,而对求解多变量运输问题和部分类运输问题,重点学习由我国科学工作者在实践中创造出来的"图上作业法"和"表上作业法"。

5.3.2 多产销点供需平衡运输问题

例 5-8:设某企业下属有 A_1,A_2,A_3 三个采煤生产矿区,每日生产的产品分别发运到下属 B_1,B_2,B_3,B_4 等四个用煤单位,已知每个矿区日产煤量(t)、每处用煤单位日耗煤量(t)、从每个矿区分别发运到每个用煤单位的运送成本(运价)情况如表5-3所示:

表5-3 某煤炭企业每日产供运输暨区间运价表　　(单位:t,元/吨)

运价＼销地＼产地	B_1	B_2	B_3	B_4	产煤量
A_1	30	50	40	60	24

续表

运价　　销地　　产地	B₁	B₂	B₃	B₄	产煤量
A₂	80	10	20	20	26
A₃	10	70	50	30	18
用煤量	16	14	20	18	68

说明：表 5-3 中间部分为某产地 A_i 运送 $1t$ 煤到某使用地 B_j 的运送价格，单位为"元/吨"。例如 A_1B_1 格数据表示从 A_1 产地运送到 B_1 使用地的运送价格为 30 元/吨，而 A_2B_1 格数据为 A_2 产地运送到 B_1 使用地为 80 元/吨，A_2 运送到 B_4 使用地价格为 20 元/吨……

问：如何组织运输调配，才能使总运费最低？

解：设每日由生产矿区 $A_i(i=1,2,3)$ 向用煤单位 $B_j(j=1,2,3,4)$ 运送，其运量为 X_{ij}，其间的运价为 C_{ij}。再设每日企业需要承担的总运费为 S。依题意，可以得出如下三组关系式：

① $$\begin{cases} X_{11}+X_{12}+X_{13}+X_{14}=24 \\ X_{21}+X_{22}+X_{23}+X_{24}=26 \\ X_{31}+X_{32}+X_{33}+X_{34}=18 \\ X_{11}+X_{21}+X_{31}=16 \\ X_{12}+X_{22}+X_{32}=14 \\ X_{13}+X_{23}+X_{33}=20 \\ X_{14}+X_{24}+X_{34}=18 \end{cases}$$

② $X_{ij} \geqslant 0$ 且 $i=1,2,3;j=1,2,3,4$。（变量非负）

③ $S = 30X_{11}+50X_{12}+40X_{13}+60X_{14}+80X_{21}+10X_{22}+20X_{23}+20X_{24}+10X_{31}+70X_{32}+50X_{33}+30X_{34}$

经过这样一番抽象并简化，这个生活实际中的煤炭产销调运配置问题就被简化成了在满足多元一次方程组①②所给出的约束条件的前提下，求同样是多元"一次"方程③的目标函数 S 的解这样的普通数学问题。

5.3.3 普通运输类线性规划问题的数学特征

现在，我们再从运输类线性规划问题出发，把这一相同类型多变量线性规划问题扩展到最为普通，也即最为抽象、概括的情形。

对于普通多变量线性规划问题来讲，这类多变量线性规划问题共同的数学意义是：求方程组①的一组或多组变量 $X_{ij}(i=1,2,3,\cdots,m;j=1,2,3,\cdots,n)$ 使它们在满足给出的限制（术语称为"约束"）条件①、②的前提下，使得③所代表的一次函数 S 取得最大值（或最小值）的数学问题。即：

$$① \begin{cases} X_{11} + X_{12} + X_{13} + \cdots + X_{1n} = a_1 \\ X_{21} + X_{22} + X_{23} + \cdots + X_{2n} = a_2 \\ X_{31} + X_{32} + X_{33} + \cdots + X_{3n} = a_3 \\ \cdots\cdots\cdots \\ X_{m1} + X_{m2} + X_{m3} + \cdots + X_{mn} = a_m \\ X_{11} + X_{21} + X_{31} + \cdots + X_{m1} = b_1 \\ X_{12} + X_{22} + X_{32} + \cdots + X_{m2} = b_2 \\ X_{13} + X_{23} + X_{33} + \cdots + X_{m3} = b_3 \\ \cdots\cdots\cdots \\ X_{1n} + X_{2n} + X_{3n} + \cdots + X_{mn} = b_n \end{cases}$$

② $x_{ij} \geq 0$（生产实际中限定不取负值）

使 ③ $S_{\max(\text{或}\min)} = c_{11}X_{11} + c_{12}X_{12} + \cdots + c_{mn}X_{mn}$。

目标函数 S，是指我们研究或解决某实际问题时，用带变量及相应运算关系（函数）表述的数学运算式来表示所要实现的目标。目标函数 S 也是多元一次函数，只是目标函数有时要求最大值，有时又要求最小值。如果目标是寻求利润、收益、价值、产品数量等，就需要求解它的最大值，即 $S_{\max}$；如果目标是寻求成本、总运费、里程量、资金或时间耗费、人力或其他资源投入量等，就需要求解它的最小值，即 $S_{\min}$。

在这类问题的数学模型中，约束条件方程中变量（未知数，称为"元"）可以是多个，但均为一次方；目标函数也是多元一次函数。这样的方程或方程组和一次函数，在解析几何中被称为线性方程（组），线性函数。这也是应用数学中"线性规划（计划）"命名的由来。其次，约束条件2要求所有的变量 $X_{ij} \geq 0$，这是由经济社会管理的实际所确定。

说明：在解析几何中，一个变量的一次"线性"方程表现为数轴上某一起点的定向直线；两个变量的一次"线性"方程表现为平面上的一条直线，三个变量的一次"线性"方程表现为三维空间中的一条直线。推而广之，多个变量的一次方程虽然也被统称为"线性"，但其"表现"为何物，很难直观述说。

一般说来，当未知数（元）的个数不超过三个时，常变通为平面解析几何和立体解析几何的相关方法寻求答案，超过三个的多元一次线性方程组求解，理论上讲可采用传统代数法中所谓的单纯形法。而运用单纯形法中的"换基迭代"，要牵涉到高等代数学中矩阵和行列式的相关知识，且过程较烦琐，其中间结果还要经过多重判别、比较。本教材从重在基础应用出发，重点学习经济社会管理中可分解为 2~3 个变量的线性规划实际问题，而对于 5.3.1 节所讲述的、与例 5-8 有相同类型的部分多变量一次线性规划问题，将在本章第五节中以"类运输问题的特殊运筹方法"来拓展解题思路。

5.3.4 两个变量线性规划问题的解析式方法

先学习解答两个变量（元）的实际问题。

例 5-9：某化工厂生产甲、乙两个品种的化工产品。每生产一吨产品甲，耗煤 4t，耗电 5kW，耗用劳动力 3 个；每生产一吨产品乙，耗煤 10t，耗电 3kW，耗用劳动力 4 个。生产一吨产品甲可获效益 3 000 元，生产一吨产品乙可获效益 7 000 元。已知，该厂每日最多能购进煤 260t，能获电能 150kW，能调配在一线生产的劳动力 120 个。问：如何安排两种产品的日生产计划，才能使该厂每日获得最大效益？

解：设每日安排的甲、乙两种产品分别为 X_1 吨和 X_2 吨，根据题目所列出的约束条件，可得数学模式为：

① $\begin{cases} 4X_1 + 10X_2 \leq 260(\text{t}) & (1) \\ 5X_1 + 3X_2 \leq 150(\text{kW}) & (2) \\ 3X_1 + 4X_2 \leq 120(\text{人}) & (3) \end{cases}$

② $\begin{cases} X_1 \geq 0, & (4) \\ X_2 \geq 0; & (5) \end{cases}$

③ $S = 3\,000X_1 + 7\,000X_2$

求：$\max S = ?$

【**提示**：从中学平面解析几何的直线方程 $AX_1 + BX_2 + C = 0$ 相关知识得知，式 $AX_1 + BX_2 + C = 0$ 代表的是以 X_1 和 X_2 为轴的直角坐标平面上的某一条直线，而式 $AX_1 + BX_2 + C \leq 0$（或 ≥ 0），则表示该直线把坐标平面一分为二后的其中一半平面部分。而且，在 $C \neq 0$ 的前提下，若 $C < 0$，则表示满足不等式 $AX_1 + BX_2 + C < 0$ 要求的所有可取值 (X_1, X_2) 都在原点所在的半平面上；反之，若 $C > 0$，则表示满足不等式 $AX_1 + BX_2 + C > 0$ 要求的所有可取值 (X_1, X_2) 都不在原点所在的半平面上。】

解：如图 5-28 所示，从平面解析几何的角度分析，本题中，在满足约束条件的前提下，其方程(1) $4X_1 + 10X_2 \leq 260$ 的未知数组(点)都包括在由 X_1 轴、X_2 轴和直线 $4X_1 + 10X_2 \leq 260$ 所围成的那一小块平面内；同理，可推证出满足全部约束条件的点的集合形成一封闭型凸多边形 OABCD 所围成的区域内。

理论上，凸多边形 OABCD 所在的区域内的每一点所代表的未知数(X_1，X_2)都可以代入目标函数求解，但我们要确定究竟哪一点的坐标值(X_1，X_2)才能使 S 取得最大值。

结合参考图 5-28 进一步从目标函数 $S = 3\,000X_1 + 7\,000X_2$ 进行分析：

对于目标函数 $S = 3\,000X_1 + 7\,000X_2$，我们令 S 等于某一参数值 K，当 $K = 0$ 时，有：

$$3\,000X_1 + 7\,000X_2 = 0$$

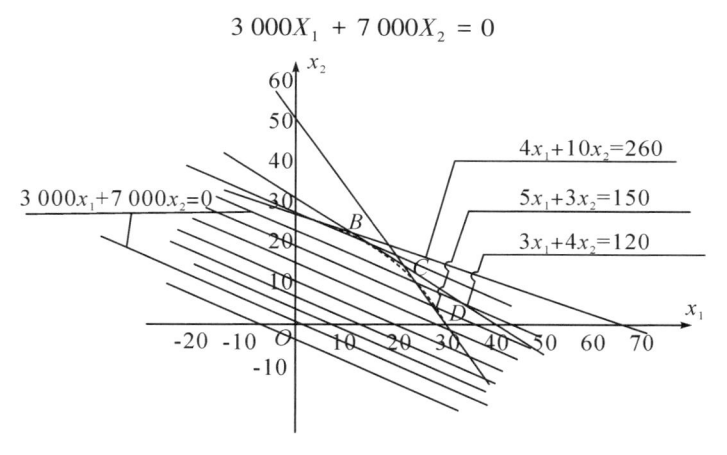

图 5-28　(例 5-8、直观几何形象示意图)

这个计算结果反映在直角坐标图上，它是一条经过原点，斜率为 $-\dfrac{3}{7}$ 的直线。当 $K = k_0$ (k_0 为其他任意确定值) 时，它是一条条平行于 $3\,000X_1 + 7\,000X_2 = 0$ 且在 X_2 轴上截距为 $\dfrac{K_0}{7\,000}$ 的一组(若干条)平行直线，其中任意一条平行线上的任意一点的坐标值(X_1，X_2)代入目标函数方程，都有 $S = 3\,000X_1 + 7\,000X_2 = k_0$。故在术语上称为"等效益线"。结合题目要求，只有在凸多边形 OABCD 集合上取某一平行线上某一点的坐标值(X_1，X_2)，它既是某条斜率为 $-\dfrac{3}{7}$ 的直线上的点(可行解)，又能使 k_0 在所有可取值中最大，即实现

了 $\max S = k_0$。

借助于图 5-28 的直观几何形象，我们知道，这样的坐标点 (X_1, X_2) 称为函数的极值点，它大多时候是在凸多边形的边界上，且一般情况下是其某个顶点（只有当目标函数 S 与某约束条件方程互为平行时，极值点才会在凸多边形边界直线的某一区段上）。于是，这类问题实用求解过程，就可直接从约束条件方程组中两两联立所求得顶点坐标值 (X_1, X_2) 去寻求答案。

例 5-9 中，凸多边形 $OABCD$ 的 5 个顶点分别是 5 个约束方程两两联立得出，其中 O 点 $(0, 0)$ 取值为 $X_1 = 0$ 和 $X_2 = 0$；与 S 取向无意义，故只选取 A、B、C、D 四个顶点坐标值进一步分析。

联立方程（1）与方程 $X_1 = 0$ 得 A 点坐标值 $(0, 26)$；
联立方程（1）与方程（3）得 B 点坐标值 $(11.42, 21.43)$；
联立方程（2）与方程（3）得 C 点坐标值 $(21.82, 13.64)$；
联立方程（2）与 $X_2 = 0$ 得 D 点坐标值 $(30, 0)$。

将 A、B、C、D 四个顶点坐标值分别代入目标函数 S 即有：

$S_A = 3\,000 \times 0 + 7\,000 \times 26 = 182\,000$（元）；
$S_B = 3\,000 \times 11.42 + 7\,000 \times 21.43 = 184\,270$（元）；
$S_C = 3\,000 \times 21.82 + 7\,000 \times 13.64 = 160\,940$（元）；
$S_D = 3\,000 \times 30 + 7\,000 \times 0 = 90\,000$（元）。

比较这 4 个极点坐标未知数组值所形成的目标函数取值，知

$$S\max = S_B = 184\,270（元），$$

即每日安排生产甲种产品 11.43t，生产乙种产品 21.43t，即能在现有的有限煤炭、电能、人力供给能力前提下，使企业获取最大收益。至此，最优规划方案形成。

例 5-10：某兵站用甲、乙两种型号的运载工具向下属 A_1、A_2、A_3 三个边防哨所运送保障物资。由于对运行环境适应性不同，在每个运行日内，甲可向 A_1 哨所运送 6t，可向 A_2 哨所运送 2t，可向 A_3 哨所运送 4t；乙可向 A_1 哨所运送 2t，可向 A_2 哨所运送 2t，可向 A_3 哨所运送 8t。已知①每个星期所需保障物资 A_1 哨所不得少于 12t，A_2 哨所不得少于 8t，A_3 哨所不得少于 24t；②甲型运载工具每个运行日运行成本为 2 000 元，乙型运载工具每个运行日运行成本为 1 600 元，试求该兵站每周应怎样安排运行日程，才能做到既保证供应，又能使成本最低？

解：设每周安排甲、乙两种型号的运载工具分别运行 X_1 天和 X_2 天，据题

意，得数学模型如下：

① $\begin{cases} 6X_1 + 2X_2 \geq 12 & (1) \\ 2X_1 + 2X_2 \geq 8 & (2) \\ 4X_1 + 8X_2 \geq 24 & (3) \end{cases}$

② $\begin{cases} X_1 \geq 0 & (4) \\ X_2 \geq 0 & (5) \end{cases}$

③ 目标函数 $S = 2\,000X_1 + 1\,600X_2$

求：$S_{\min} = ?$

根据本题数学模型做几何直观图示如图 5-29。接着直接由约束方程组去掉不等号求可行解区域顶点：

联立等式方程（1）和方程（2）解得顶点 A 的坐标（1，3）；

联立等式方程（1）和方程（3）解得顶点 B 的坐标（1.2，2.4）；

联立等式方程（2）和方程（3）解得顶点 C 的坐标（2，2）；

由于方程（1）、（2）、（3）所代表的平面直线化为标准式后，$C < 0$，而标准式 > 0，知原点不在可行解区域内，约束方程（1）（2）（3）与（4）（5）及约束方程（4）（5）联立无意义。

故，目标函数有极值的可行解坐标点只有 $A(1，3)$、$B(1.2，2.4)$、$C(2，2)$ 三个点。

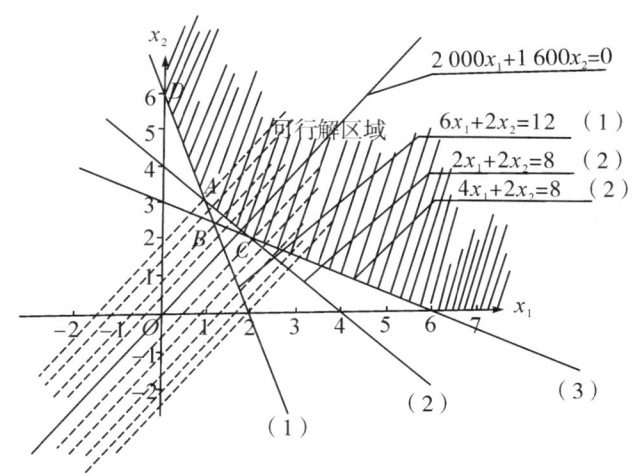

图 5-29 某兵站物资配送规划图示

分别代入目标函数 $S = 2\,000X_1 + 1\,600X_2$ 得：

$S_A = 6\,800(元)$，$S_B = 6\,200(元)$，$S_C = 7\,200(元)$。

从数学直接意义上讲，B点坐标值所代表的可行解变量应是本题线性规划的最佳取值，但代入约束条件方程后，所得到的未知数 X_1，X_2 不是正整数，应舍去。[在社会经济管理实际活动中，很多时候，作为变量 X 的规划（或计划）取值必须是整数（正整数），如劳动力配置、车辆调用、某种一次性耗材使用等，有的资料中也被称为整数规划。] 本题中，作为"运行日"概念 R 的未知数 X_1，X_2 的取值也应只取正整数。于是，只能再继续从目标函数值居于第二的可行解中寻找。最后，A点的坐标值是最优方案取值。即每周安排甲种型号的运载工具 1 个"运行日"，安排乙种型号的运载工具 3 个"运行日"，既满足约束条件，保证供应，又能使目标函数达最小值（运行成本最低）：

$$S_{\min} = 2\,000 \times 1 + 1\,600 \times 3 = 6\,800(元)。$$

此时，3 个哨所能获得的保障物资分别为：12t，8t 和 28t，A_3 哨所还能富余 4t。

[由图 5-29 也可直观看出，可行解区域是一以 3 个约束直线（方程）与一象限两条线所围成的开放型凸多边形区域。且 B 点已不在可行解区域之内，故代入目标函数无实践意义。]

两个变量的线性规划是较简单的线性规划问题，如果在建立数学模型时先把要处理的问题设想得粗一点，或考虑分层次逐次解决矛盾，往往可以把可变化因素简化在两个变量的集合内，则上述方法不失其较多的适用性。

例 5-11：某企业在一个生产周期内要安排生产两种型号的产品设为型 ① 和型 ②。生产这两种产品分别需要在 A、B、C、D 四种不同的设备上加工，按工艺要求，每种产品在各设备上加工需要占用的台时数及四种设备在一个生产周期内能提供的台时数如表 5-4 所列示：

表 5-4　生产台时限制表　　　　　　　单件产品台时需求

设备产品名	A	B	C	D
型 ①				
型 ②				
台时限量	12	8	16	12

台时需求	A	B	C	D
型 ①	2	1	4	0
型 ②	2	2	0	2

且生产一台型 ① 产品可获利 2 000 元，生产一台型 ② 产品可获利 3 000 元。

问，应如何安排生产计划，才能使得到的利润最大？

解：设 X_1 和 X_2 分别为在一个生产周期内两种型号产品的产量。根据题目要求，得数学模式如下：

①$\begin{cases} 2X_1 + 2X_2 \leq 12, \\ X_1 + 2X_2 \leq 8, \\ 4X_1 \leq 16, \\ 2X_2 \leq 12 \end{cases}$

② $X_1, X_2 \geq 0$

并使得目标函数（企业一个生产周期内获利）取最大值。即：

③ $S_{max} = 2\,000X_1 + 3\,000X_2$

其在平面直角系中形象图示如图5-30。

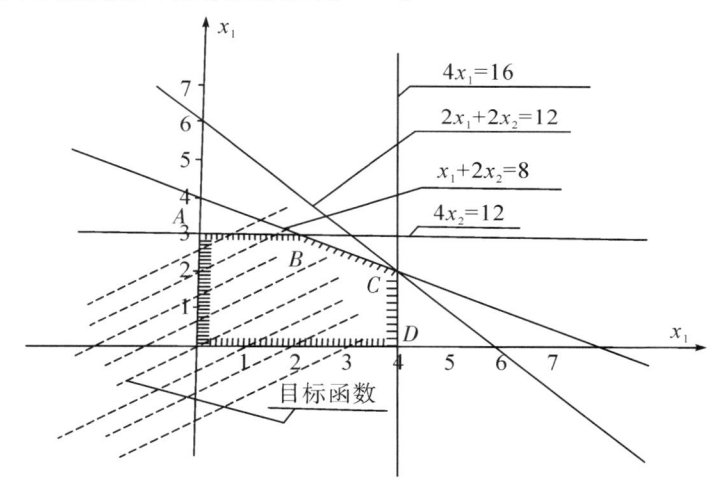

图 5-30 某企业设备台时利用规划

由这类线性约束问题的解析法知，本题中，代表约束条件直线围成一凸多边形 OABCD。理论上讲，包括其边界在内所有点的坐标值都是目标函数的一个个可行解。但就目标函数有意义而言，只有凸多边形 OABCD 顶点中 X_1 和 X_2 不同时为零的其他点的坐标值才有可能是使目标函数极大的坐标值，故去掉点 $O(0, 0)$。

由解析法知，（除原点外）其余几个顶点坐标值分别是：$A(0, 3)$，$B(2, 3)$，$C(4, 2)$，$D(4, 0)$；分别代入目标函数得：

$S_A = 2\,000 \times 0 + 3\,000 \times 3 = 9\,000$（元）

$S_B = 2\,000 \times 2 + 3\,000 \times 3 = 13\,000$（元）

$S_C = 2\,000 \times 4 + 3\,000 \times 2 = 14\,000$（元）

$S_D = 2\,000 \times 4 + 3\,000 \times 0 = 8\,000$（元）

四个顶点坐标取值的目标函数中,以 S_C 所得函数值 1 400 元最大,故知:该企业在一个生产周期内只要安排生产型①产品 4 件,型②产品 2 件,即可使企业获得最大利润 14 000 元。

说明:上述 3 个实例还表明,如果线性规划问题有最优解,最优解一般会在取值范围的有限几个极点上出现,我们要寻求某线性规划问题的最优解,就只需从联立约束方程求得若干交点坐标的变量取值,然后把这有限交点坐标的变量取值分别代入目标函数,将其结果进行比较,即能很快获得答案。

5.3.5 配套生产的类线性规划问题解法

在社会生活和经营管理实际工作中,有一类活动必须要"配套"进行,例如生产某种产品要经过不同的加工工序,不同的工艺流程,不同的零部件生产等配成"套",才能产出一件完整产品。而每台不同的车床,每个班组或不同的工人实施不同工序时能力或技艺各有优劣,需要对其合理地搭配组合;部队上,有的连队善于攻坚,有的善于防御,有的善于夜战,需要指挥员合理调配使用;中医用药要讲究配方济量等。仅在生产管理方面,就有工艺配套、工种配套、原料取用配套、商品组合配套、组件配套等。在统筹计划安排中如何发挥各自优势,扬长避短而又能相互"配套"实施,使目标整体的体量取得最大值。由于求解这类问题只需解二元或三元一次方程组(不等式方程组),故这类问题就被称为配套生产的类线性规划问题。其求解方法也被称之为类线性规划的应用数学方法。

例 5-12:某瓷器厂生产一件产品要经过制坯、着彩、上釉三道工序;它有甲、乙、丙三个工班,由于单项工艺技术各有高下,每个工班一个工日对这三道工序的生产能力各不相同,具体如表:

表 5-5 　工日单项生产能力　　　(单位:件)

班组 产能 工序	甲	乙	丙	合计
制坯	200	180	140	520
着彩	100	160	80	340
上釉	100	120	120	340
合计	400	460	340	

问，如何安排各工班的工序产能，才能使全厂每工日产量最大？

解：本题一个重要特点在于：① 各工班对三道工序的产能优劣不同；② 整件生产各工序必须配套。设想，若先不考虑各工班在不同工序上的产能优势，让其各自组织整件生产，就只需分别计算各工班生产一件产品在三道工序上的工日系数之和，再用1(指1个工作日)分别除以各工班的这个"系数之和"，即得出各工班一个生产工日所能配套生产出的件数，计算结果如表 5-6 所示。

表 5-6　各班组单独配套生产单件系数及日产量　　（单位：件）

单件系数\工序\班组	甲	乙	丙	合计
制坯	$\frac{1}{200}$	$\frac{1}{180}$	$\frac{1}{140}$	
着彩	$\frac{1}{100}$	$\frac{1}{160}$	$\frac{1}{80}$	
上釉	$\frac{1}{100}$	$\frac{1}{120}$	$\frac{1}{120}$	
单件所需工日系数	0.025	0.020	0.028	
单独配套产量（整件数）	40	50	35	125

即各班组单独组织整件生产，企业日产量可达125件。显然，这种安排并没有做到扬长避短，发挥各自优势。

按照扬长避短，发挥各自优势的思路组织配套生产，可以先让制坯能力最强的甲班主要进行制坯工序，但为了与乙和丙的工作相匹配（配套），它又不能整个工日只进行200件制坯工序。设甲在一个工作日内用 $X\%$ 的时间为主制坯，余下的时间 $(1-X\%)$ 着彩，这时乙只能拿自身强项着彩工序与之配套，再设乙用 $Y\%$ 的时间着彩，余下的时间 $(1-Y\%)$ 用于上釉，最后，丙只能以自身上釉的产能与之配套，这样才能最终实现三个工序件数相等的配套生产，即：制坯 = 着彩 = 上釉，故有：

$200X\% = 100(1-X\%) + 160Y\% = 120(1-Y\%) + 120；$

也即：$\begin{cases} 200X\% = 100(1-X\%) + 160Y\% \\ 200X\% = 120(1-Y\%) + 120 \end{cases}$

解这个方程组得：

$$\begin{cases} X\% = 0.7412 \\ Y\% = 0.7647 \end{cases} \quad 得 \quad \begin{cases} 200X\% = 148（取整数）\\ 160Y\% = 122 \end{cases}$$

将求得的 X 和 Y 的值代入原作的假设，就能得出甲、乙、丙三个工班较为合理的，按表5-7所示的工序作业计划安排：

表5-7 优化规划后配套作业计划安排 （单位：件）

班组 任务 工序	甲	乙	丙
制坯	148		148
着彩	26	122	148
上釉		28	120	148

说明：各工序配套件数即是企业每工日产量。

从表5-7可看出，通过这样的协调，企业日产量由125件提高为148件。班组之间，至少甲、乙两个工班的特长工艺技能得到较好发挥，总体上扬长避短，产能配套的组合优势也得到展现。

对于其他诸如工种配套、原料取用配套、商品组合配套、组件配套等，都可以用这种分析方法求出最优解。有时，由于选择配套的途径不同，得出的结果会不一样。这时，还需要在几组可行解中进行效益比较，选出最优解。

5.4 供需平衡多变量运输问题的特殊运筹方法

运输问题和类运输问题也是一种线性规划问题。而且往往是变动因素超过3个的多变量问题。如本章的5.2.1节中，例5-7这样一个较为简单的产供运输问题，直接的变量就有 3×4 = 12 个之多。按两个变量或三个变量线性规划问题的直观求解思路，则无法求解。然而，对于这类问题，人们关注的重点更多在于运行方向（流向）的合理性和低耗优先这两个基本要求，于是，这两个基本要求也就成了解决这类问题的出发点。对此，我国很多数学专业人士和从事实际操作的工作者，遵循网络运筹思路，结合生产实践，通过不断地探索分析，逐步总结和创造出了两种特殊的然而却是行之有效又简便易行的线性规划运筹方法，分别叫"图上作业法"和"表上作业法"。

5.4.1　图上作业法

描绘交通运输流向线路图是图上作业法的基础。首先要根据实情况画出标明有运输需求的产出（发送）站点或购买（接收）站点及其大体分布方位，连线相关站点成运行路线，进而再标注出运输流向、运输量，或不同运输区间的运输成本（运价）等要素，即形成某项交通运输问题的运行流向线路图。进一步，再以这个人为的交通运行流向线路图为基础，来寻求最佳运输方案的方法，就被称为图上作业法。图上作业法的本质在于，借助于初始的交通流向线路图，依据一定法则，从初始交通流向图中的某一个可行方案出发，不断进行优化调整，直至得到一个使运输费用（或运输量、运输成本）为最小的新可行方案为止。为此，需要先熟悉一下交通流向线路图的相关概念和术语及具体编制要求。

5.4.1.1　交通流向图标注方法

为了使发出点和接收点及运输流向、运输量等要素在交通线路图上都有所表现，我们需要事先规定一些统一的记录符号。一般的规定是这样，用圆圈符号"○"表示发出地（产地、供给地）站点，用方框符号"□"表示接收地（销地、需要方）站点。在有运输关系的站点间画上连接线；在圆圈符号和方框符号内用相应数据代表发出量或接收量，站点连线的一旁用带数据的箭头线表示出流量（运输量）和流向（运输方向）；在两个站点连线的另一旁，还可标注出该区间的运价或运距（也可将运价或运距单独表列）等。并且，按交通运行规则，代表流向的箭头线平行于两站点间的连线，且一律表示为靠右前行（这一点不同于网络图中箭头线画法规定），这样就初步得出了某一运输方案的交通流向线路图。

5.4.1.2　交通流向图分类

交通线路图一般分为两个类型，即不成圈类型和成圈类型，图5-31和图5-32是这两个类型最简单形态。

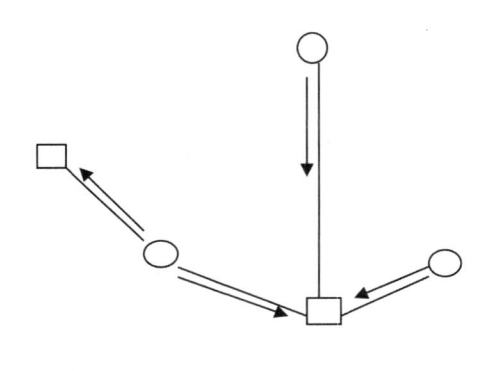

图 5-31　不成圈交通流向图　　　　图 5-32　成圈交通流向图

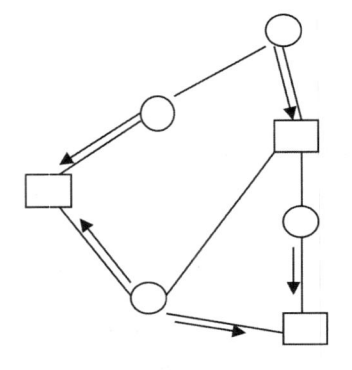

不成圈交通线路图是开口形折线状态，叫不成圈流向图；成圈交通线路图是封闭多边形状态，叫成圈流向图。成圈流向图中还有一个圈和多个圈情况。

5.4.1.3　"不成圈"运输流向图寻求优化方法

仍然从一个人为简化了的实际问题讲起。

例 5-13： 20 世纪 80 年代的计划经济时期，贵州省有两大国营水泥大厂，水城"125"水泥厂和贵阳甘荫塘"贵州水泥厂"，某一产销期内，"125 水泥"厂生产某一特定标号水泥 6 万吨，"贵州水泥厂"生产 4 万吨，需要供给安顺（4 万吨）、遵义（6 万吨）两处的国防基地使用。都是用火车运输，产供及各站点间的方位、距离等资料如图 5-33 和表 5-8 所示：

表 5-8　收发点及收发量　　　（单位：万吨）

发点 收点	贵阳	水城	收量
遵义	?	?	6
安顺	?	?	4
发量	4	6	

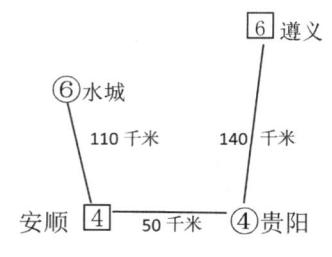

图 5-33　收发点及运距示意

满足供、需平衡要求的调运方案可以有很多种，例如：

方案 1： 直接将水城的 6 万吨发往遵义，贵阳 4 万吨发安顺：

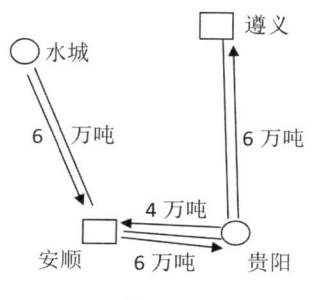

表 5-9　收发点及收发量　　（单位：万吨）

发点	收点	运量万吨	运距千米	吨·千米数
水城	遵义	6	300	1 800
贵阳	安顺	4	50	200
合计		S=		2 000

图 5-34

方案 2：水城发 40t 给安顺，剩下 20t 经贵阳发遵义，贵阳的 40t 全数发遵义：

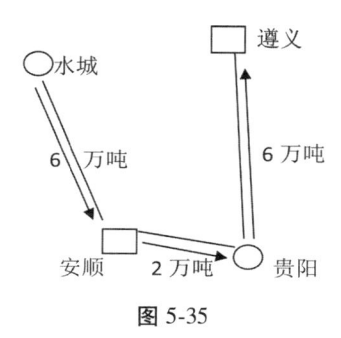

表 5-10　收发点及收发量　　（单位：万吨）

发点	收点	运量万吨	运距千米	吨·千米数
水城	安顺	4	110	440
贵阳	遵义	4	140	560
水城	遵义	2	300	600
合计		S=		1 600

图 5-35

方案 3：从水城发 2 万吨给安顺，余 4 万吨发遵义；贵阳发 2 万吨给安顺，余 2 万吨发遵义：

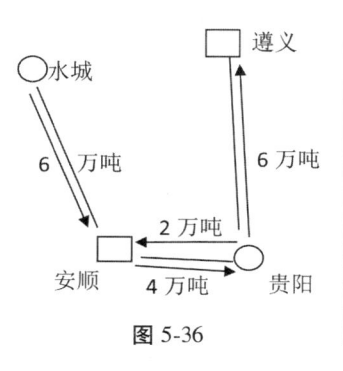

表 5-11　收发点及收发量　　（单位：万吨）

发点	收点	运量万吨	运距千米	吨·千米数
水城	安顺	2	110	220
水城	遵义	4	300	1 200
贵阳	安顺	2	50	100
贵阳	遵义	2	140	280
合计		S=		1 800

图 5-36

……

还可以做出更多的满足约束条件的调运方案，但以这三个方案较有代表性。在这三个方案中，方案 2 的吨·千米数最少（1 600 万吨·千米），即运送成本最低。进一步分析交通流向图可知：

方案 2 中，吨·千米数最少的关键是在某一产销区间，交通流向图中无对流（或往复）运输。这说明，"无对流"是判断不成圈交通流向图是否为最优运输方案的基本原则。按此原则，即可判定例 5-13 这个不成圈流向图中，方案 2 就是最优调运方案。

不成圈交通流向运输求优是最简单的运输线性规划问题，成圈交通流向运输线性规划问题的求优难度相对偏大。

5.4.1.4 "成圈"运输线性规划求优方法

在交通流向图"成圈"的情形下，同样规定交通流向图中箭头线无论在任何时候一律表示在站点连线的右向前行。这样，就会出现有的流向线靠在圈的外面，有的流向线靠在圈的内面，于是我们分别称为外圈流向线和内圈流向线，有时出简称为外圈、内圈。这种"成圈"情形下，满足约束条件的运输方案同样也会有很多个，但我们需要的是如何从中找出使运输成本最低的那一个方案。先分析一个同样被人为简化了的运输流向问题。

例 5-14：设一煤电企业有两处矿井，设为 A、B；和两座火电厂，设为 C、D；设，各矿井每天产量和各电厂每天需量相同，为 mt。即每天需要由每座矿井分别运送数量为 m 的煤炭供应火电厂。只是各矿井到各电厂运输距，分别是 10、20、30 和 40km，问，怎样组织调运，才能使运输成本最低（方案最优）？

解：设，矿、厂间的交通路线如图 5-37 所示，而交通流向图 5-38 和图 5-39 分别代表了两种调运方案；且这两种方案都满足产销平衡关系，也无对流（往复）运输现象，其中图 5-38 为外圈流向，图 5-39 为内圈流向。核算一下各"圈"的经济效益：

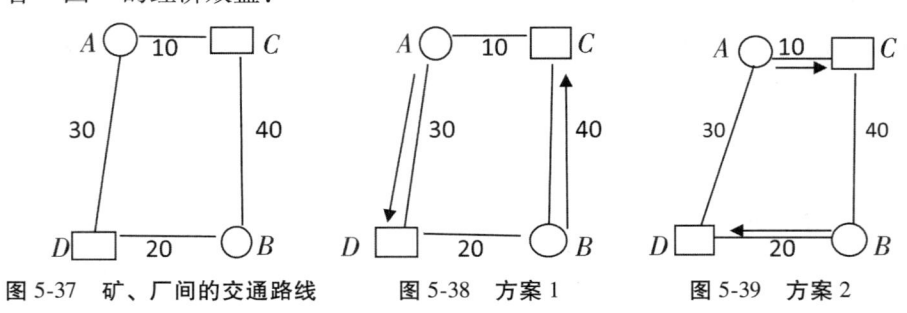

图 5-37　矿、厂间的交通路线　　图 5-38　方案 1　　图 5-39　方案 2

$S_{外}$ = m×30+m×40 = 70m（t·km）（方案 1）

$S_{内}$ = m×10+m×20 = 30m（t·km）（方案 2）

图 5-38 和图 5-39 所代表两个运输方案，运输成本相差很大，这说明，在成圈的流向图中，仅考查无对流（或往复）运输还不能作为判断方案是否最优的依据。原因在于成圈流向虽无对流，但存在一个"环行"与半长问题。如同一名警察绕着一圆形池子抓捕位于另一面的逃犯，当他发觉从某个方向追去时，会超过半个周长时，便会立即用反向前进来解决。按这思路我们分析这两种方案：

$L_{外} = 30 + 40 = 70(\mathrm{km})$，

$L_{内} = 10 + 20 = 30(\mathrm{km})$。整个圈中，

$L_{总} = 30 + 20 + 40 + 10 = 100(\mathrm{km})$。

而 $\frac{1}{2}l_{总} = 50(\mathrm{km})$；

方案 1 的运输量 $l_{外} > \frac{1}{2}l_{总}$；方案 2 的运输量 $l_{内} < l_{总}$，故方案 2 比方案 1 好。好就好在方案 2（内圈运距）小于"圈总长"的一半。所以，对于线路成圈的交通流向图来说，当内圈或外圈的流向运距小于总圈长的一半，且又无往返重复流向的运输方案，就是最优方案。对于闭合型成圈的交通流向方案，是否最优，就是按这个原则进行检验的。

5.4.1.5 初始方案的检验和调整求优方法

当然，在对实际问题操作中，成圈线路很少只有各自一对一两个收发站点，也不可能只能有单独的内圈、外圈；所以，不可能一开始就很容易确立出最优方案。另外，站点间的距离也可能是代表运价或其他成本含义。面对这些实际内容，我们可以先把它们都看成是运距，以运距为代表，进行研究，先设定一个初始的调运方案，然后经过若干次分别以内、外"圈长"与"总圈长"的一半做比较，并通过调整—检验—再调整过程，求得其中内圈、外圈运行"距离"都小于整个圈线路一半长度的方案，作为最优方案，然后再代回原来的成本含义。

例 5-15：设有 A_1、A_2、A_3 三个产地，供应 B_1、B_2、B_3、B_4 四个销地的某种物资，产、销地间交通线路成圈，产、销地方位和站点间运输里程如图 5-40 所示，产销平衡表如表 5-12 所示：

表 5-12　产销平衡表　　（单位：吨）

销地＼产地	A_1	A_2	A_3	销量
B_1				20
B_2				35
B_3				35
B_4				20
产量	45	30	35	110

图 5-40　数字单位千米

求：最优调运方案。

解：设先丢掉同产（或同销）的边 B_1B_2，再按"产销直达，就近运送"和"无对流"原则安排得出初始交通流向图，如图 5-41 所示（箭头线上数字为调运量 吨），相应的调运表如表 5-13 所示：

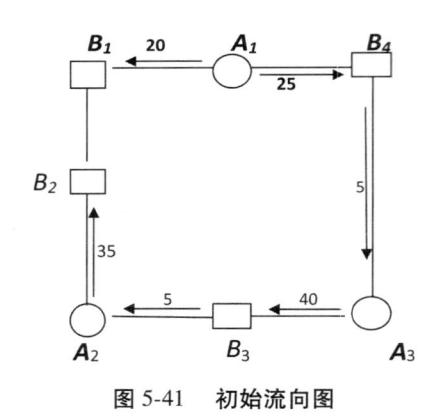

表 5-13　初始调运安排表　　（单位：吨）

销地＼产地	A_1	A_2	A_3	销量
B_1	20			20
B_2		30	5	35
B_3	5		30	35
B_4	20			20
产量	45	30	35	110

图 5-41　初始流向图

检验：

依据图 5-41 和表 5-13 所示的初始方案，进一步考查其内、外圈的运输距离和整个线路圈总长，再将内、外圈的运输距离与整个线路圈总长的一半进行比较：

$L_\text{总} = 25 + 8 + 3 + 10 + 8 + 4 + 11 = 69(\text{km})$，

$L_\text{内} = 11 + 25 + 8 + 3 + 10 = 57(\text{km})$，

$L_\text{外} = 4(\text{km})$；

$S_\text{调} = 20 \times 4 + 25 \times 11 + 5 \times 25 + 40 \times 8 + 5 \times 3 + 35 \times 10 = 1165(\text{t} \cdot \text{km})$。

由于 $\frac{1}{2}L_总 = 34.5(km)$，而知 $L_内 > \frac{1}{2}L_总$。

说明这个调运方案不算优，需要调整。调整的思路是舍去最小流量和最长运距。由图 5-41 和表 5-13 知，原始方案中，$\underline{B_4A_3}$ 是内圈中的最远运距，且由 A_1 经过 $B_4—A_3$ 再流向 B_3 的最小流量 5 吨，且不是最终流量。于是，可把边 $\underline{B_4A_3}$ 暂时丢开，把 A_1 流向 B_4 的 5 吨运量发改向流转，这样就得到一个如图 5-42 的新的交通流向图和相应的产销平衡表 5-14。

表 5-14　调整后调运安排表　　（单位：吨）

销地＼产地	A_1	A_2	A_3	销量
B_1	20			20
B_2	5			35
B_3		30	35	35
B_4	20			20
产量	45	30	35	110

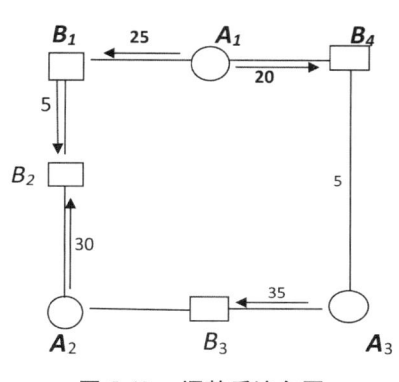

图 5-42　调整后流向图

再检验：

$L_内 = 11 + 8 + 10 = 29(km)$，

$L_外 = 4 + 8 = 12(km)$。

$S_调 = 25 \times 4 + 20 \times 11 + 35 \times 8 + 30 \times 10 + 5 \times 8$

$= 940(t \cdot km)$。

由于内圈和外圈运距都小于整个线路圈总长的一半，故图 5-41 和表 5-14 所代表的调运方案是最优调运方案。事实上，比较初始方案的目标函数值，和调整后新方案的目标函数值也能清楚地显示出来：

$1\ 165 - 940 = 225(t \cdot km)$，

即是说，通过对初始方案的相关流向、流量调整，节约了 225t·km，效益十分明显。

5.4.1.6　成圈线路其他形态调整处置方法

例 5-15 的交通流向线路图是一个被简化为只有一个单一圈的情况。实际上，即使是成圈线路，也还有其他多种形态（情况）：如含有多个圈和圈上某一或某几个站点还有外延支线的情况。此时，需要先做出相应变通，再运用成圈交通线路图的调整方法和检验法则。这种"相应变通",简单归纳为如下三点。

(1) 如果成圈的交通流向线路图的一个圈上的某一个或几个站点还有外延支线,就采取"支线端点内靠,协调产销(供需)符号"的办法,使收发站点都变通在一个封闭的圈上。在此基础上,按成圈交通流向图求出最优解(方案),然后,再返回到原来的交通线路图上编制(或绘制)最终实施方案。如图 5-43 左所示,其交通线路图中,站点 P、Q 各有一条支线 PP_1 和 Q_1Q,因为 P_1、Q_1 两站点的货物调运,必然直接与 P、Q 站点有关联,故在开始编制方案时,可先将 P_1、Q_1 站点的产、销(供、需)量"并入" P, Q 站点,这个并入考虑即提前"支线端点内靠"。不仅合理而且"同效"。

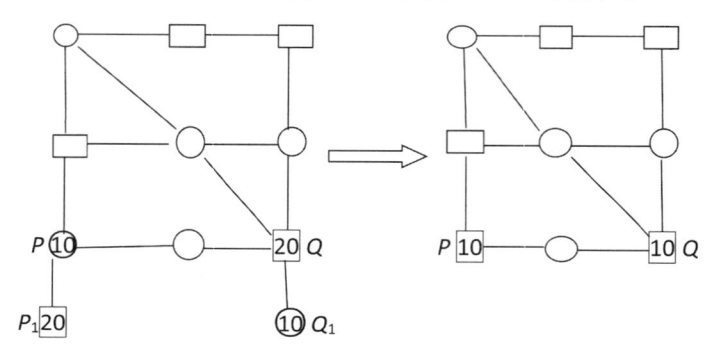

图 5-43 "支线端点内靠"法则示意

在图 5-43 左所示的交通线路中,P 站点原为 10 个运量单位的发出地,P_1 站点原为 20 个单位运量的接收地;Q 站点原为 20 个运量单位的接收地,Q_1 站点原为 10 个运量单位的接收地;进行"支线端点内靠"内靠后,P 站点变成 10 个运量单位的接收地。Q 站点变成 10 个运量单位的接收地。形成如图 5-43 右所示。

(2) 如果某项调运工作的交通流向线路图中的"圈"不止一个,则初始方案中一切可能的圈都要用上述的办法逐一检验。

(3) 有时,由于交通线路上运输方式可能会各不相同,仅用吨·千米难于评价经济效果时,往往需要把收、发站点间的距离换成相应的运价。而求解类运输问题时,还得代换成造价、单价、成本、物耗等,才利于对方案进行核算和考查。

例 5-16:某企业在一较大区域组织某项物资平衡调运,其供求关系和公路交通运输流向线路情况分别如表 5-15 和图 5-44。

第 5 章　应用运筹方法初步

表 5-15

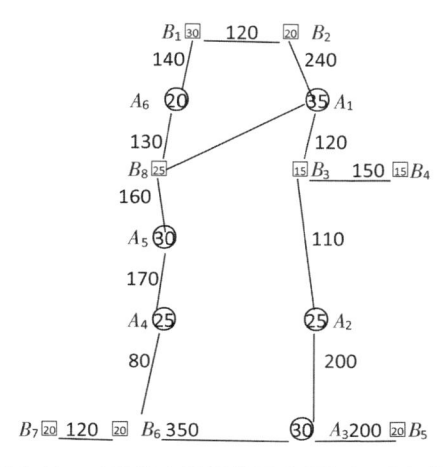

供方	数额	需方	数额
A_1	35	B_1	30
A_2	25	B_2	20
A_3	30	B_3	15
A_4	25	B_4	15
A_5	30	B_5	20
A_6	20	B_6	20
		B_7	20
		B_8	25
合计	165	合计	165

图 5-44　（联线上数据为两点间运距千米数）

试用图上作业方法，寻求最优调运方案。

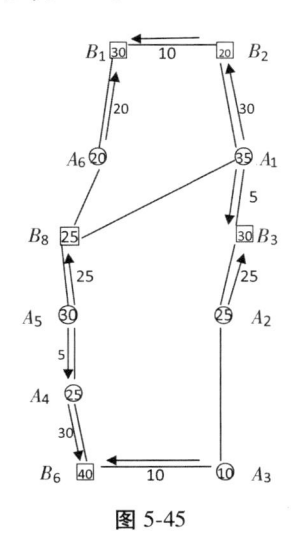

解：①原交通路线图以运距、运量作核算基础；②其分别在 A_3、B_3、B_6 有延伸支线。按"支线端点内靠"规定，先将原交通路线图改画为图 5-45 的"同效"形式（其中，B_7 合并于 B_6，表明 B_6 的需要量变更为 40t，同理，B_5 合并于 A_3，表明已有 20 百吨先期由供方 A_3 调运给了需方 B_5，此时 A_3 变更为 10 吨），故新的供需平衡总量由 165 百吨变为 145 百吨，在施行"支线端点内靠"等效处理后，再按前述办法作出初始流向图。相应的初始调运方案如图 5-45 和表 5-16：

表 5-16　初始方案　（单位：百吨）

需方\供方	B_1	B_2	B_3	B_6	B_8	数量
A_1	10	20	5			35
A_2			25			25
A_3				10		10
A_4				25		25
A_5				5	25	30
A_6	20					20
数量	30	20	30	40	25	145

图 5-45

检验：本题中，初始方案形成了三个"圈"即：

圈 1：凸多边形 $B_1B_2A_1B_3A_2A_3B_6A_4A_5B_8A_6B_1$；

圈 2：凸多边形 $B_1B_2A_1B_8A_6B_1$；

圈 3：凸多边形 $B_8A_1B_3A_2A_3B_6A_4A_5B_8$。

先检验圈 1：在凸多边形 $B_1B_2A_1B_3A_2A_3B_6A_4A_5B_8A_6B_1$ 中，

$L_{总}$ = 120 + 240 + 120 + 110 + 200 + 350 + 80 + 170 + 160 + 130 + 140 = 1 820(km)

$L_{内}$ = 120 + 350 + 160 + 140 = 770(km)

$L_{外}$ = 120 + 240 + 110 + 80 + 170 = 720(km)

由于 $L_{内}$ 和 $L_{外}$ 均小于总圈长的一半，故初始方案就属合理。

次检验圈 2：在凸多边形 $B_1B_2A_1B_8A_6B_1$ 中，

$L_{总}$ = 120 + 240 + 210 + 130 + 140 = 840(km)

$L_{内}$ = 120 + 110 = 230(km)

$L_{外}$ = 120(km)

同样，由于 $L_{内}$ 和 $L_{外}$ 均小于总圈长的一半，故初始方案属合理。

再检验圈 3：在凸多边形 $B_8A_1B_3A_2A_3B_6A_4A_5B_8$ 中，

$L_{总}$ = 210 + 120 + 110 + 200 + 350 + 80 + 170 + 160
= 1 400(km)

$L_{内}$ = 120 + 350 + 160 = 630(km)

$L_{外}$ = 110 + 80 + 170 = 360(km)

同样，由于 $L_{内}$ 和 $L_{外}$ 均小于总圈长的一半，故初始方案属合理。

结论：初始方案中，运输线路所成的 3 个"圈"分别检验后，都符合最优方案条件，故可认定初始方案所确定的交通流向图即为最优调运方案。假如出现任何一个"圈"达不到检验条件，则须将初始方案的流量、流向进行调整，另行编绘交通流向图和产供平衡表。

在此基础上，方案的总体运输成本，除了要计算最优方案成本外，还得加上原交通线路图上 3 个支线的运输成本，即目标函数：

S = 10 × B_1B_2 + 30 × B_2A_1 + 5 × A_1B_4 + 25 × B_4A_2 + 10 × A_3B_6 + 30 × B_6A_4 + 5 × A_4A_5 + 25 × A_5B_8 + 20 × A_6B_1 + (15 × B_3B_4 + 20 × A_3B_5 + 20 × B_7B_6)

= 10 × 120 + 30 × 240 + 5 × 120 + 25 × 110 + 10 × 350 + 30 × 80 + 5 × 170 + 25 × 160 + 20 × 140 + (15 × 150 + 20 × 200 + 20 × 120)

= 1 200 + 7 200 + 600 + 2 750 + 3 500 + 2 400 + 850 + 4 000 + 2 800

+ (2 250 + 4 000 + 2 400)

= 25 300 + 8 650

= 33 950(百吨·千米)。

总结上述法则,将多点产供运输平衡问题的图上作业方法,归纳成如下口诀:

流向靠右旁,对流不应当,内圈和外圈,不得过半长。

过半不算优,最小流量丢,丢小换流向,平衡求最优。

运输平衡问题图上作业寻求最优调运方案的方法,对从事相关业务工作的人员,很有帮助,也很容易掌握。

5.4.2 表上作业法

5.4.2.1 表上作业法要点

表上作业法主要是结合产销或供需运输平衡表和运行站点间不同运价或运作成本分布的实际,采用一定的法则和技巧,直接在运行表上进行数据调整,以寻求最佳效果的一种线性规划运筹方法。

表上作业法也用来解决很多类运输问题规划。用表上作业解决运输问题时,首先应根据供需站点间不同运价分布情况,利用所谓"最小元素(运量、运价、成本)法"制定出初始调运方案。在解决类运输问题的生产实际中,"最小元素"可能是最低成本、最少耗费、最短工时等。一般说来,这个初始方案不会是最优的,因此需要给出一个特别法则进行检验,并对初始方案进行调整,通过若干次"检验—调整—再检验—再调整"过程,最终就能得到最优调运方案。

5.4.2.2 从最小因素出发制定初始方案

为方便直观理解,仍然从一个简化了的产销运输实例开始。

例 5-17:某企业在同一协作区内有 3 个产地 A_1、A_2、A_3,生产同种产品,全数供给 4 个销地 B_1、B_2、B_3、B_4,其产销平衡和区间运价分别如表 5-17 和表 5-18 所示,求最佳调运方案。

表 5-17　产销平衡表　（单位：吨）

产地＼销地	B_1	B_2	B_3	B_4	产量
A_1					7
A_2					4
A_3					9
销量	3	6	5	6	20

表 5-18　区间运价表　（单位：百元）

产地＼销地	B_1	B_2	B_3	B_4
A_1	3	11	3	10
A_2	1	9	2	8
A_3	7	4	10	5

解：确定初始方案的基本思路是从先满足最小运价区间需要量出发，确定出流量、流向（最小运价即最小元素）。一步步以此类推，再结合供、需平衡关系，逐步安排，得出初始调运方案。

由表 5-18 知，最低运价为 $A_2 \longrightarrow B_1$ 区间的 1，因此，第一步，让 A_2 优先饱和供应 B_1；A_2 产量是 4t，B_1 销量是 3t，则 A_2 全部满足 B_1 后还余 1t。既然 B_1 已经得到满足，则 B_1 所在的列就不能再填入其他数字，且 B_1 所在列的运价也就不再起计算作用而应当划去，于是，得到第一步操作的中间结果，如表 5-19 和表 5-20 所示：

表 5-19　产销平衡表　（单位：吨）

产地＼销地	B_1	B_2	B_3	B_4	产量
A_1					7
A_2	3				4
A_3					9
销量	3	6	5	6	20

表 5-20　区间运价表　（单位：百元）

产地＼销地	B_1	B_2	B_3	B_4
A_1	~~3~~	11	3	10
A_2	~~1~~	9	2	8
A_3	~~7~~	4	10	5

第二步，再从表 5-20 中未划去的运价元素中，找出最小的运价，为 $A_2 \longrightarrow B_3$ 的 2，由于 A_2 已向 B_1 已向供应了 3 吨，只能将余下的 1 吨安排给 B_3；这样一来，产地 A_2 的产量已分配完毕，A_2 所在行的运价也因不再具备计算作用而划去。于是第二步在第一步的基础上，其操作的中间结果就形成如表 5-21 和表 5-22 所示：

表 5-21　产销平衡表　（单位：吨）

销地 产地	B_1	B_2	B_3	B_4	产量
A_1					7
A_2	3			1	4
A_3					9
销量	3	6	5	6	20

表 5-22　区间运价表　（单位：百元）

销地 产地	B_1	B_2	B_3	B_4
A_1	3	11	3	10
A_2	1	9	2	8
A_3	7	4	10	5

按照上面的方法，再一步一步地进行下去，直到运价表上所有元素都被划光为止。最后，还要再作一次平衡调剂，于是，在产销平衡表上就能得到一个满足产销运输约束条件的，既安排完全、又实现供、需平衡的如表 5-23 的初始调运方案。

表 5-23　产销平衡初始调运初始方案　（单位：吨）

销地 产地	B_1	B_2	B_3	B_4	产量
A_1			4	3	7
A_2	3		1		4
A_3		6		3	9
销量	3	6	5	6	20

这时，发生的总运费：

$S = 4 \times 3 + 3 \times 10 + 3 \times 1 + 1 \times 2 + 6 \times 4 + 3 \times 5$

　＝ 86（百元）

　＝ 8 600（元）。

上面的操作方法实际表明，每次在挑选并使用运价表中的最小元素来安排某产销间的运量后，总是要比较该区间点所对应的总体产量或总体销量情况，当产大于销，则在运价表上划去该点销所在的列；若销大于产，则运价表上划去该点产所在的行，即每次在平衡表上填上一个安排数字，就要在运价表划去一列或一行。运价表中共有 m 行，n 列，每次划去一行或一列，到最后，运价表上总会剩一个无法再划去元素，故平衡表中最多只会有 $m + n - 1$ 个数字。

表 5-23 表述的初始方案虽然是从运价表中最小元素起，逐步安排得出，

· 183 ·

但是否是最优方案，还不能确定，还得要有一个可靠的判定方法。为了便于理解和掌握，我们将从一个浅显的道理推衍出一个判定方案是否最优的"闭回路检验数法"。

5.4.2.3 "闭回路"检验数判别法

"闭回路"检验数判别法也叫"闭回路"正、负数值检验判别法。结合例 5-17 所得出的初始方案表 5-23，我们来学习这个检验判别法的数学原理和其运作办法。

表 5-23 所给出的这个初始方案中，空格表示无流量（或说该空格的变量 X_{ij} 的取值为 0），如 A_1B_1 为空格，即表示 A_1 生产的产品不调配给 B_1（$X_{11}=0$），如此等；假设，我们要把这个初始方案改变一下，例如，让 A_1 调 1t 给 B_1，为了落实这一改变，就要进行新的平衡。就需要依秩序在 A_1B_3 处减少 1t，A_2B_3 处增加 1t，A_2B_1 处减少 1t，由此所得出变更方案如表 5-24 所示：

表 5-24　产销平衡初始调运方案闭回路法示意　　（单位：吨）

产地＼销地	B_1	B_2	B_3	B_4	产量
A_1	1?	—	3?	3	7
A_2	2?		2?		4
A_3		6		3	9
销量	3	6	5	6	20

再从运作的途径上看，从 A_1B_1 出发，沿 $A_1B_1 \longrightarrow A_1B_3 \longrightarrow A_2B_3 \longrightarrow A_2B_1 \longrightarrow A_1B_1$；组成了一个被称为"闭回路"的"圈"。这个闭回"圈"，除 A_1B_1 外，都是初始方案表 5-23 中有数字的格点。

现在的问题是，表 5-24 所表示的改变方案对总运费的增减情况如何变化呢？结合表 5-22 所示的区间运价，改变方案对比原始方案，在 $A_1 \longrightarrow B_1$ 区间增加运费 300 元，在 $A_1 \longrightarrow B_3$ 区间减少运费 3 百元，在 $A_2 \longrightarrow B_3$ 区间增加运费 200 元，在 $A_2 \longrightarrow B_1$ 区间减少运费 1 百元，以上四个区间运价数字的代数和为：3 − 3 + 2 − 1 = 1（百元）。即是说，做这样的假设改变并调整交通运输线路后，要增加运费，它说明对初始方案做改变调整是不可取的。反之，若这四个数字的代数和为负数，即是说，做这样的假设改变并调整交通运输规划，能减少运费，说明初始方案有进一步修改的必要。通过这种分析，仅从

· 184 ·

起始于 A_1B_1 格的其中一个闭回路的四个顶点区间运费变化发生额的代数和是正或负，就能帮助我们检验出初始方案在 A_1B_1 格处是否需要作修改调整。故我们就称这个数（闭回路顶点数值代数和）为原始方案 A_1B_1 格的闭回路"检验数"。

若比照上面的方法，找并求出表5-23中所表示的初始方案所有空格的这个闭回路"检验数"的数值，就构成了初始方案表5-23（初始方案）的全部检验数。为避免混淆，我们在初始方案表5-23运输流量表的基础上，再加上用带括号的数表示其空格位置的闭回路"检验数"。就得出如表5-25所表示出的既有初始调运安排数据、又有空格位置闭回路"检验数"表。

表5-25　产销平衡初始调运方案暨检验数表　　（单位：吨，百元）

销地＼产地	B_1	B_2	B_3	B_4	产量
A_1	(1)	(2)	4	3	7
A_2	3	(1)	1	(-1)	4
A_3	(10)	6	(12)	3	9
销量	3	6	5	6	20

5.4.2.4　从"闭回路"负数格调整初始方案

从表5-25中看出，只有 A_2B_4 格检验数为(-1)，按空格处闭回路检验数原理，说明表5-23所代表的初始方案，不算最优，需要在 A_2B_4 格处对运量作一最小单位量的调整。从表5-23可看出，为了把 A_2 的1个单位数量产品调给 B_4，就要按其闭回路方向相应减少 A_1 调给 B_4 的和 A_2 调给 B_3 及增加 A_1 调给 B_3 的相同数量的产品。这可以从表5-26所示的以 A_2B_4 格为起始点的闭合回路 $A_2B_3 \longrightarrow A_2B_4 \longrightarrow B_4A_1 \longrightarrow A_1B_3 \longrightarrow A_2B_3$ 得到印证：

表5-26　产销平衡初始调运方案负检验数调整　　（单位：吨）

销地＼产地	B_1	B_2	B_3	B_4	产量
A_1			4 ←	3	7
A_2	3		1 →	?	4
A_3		6		3	9
销量	3	6	5	6	20

分析得知，在表 5-26 所示的闭回路中，A_2 最多能调 1t 给 B_4。在这个前提下，经过产销平衡再协调，得出新的调运方案表 5-27：

表 5-27　产销平衡新调运方案　　（单位：吨）

产地＼销地	B_1	B_2	B_3	B_4	产量
A_1			5	2	7
A_2	3			1	4
A_3		6		3	9
销量	3	6	5	6	20

表 5-27 按闭回路检验数负数格进行调整运量再平衡后的新调运方案，是否最优，还须再用"闭回路检验数"法对其所有空格处计算其检验数，得出相应的检验数表 5-28：

表 5-28　新调运方案检验数表　　（单位：吨，百元）

产地＼销地	B_1	B_2	B_3	B_4	产量
A_1	(0)	(2)	5	2	7
A_2	3	(2)	(1)	1	4
A_3	(9)	6	(12)	3	9
销量	3	6	5	6	20

表 5-28 中，所有的检验数均为正数（≥0），所以可以肯定，表 5-27 给出的新调运方案是最优方案，这时总运费为：

$S = 5 \times 3 + 2 \times 10 + 3 \times 1 + 1 \times 8 + 6 \times 4 + 3 \times 5$

　 $= 85$（百元）

　 $= 8\,500$（元）。

比初始方案少了 100 元。

5.4.2.5　闭回路检验数判别法小结

在即 5.4.2.3 和 5.4.2.4 中，利用"闭回路"检验数法判别初始调运方案是否最优的讲述中，我们在学习利用某空格处的闭回路检验数是正或负来判别初始方案是否最优的同时，实际上也掌握了作某空格的"闭回路"和求该空格"闭回路数"的具体操作方法。为加深理解，对某空格的"闭回路"和求该空格

"闭回路数"再做单独回复。

闭回路作法：从某一空格出发，沿水平或竖直方向前进，当遇到一个适当有数字的格后，则转 90°向回转到出发方位前进（所谓适当即是可以跳越其他有数字或没有数字的格）。再遇有数字的格又再转 90°向回转到出发方位前进，如此继续，直到回归于原出发的格，从而形成一个闭合的矩形折线框，这个闭合的矩形折线框就简称为该空格的"闭回路"。对于每一个空格来说，其闭回路存在且唯一。

闭回路检验数计算法：（假设以对空格调增一最小整单位运量 1）从空格开始，沿闭回路前进，将空格相应运价加上正号，将第一个遇到的转角格相应运价加上负号，第二个转角格相应运价加上正号，第三个转角格相应运价加上负号……最后，这些被添加过正或负的符号的格运价的代数和，即为该空格的检验数。

从负检验数空格着手修改原方案：这方面的知识，已在 5.4.2.3、5.4.2.4 节内讲述明白。需要补充的是，若原初始方案的闭回路检验数表中不止一个空格的检验数为负，那么就需要对每一个负检验数格都作优化调整，然后再一步步进行比较，最后得出最优方案。

5.4.3 利用"位势"法求检验数

闭回路检验数法对解决产销站点较少的运输和类运输线性规划问题，有较好的实践价值，也容易掌握。然而，当面对产销站点个数较多、运输单价相对较复杂时，做闭回路和计算闭回路检验数的工作量将变得十分繁重。为了克服这个弊端，应用数学界又在实践中摸索出利用"位势"法求检验数的一个较为简便的新方法。

"位势"法求检验数的方法，是在闭回路求检验数思想方法的基础上衍生出来的另一个求检验数的方法，对产销站点较多的问题，运作起来相对要简便得多。

初始方案中，某一空格的检验数是正还是负，是立足于假设以要计算检验数的那个空格为目标，就近从其他有调运安排（即变量 $X_{ij} > 0$）的格中调出一个单位运量后，重新平衡调运方案所引起的目标函数（总运价）是出现增或减的计算结果，说明这个结果是与初始方案原来有调运安排的格的运价是对应联系的。于是我们便从初始方案中某个有数字格的运价着手，从列和行的联系上人为地增加一列和一行分别与该格运价有相关联的数，简称"位势数"。回过来，用同样的相关联方法计算出来的某空格的一个确定"数"，它虽不是检验数，但它对该空格的检验数变化趋势关联影响极大。我们称该空格的这个"数"为该空格的"位势数"。空格原运价减去这个"位势数"，就得出该空格的检验数。因为都是从某空格1个单位运量的假设调整出发进行推衍，所以用这种所谓的"位势数"法求得的检验数与用闭回路法求得的检验数，其意义和数值都是相同的，但工作量要少得多。

为了方便讲述，仍以例5-17的内容和其运价表5-18、初始方案表5-23为实例。

第一步，先把表5-23中有数字格的地方换为表5-18运价表中对应格的运价，做成另外一张表5-29：

表5-29

销地 产地	B_1	B_2	B_3	B_4
A_1			3	10
A_2	1		2	
A_3		4		5

第二步，在表5-29的右面和下面分别增加一列（称u_i列，$i=1$，2，3）和一行（称v_j行，$j=1$，2，3，4）。并填上一个个具体的又相互关联的数u_i和v_j，按使得表5-29中某个数字刚好等于它所在行和所在列的数字u_i和v_j之和。u_i和v_j分别被称为第i行和第j列的位势，形成表5-30。

由于这些u_i和v_j位置上的数是互相关联的，所以填写时可以先任意决定其中的一个，然后推导出其他的u_i和v_j。例如，在表5-30中，人为地先设定$v_1=1$的位势数，于是由A_2B_1格的数字为1，即是：$v_1+u_2=1$，从而推知：$u_2=0$；

同理：

A_2B_3格数字为2，即有$v_3+u_2=2$，推知$v_3=2$；
A_1B_3格数字为3，即有$v_3+u_1=3$，推知$u_1=1$；
类似，由$v_4+u_1=10$，推出$v_4=9$；
由$v_4+u_3=5$，推出$u_3=-4$，
由$v_2+u_3=5$，推出$v_2=8$；

最后，得出如表5-30所示的人为初始安排那些空格所在行、列对应的全部位势数：$v_1=1$，$v_2=8$，$v_3=2$，$v_4=9$和第u_i列对应的全部位势数：$u_1=1$，$u_2=0$，$U_3=-4$。

表 5-30

销地 产地	B_1	B_2	B_3	B_4	U_i 列
A_1			3	10	$U_1 = 1$
A_2	1		2		$U_2 = 0$
A_3		4		5	$U_3 = -4$
V_j 行	$V_1 = 1$	$V_2 = 8$	$V_3 = 2$	$V_4 = 9$	

现在，我们在这个人为设置的表 5-30 上，再来求其某空格中以运价和 U_i、V_j 位势数为基础的空格的检验数。例如其空格 A_3B_1 上的检验数（空格 A_3B_1 对应的运价设为 $C_{3,1}$），如表 5-31：

表 5-31

销地 产地	B_1	B_2	B_3	B_4	U_i 行
A_1			3	10	$U_1 = 1$
A_2	1		2		$U_2 = 0$
A_3	?	4		5	$U_3 = -4$
V_j 列	$V_1 = 1$	$V_2 = 8$	$V_3 = 2$	$V_4 = 9$	

设空格 A_3B_1 的检验数为 ? $= \Delta_{3,1}$，先对空格 A_3B_1 做出闭回路如表 5-32 所示，再由闭回路计算法则得到：

$$\Delta_{3,1} = C_{3,1} - (v_4 + u_3) + (v_4 + u_1) - (v_3 + u_1)$$
$$+ (v_3 + u_2) - (v_1 + u_2)$$
$$= C_{3,1} - (v_1 + u_3)$$
$$= 7 - (1 - 4) = 10。$$

$C_{3,1}$ 是原运价表 5-18 上空格 A_3B_1 对应的运价，而 $(v_1 + u_3)$ 恰好是该空格所在行和所在列的位势之和。故，若直接运用这个人为的位势表，计算空格 A_3B_1 的检验数就容易得多。类似的，我们可以求得表 5-31 上任一空格的检验数为：

$$\Delta_{i,j} = C_{i,j} - (v_i + u_j)$$

即是说，只要把表 5-31 上所有空格处的运价数减去该空格处位势和列位势之和，即能非常快捷地求得各空格处的检验数（如表 5-32）。

· 189 ·

表 5-32　用位势法求得的检验数表

销地＼产地	B_1	B_2	B_3	B_4	U_i列
A_1	1	2			$U_1 = 1$
A_2		1		-1	$U_2 = 0$
A_3	10		12		$U_3 = -4$
V_j行	$V_1 = 1$	$V_2 = 8$	$V_3 = 2$	$V_4 = 9$	

可以看出，表 5-32 所求得的检验数与用闭回路法求得的检验数表 5-25 是完全一致，但动作过程要简便得多。

或许读者要问，既然 V_j 列和 U_i 是人为预设的，会不会出现在计算位势时，行或列的某一位置出现无位势数，或某一行、某一列出现两个不同位势值的情况，答案是否定的。因为对于一个给定的初始方案，只要首先在初始方案某有数字的格所对应的位势行或位势列先任意给出一个位势数，则位势行 V_j 或列 U_i 的其他位置的位势数和初始方案中空格的位势数都按同一关联法则相加计算得出，它们都存在而且唯一。

5.4.4　表上作业法一般程序

再强调一点，位势法仅是针对给定一个初始方案后，与闭回路法求其检验数的另一个较为简捷的等效方法。至于针对检验数为负数的格继续进行方案优化调整──→检验，乃至再调整──→再检验等步骤，则与前面讲述相同。为此，对于供需平衡运输问题或类运输问题，寻求最优工作方案的表上作业法运作步骤，再用以下的图框形式做出如图 5-46 的表述：

第 5 章　应用运筹方法初步

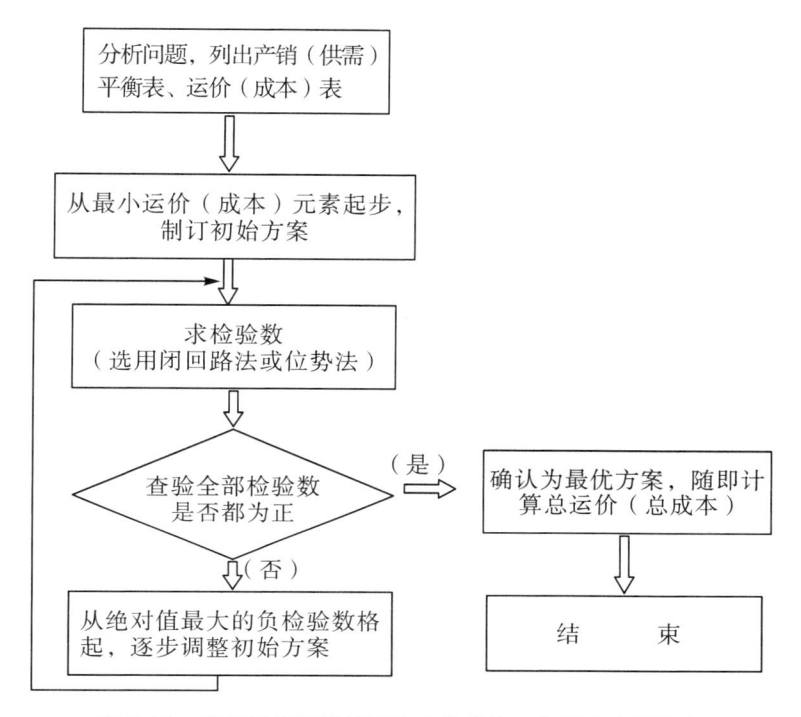

图 5-46　产销平衡运输问题表上作业法一般运作步骤示意

5.4.5　供需不平衡运输类问题的变通处置方法

这以前我们讨论的运输和类运输问题都是产量、销量或发送量、接收量彼此相等的所谓"平衡"运输问题，在经营和管理的实际工作中，还存在产、销量，收、发量不相等的"不平衡"调运问题，这类问题也可以变通运用"平衡运输"的图上作业法和表上作业法，以寻求最运输成本。其变通操作过程如下。

在不平衡调运问题中，若产大于销，则在销点行内另加一虚拟"库存"栏以求"平衡"，该栏全部运价为零；反之，若销大于产，则在产点列内另加一"假设产点"栏以求平衡，同样该栏全部运价为零。然后，在进行图上作业或利用平衡表编制初始方案时，先排除零运价"格"。

例 5-18：某地对于一产大于销的不平衡运输问题，做出的调运表及运价表如表 5-33，试以此寻求最好调运方案。

表 5-33（一）产、销平衡表　　（单位：吨）　　　　（二）运价　　（单位：百元）

收点 发点	B_1	B_2	B_3	B_4	库存	发出量	B_1	B_2	B_3	B_4	库存
A_1						7	2	11	3	4	0
A_2						5	10	3	5	9	0
A_3						7	7	8	1	2	0
	2	3	4	6	4	19					

即通过一个人为增设的"库存"栏，便把一个产大于销的不平衡运输问题，变通成一个产销平衡的调运方案问题，直接就可用表上作业法寻求最佳调运方案。

5.5 某些类运输线性规划问题变通解决方法

5.5.1 关于类运输线性规划问题

经济社会管理还有一些类似供需平衡、配置平衡类的线性规划实际问题，一般情况下，也都可以抽象为类似产销平衡运输问题的数学模式，从而运用产销平衡运输问题求解的图上作业或表上作业法寻求最优工作方案，限于篇幅，不再展开。仅将几类常见的类运输实际问题举例归纳，读者可以在今后的实践中，本着这个思路逐步摸索拓展。

5.5.2 可视为类运输线性规划问题的变通办法

在本章5.3.1中，我们列出了包含普通多变量运输问题在内的、具有相似数学模型的5种类型的线性规划问题，它们之间有一些实际问题与多变量运输类线性规划问题有很大的相似之处，在学习和掌握了产销平衡运输问题图上作业、表上作业处理方法后，就可以将其拓展运用到这部分类运输线性规划问题上。本节主要通过提出和分析同类问题实例的方式，将处理运输问题所学的图上作业、表上作业方法，向解决类运输问题变通拓展。

5.5.2.1 作物种植布局问题

例5-18：某农场要在 B_1、B_2、B_3、B_4、B_5 这五类土地上种植 A_1、A_2、

A_3、A_4 四种谷物，五类土地各自的面积(亩数)b_1、b_2、b_3、b_4、b_5 总数和四种谷物各自可种植面积(亩数)a_1、a_2、a_3、a_4 总数都等于 m(如表 5-34 所示)；根据以往的经验，每种谷物在各块土地上的单产量(千克/亩)或亩产价值(元/亩)为 C_{ij}(如表 5-35 所示)：(表 5-34、5-35 也可以合并)

表 5-34　地块及谷物种植面积(亩)

谷物 i \ 地块 j	B_1	B_2	B_3	B_4	B_5	可种植亩数
A_1						a_1
A_2						a_2
A_3						a_3
A_4						a_4
地块亩数	b_1	b_2	b_3	b_4	b_5	m

表 5-35　谷物在各地块单产效益

效益 \ 地块 j	B_1	B_2	B_3	B_4	B_5
A_1	C_{11}	C_{12}	C_{13}	C_{14}	C_{15}
A_2	C_{21}	C_{22}	C_{23}	C_{24}	C_{25}
A_3	C_{31}	C_{32}	C_{33}	C_{34}	C_{35}
A_4	C_{41}	C_{42}	C_{43}	C_{44}	C_{45}

问：应如何安排种植计划，才能使总产量或总产值效益最多？

分析：

1. 从表 5-34 和表 5-35 的表述形态上看，这个生产布局上的线性规划问题，与普通供需平衡的运输规划问题有相通之处。

2. 这个问题的数学模式就是要求寻找一组合适的变量 x_{ij}(其中 i = 1，2，3，4，5；j = 1，2，3，4)，使它满足：

$$\begin{cases} \sum_{i=1}^{4} x_{ij} = a_i(j = 1, 2, 3, 4, 5；即在各地块种植谷物 A_i 的亩数，应等于 A_i 的可种植亩数) \\ \sum_{j=1}^{5} x_{ij} = b_j(i = 1, 2, 3, 4；在某地块 B_j 上种植四类谷物的精品屋亩数，应等于 B_j 的面积) \\ x_{ij} \geq 0(i = 1, 2, 3, 4, 5；j = 1, 2, 3, 4，即种植亩数不能为负) \end{cases}$$

且能使目标函数 $S = \sum_{i=1}^{5} \sum_{j=1}^{4} c_{ij} x_{ij}$ 取值最大(即整个种植收益总产量或总的价值收益取得最大值)。

3. 本实例的数学模式与相关数据表的形态，与供需平衡的运输类问题完全一致，故完全可以按处理运输类线性规划问题的"表上作业法"求得最优种植计划。与运输问题做初始计划方案的区别在于，这个问题是求目标函数的最大值，故作初始方案应从选择表 5-34 中 C_{ij} 数值最大的"格"做起，同样可变通借用"闭回路"检验法和"位势数"检验法对初始方案进行修订和完善。

5.5.2.2 生产组织与计划安排问题

例 5-20：某机械制造公司安排 A_1，A_2，A_3 三个车间加工四种不同型号的零件 B_1，B_2，B_3，B_4。已知，在一个生产期限内，每个车间所能承担的机床台时数分别为 160，280，200 台时；每种零件所需的产出量分别是 80，30，50 件（如表 5-36 所示）。而每车间加工某种零件所需耗费机床台时数 C_{ij} 成本也各不相同（如表 5-37 所示）。

问：要怎样安排各车间的生产任务，才能既保证完成加工任务，又使总的加工成本（完成任务总体耗费的机床台时数）最低。

表 5-36　车间产能及不同零件需求

车间编号 i \ 零件名称 j	B_1	B_2	B_3	B_4	车间能提供的台时数
A_1					160
A_2					280
A_3					200
所需产出量 b 个	80	30	20	20	

表 5-37　单个零件耗费台时

生产某单个零件所需台时数			
B_1	B_2	B_3	B_4
8	6	1	2
2	4	7	4
3	5	2	3

例：A_1 车间加工零件 B_1 所耗费的台时数为 $C_{11}=8$，其他类推

分析：

1. 从表 5-36 和表 5-37 表述形态上看，这个生产组织与工作计划安排上的线性规划问题，与普通非供需平衡的运输规划问题有相近之处，也有不同之处。相近之处在于，与普通供需运输及运单价的表述形态相近；不同之处在于车间能提供的台时数与不同零件所需的产出量之间无直接内在联系。且某车间加工不同零件所耗费的总的台时数只能小于或等于该车间能够承担的台时数，而三个车间加工某一类零件的总数又必须大于该零件的所需产出量。

2. 这个问题的求解实质是要求寻找一组（共有 $3\times 4 = 12$ 个）合适的变量 x_{ij}（其中 $i = 1, 2, 3$；$j = 1, 2, 3, 4$），使它同时满足：

① $\begin{cases} 8X_{11} + 6X_{12} + 1X_{13} + 2X_{14} \leq 160 \\ 2X_{21} + 4X_{22} + 7X_{23} + 4X_{24} \leq 280 \\ 3X_{31} + 5X_{32} + 2X_{33} + X_{34} \leq 200 \end{cases}$

② $\begin{cases} X_{11} + X_{21} + X_{31} = 80 \\ X_{12} + X_{22} + X_{32} = 30 \\ X_{13} + X_{23} + X_{33} = 20 \\ X_{14} + X_{24} + X_{34} = 20 \end{cases}$

和 ③X_{ij}为正整数（即加工的零件不能为负数、分数）

使得：目标函数 $S = 8X_{11} + 6X_{12} + 1X_{13} + 2X_{14} + 2X_{21} + 4X_{22} + 7X_{23} + 4X_{24} + 3X_{31} + 5X_{32} + 2X_{33} + 3X_{34}$ 的值最小（加工总成本最小）。

3. 这类问题的数学模式用序列求和符号"$\sum$"可简明表达为：

① $\sum_{i=1}^{3} c_{ij} x_{ij} \leq a_i (j = 1, 2, 3, 4;$ 即某车间加工四种零件耗费的总台时数不大于总产能）

② $\sum_{j=1}^{4} x_{ij} = b_j (i = 1, 2, 3;$ 即三个车间加工某类零件的总数须等于该零件的所需产出量）

③ $x_{ij} \geq 0$，整数（$i = 1, 2, 3,; j = 1, 2, 3, 4$）
（即某方格内零件计划产量不能为负、为分数）

4. 由于要求目标函数取最小，故作初始方案应从选择表5-34中 C_{IJ} 数值最小的"格"做起，将 B_j 所对应的所需产出量 b_j 尽可能安排为 C_{IJ} 格计划产量，然后，变通借用"闭回路"检验法或"位势数"检验法并同时结合约束条件 ① 和 ② 对初始方案进行修订和完善。

对于可视为类运输线性规划问题本书仅通过实例，讲述分析和寻求答案的变通思路，有兴趣的读者，可结合工作实践，继续探索。

5.6 练习题

1. 通过对一项投资计划的调查分析，得知下列资料：

表 5-38　工序衔接表　　（时限单位：月）

工序或事项名称	前接工序（或事项）	所耗时间	工序或事项名称	前接工序（或事项）	所耗时间	工序或事项名称	前接工序（或事项）	所耗时间
A	——	2	D	A	4	G	D	3

续表

工序或 事项名称	前接工序 （或事项）	所耗 时间	工序或 事项名称	前接工序 （或事项）	所耗 时间	工序或 事项名称	前接工序 （或事项）	所耗 时间
B	A	2	E	B	1	H	F、G	2
C	A	2	F	C、E	1			

要求：①按上述资源绘制网络图；②确定主要矛盾线路并计算按此做出的初始方案，项目总体完成时间；③计算各工序（事项）时差，并在网络图上标出。

2. 已知某工程施工网络图如图 5-47：

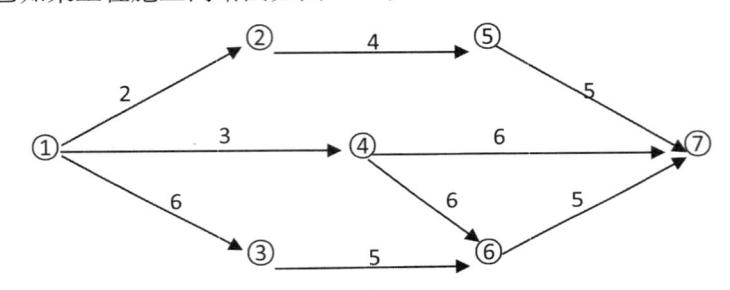

图 5-47　习题 2　某工程施工网络简图

说明：箭头线上的数字表示该工序所需某单位时间。

要求：①用箭头线标识法写出每道工序（事项）的前接工序（事项）和后接工序（事项）。②计算并标出主要矛盾线路。③计算工序（事项）时差。④做出该施工网络图的时间坐标网络图。

3. 已知某车间设备移位工作，结合工序的时耗、人力调配，得施工网络图 5-46：

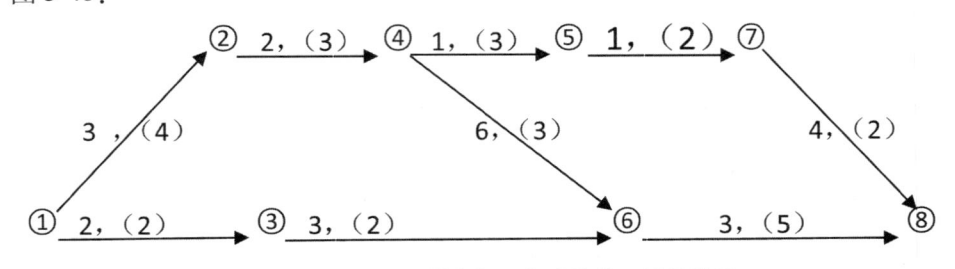

图 5-48　习题 3　某车间设备移位施工网络简图

说明：工序箭头线中括号外的数字表示该工序所需占用的作业时间（以小时为单位）；括号内数字表示该工序需要占用作业人员人数。

要求：① 针对上述资料，用图块式时间进度资源投入网络图方法，做出本事项"时间进度及人员调配网络图初始方案"；② 用所学方法对这个初始方案进行完善修订。

4. 已知一后勤工程各实施环节所需安排的时间及运力计划初始时间进度及资源配置网络如下：

日历	21/5	22	23	24	25	26	27	28	29	30	31	1/6	2	3	4	5	6	7	8	9	10	11
进度序号	1	2	3	4	5	6	7	8	9	10	11	12	13	14	15	16	17	18	19	20	21	22

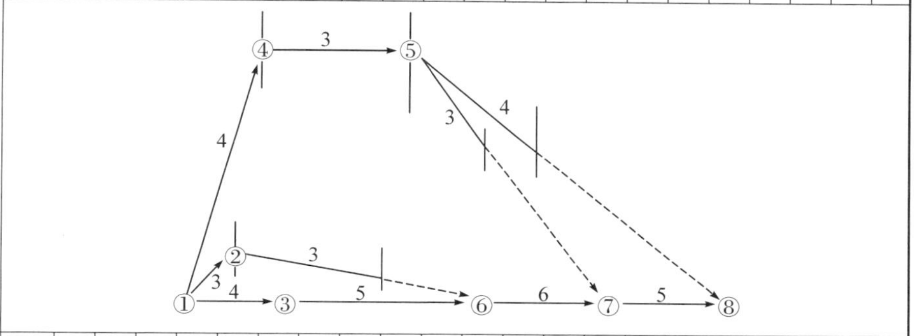

图 5-49　某后勤工程施工时间进度（初始）网络图

说明：① 箭头线表示各程序（工序）间的衔接关系及占用的工作日数；
　　　② 箭头线上数字表示该程序（工序）实施期间需要的运输力量配置，单位为：辆／日。

要求：

（1）按题目要求填报完成施工工序暨时差统计表5-39

表 5-39　某后勤施工工序时差统计表

工序名称	工时（日）	时差（日）	运力需求（辆／日）	工序名称	工时（日）	时差（日）	运力需求（辆／日）

续表

工序名称	工时（日）	时差（日）	运力需求（辆／日）	工序名称	工时（日）	时差（日）	运力需求（辆／日）

（2）用图块式时间进度资源投入网络图方法，做出本事项"时间进度及运力调配网络图初始方案"，并做方案调整。

（3）用横道式时间进度资源投入网络图方法，做出本事项"时间进度及运力调配网络图初始方案"，并做方案调整。

5. 某企业一项目投资方案工序（事项）计划为：方案设计及审核 2 个月，基建 8 个月，设备采购 3 个月，设备安装 4 个月，人员培训 2 个月，原料、耗材准备 2 个月，试车 1 个月，然后正式生产，初始方案确定设备采购可与基建工作同时进行，试据此绘制该项目投资计划的初始运筹网络图，并计算项目主要矛盾线路及工期。

后企业决策层认为初始运行方案总工期太长，资金占用产生的财务成本过高。经分析，认为：

（1）基建工序可采用平行作业和交叉作业方法缩短工期至 5 月。

（2）设备采购可分为两大部类同时进行，第一部类耗时 1 个月，第二部类耗时 2 月。

（3）在设备安装时限内，同时可组织人员培训和原料、耗材准备。

（4）试车工序需要包括新产品送检定型，需要增加时限半个月。

试按这个思路调整后项目投资计划运筹网络图，并做出分析。

6. 已知实施某项目工程的工序统筹资料如表 5-40：

表 5-40 某工程工序划分与衔接关系汇总

工序名称	前接工序	所需工时（日）	人力需求（人）
A		4	4
B		8	6
C	B	6	3
D	A	3	1

续表

工序名称	前接工序	所需工时（日）	人力需求（人）
E	A	5	4
F	A	7	8
G	CBD	4	2
H	EFG	3	3

要求：

（1）绘制网络图。

（2）根据网络图确定主要矛盾线路、计算总工期。

（3）用时间进度坐标绘制网络图。

（4）用横道式时间进度资源投入网络图方法表达这个项目的工日人力需求。

（5）用横道式时间进度资源投入网络图方法进行方案调整，并做出分析。

7. 某工厂用三台机床 A_1，A_2，A_3 加工两种零件，加工两种零件 B_1，B_2；每天必须完成 B_1 50 个，B_2 70 个，若已知各机床加工不同零件，单件产生基本耗费如表 5-41 所示，且无论加工何种零件，三台机床每天都应分别完成 40 个，35 个，45 个的加工任务。问，如何分配各机床的加工任务，才能使全厂每天生产耗费最少？（分析问题的数学模型，并用凸多边形法求解）

表 5-41　加工单件基本耗费表　（单位：元）

耗费　零件名　机床	B_1	B_2
A_1	4	3
A_2	1	5
A_3	2	2

8. 某农村专业合作社计划用 500 亩土地分别种植烤烟和药材，已知种烤烟每亩需要投入现金 50 元，劳动力 60 工日；种药材每亩需要投入现金 70 元，劳动力 30 工日；每亩烤烟可获利 200 元，每亩药材可获利 300 元。已知，该合作社本年能为此筹集资金 35 000 元，提供劳动力 30 000 工日。问，要如何安排烤烟和药材的种植亩数，才能使合作社获利最大？

· 199 ·

（要求：分析并列出数学模型，相应表格，再相应求解）

9. 某企业由三个分厂共同组织生产一种由两种部件组成产品。由于各分厂工艺、产能方面的差异，各分厂生产这种产品两个部件的日产量如表 5-42。

表 5-42　两个部件的产量　　（单位：件）

日产量＼分厂名＼部件名	A_1	A_2	A_3
部件Ⅰ	30	15	18
部件Ⅱ	20	40	50

问：应如何安排生产计划，才能使全厂产品日产量最大？

10. 某公司生产甲、乙两种产品，每种产品均需分别经过三台机床加工，各机床加工每件产品耗用工时、每天能提供的工时限额和每种产品单件利润如表 5-43。

公司为获取最大利润，应怎样安排这两种产品的产量？

表 5-43　各机床加工信息　　（单位：件，小时，元）

工时数＼产品名＼机床编号	产品甲（耗用工时）	产品 乙（耗用工时）	各机床每天提供的工时限额
机床Ⅰ	12	12	840
机床Ⅱ	3	6	300
机床Ⅲ	8	4	480
单件产品利润（元）	6元/件	4元/件	

11. 如图 5-50 所示，某地为一种物资的产供调运做出了需求交通图。

其中，○表示产地或发出地，园圈内的数字表示发出数量；而□表示接收地，框内数字表示接收数量。连线上的数字表示站、点间的运距（千米）。

试用图上作业法寻求最优调运方案，并编制调运平衡表，计算总体运输效益（吨·千米）。

12. 某烟厂生产两种牌子的香烟，按配方要求，生产第一种牌子香烟一箱（20 条装），需上等烟叶

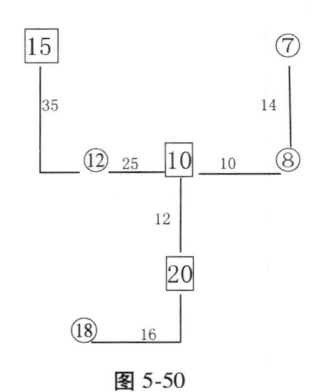

图 5-50

3.5kg，中等 4.5kg，下等 2kg；生产第二种牌子的香烟一箱，需上等烟叶 5kg，中等 2kg，下等 3kg。生产第一种牌子香烟一箱可获利 35 元，生产第二种牌子香烟一箱可获利 50 元；该烟厂现有上等烟叶 1 000kg，中等 1 200kg，下等 800kg。问，应如何这两种牌子的生产量，才能烟厂获利最大？

13. 今有一物资调运的交通线路图如图 5-51 所示，运量平衡如附表 5-44 所示，试按图上作业法做出其最优调运方案。

表 5-44 物资调运平衡表

发地	数量	接收地	数量
A_1	3	B_1	2
A_2	6	B_2	12
A_3	8	B_3	5
A_4	4	B_4	7
A_5	5		

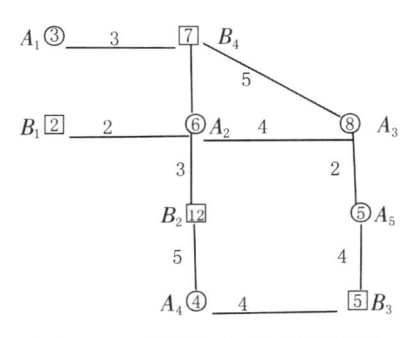

图 5-51 物资调运交通线路图示

说明：圆圈内、方框内数据为发站、收站的供、需数量(吨)；连线上或侧边数据为站、点间距离数，单位：千米。

14. 有某物资调运，由发点 A_1，A_2，A_3 组织发货，发运量分别为 30、30、10 吨；运往 B_1，B_2，B_3，B_4 四个接收点，接收量分别为 20、30、10、10 吨。发收量平衡，交通线路如线上的数字为其间的运距。(按百元／吨·千米计算效益)。

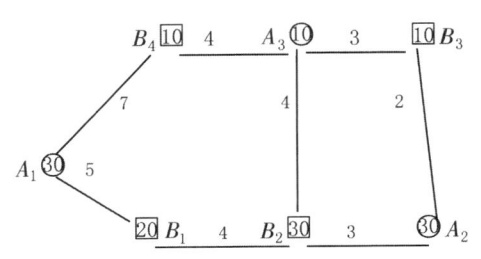

图 5-52 某物资调运线路图

要求：

(1) 用图上作业法求最优调运方案，列出相应调运安排表。

(2) 用表上作业法寻求最优调运方案。

(3) 计算目标函数值。

· 201 ·

15. 某物资调运的产销平衡及运价如表 5-45 所示。

表 5-45　（一）产销平衡表　（单位：吨）　　　（二）运价表　（单位：百元）

销地 产地	B_1	B_2	B_3	B_4	数量	B_1	B_2	B_3	B_4
A_1					7	3	11	3	12
A_2					4	1	9	2	8
A_3					9	7	4	10	5
	3	6	5	6	20				

要求：

（1）用表上作业法中最小元素法做出初始方案。

（2）分别用闭回路法和位势法求初始方案检验数。

（3）在检验数表的基础上调整寻求最优调运方案。

第6章 常用的优选方法

6.1 优选法与社会经济管理

6.1.1 优选法含义

优选法可直接理解为"选优的方法",是现代运筹学的一个重要分支,其重点在于选择什么样的捷径去实现(或接近)目标。这是另一方向的运筹思路,故本章单列讲述。从"选优的方法"本意上讲,优选法是指经济社会管理工作中,用来指导、帮助人们应采取什么样的方式或措施,才能以较少的试验探索次数或试验代价,寻找到或确立出最优工作方案(好的工艺条件、合理的原料配方、科学的生产组织或资源配置方式),从而使某些目标(经济指标、产品数量、质量要求)能达到最好结果(如高产、优质、低耗等)的一种应用方法。从应用数学的角度讲,是指如何在数学理论的指导下,用尽可能少的、可量化的寻求途径或试验次数(因为每一寻求过程或每一次试验都是有代价的)就能实现最优化的工程设计、生产效能,产品研发结果。即是说,在经济社会管理中,很多时候,人们不仅希望寻求到最优的结果,而且还要求尽可能地减少得到最优结果所必须付出的代价和损耗。

例如,一种农药杀灭某类病虫的效果,与其稀释度关系极大,从含药量30%~90%都在可杀灭范围内,但杀灭效果在这个"可杀灭范围"各有高低。为了找到最优的杀灭效果,需要安排从稀释度为30%,31%,32%,直到90%来进行一系列稀释度试验。显然,这样次数繁多的试验就得付出大量的物品耗费和参与检测的人力、时间耗费;又如,建筑工程设计上经常有"胖梁肥柱"和"超筋""少筋"(指单位砼截面所含钢筋比率)之争,为在满足使用和安全要求的前提下尽可能节约原料、降低成本,也要求在事前做一系列构件抗压、抗拉、抗扭等类试验,同样,每一次(项)这样的试验都是破坏性试验,耗费极大。如何做到以尽可能少的试验或检测次数,就能得出最优而且可靠的检测或试验结果?

再例如，某特种钢材的特征性能，是由在其钢冶炼过程中添入某种稀有微量元素的含量所决定，且其含量过大或过小都会影响它的性能特征。以往的经验表明，能体现这种性能特征的含量是某种稀有微量元素的投放量大于1 000kg/t 钢液，而小于 2 000kg/t 钢液。且在这个范围内，每增加 1g 或减少 1g，对其性能特征都会发生不同影响。而若按每次增加或减少 1g 来进行试验，若达不到需要的性能特征时，整炉钢即为废品。故只能寻求采用尽可能少的试验次数，迅速找出体现最优性能特征的添加量。

类似的实例很多。

即是说，任何试验或检测都必须付出或大或小的代价、造成或多或少的损失。这类问题向科技界提出了一个共同需求：能不能用尽可能少的试验或检测次数（即尽可能地减少必须付出的代价或损失），又能尽快地找出或确立出那些使目标函数实现或达到最好结果的制约因素的最佳取值？针对这类需求，从 20 世纪 30 年代以来，经过若干科技专业工作者结合社会生产实践，不断地探索总结和归纳提炼，逐步创建和完善出一门应用很广的、被称为优选法的应用数学知识。

从术语上讲，一般情况下，通常把影响目标结果的分析措施或耗用物料等称为制约因素。把选取不同的制约因素值进行探寻的一个个过程称为试验，把探索解决实际问题叫作安排试验，把一项试验进程中制约因素的全部可取值范围，称为试验范围。

6.1.2 优选法应用方向

优选法应用范围较为广泛，特别在质量管理、新产品研发、工程或工艺设计等方面应用较多。我国从 20 世纪 60 年代开始，以著名数学家华罗庚为代表的一大批科技界专家、学者，大力推广用优选法解决生产和科学试验中的重、难点问题。20 世纪 60 年代初，华罗庚教授带领他的工作团队，用优选法为国产解放牌汽车优选出化油器的合理设计尺寸，一辆汽车一年可以节约汽油 1t 左右。又如 20 世纪 60 年代中期，四川大学数学系柯召教授和他的科研团队，针对当时川棉一厂希望通过提升纱锭转子的旋转速度来提高生产效益，而纱锭转子提升转速到某些旋转速度后又容易出现散绽（导致废品和必须停工检修）的现象，他们用优选法很快找出了转速提升至散绽的临界点，确立提速应避开的区域界限，从而解决了这一难题。

自 20 世纪 70 年代后期以来，在华罗庚教授和他的继承者们倡导和推动下，优选法得到更为广泛的拓展，先后在我国的机械制造、化工、电子、纺织、建材、工业设计、地质、石油、交通、电力、医药卫生、农、林、牧等行业都得到推广应用，收到了较好的经济和社会效益。随着我国市场经济和改革开放的深入发展，我国科技创新尤其是现代电子工程技术日新月异、勇攀高峰，应用优选法必将得到更为广泛的应用。

6.1.3 优选法分类

我们知道，在社会经济管理实践中，影响某一现象发生的因素（原因）往往是多方面的，例如导致某地人口大幅度增长或减少有经济基础、社会发育状态、生存环境优劣、战争及自然灾害干预等原因；导致某项产品质量稳定性差或好的因素有原料质量、设备档次、工人操作技艺等方面原因；影响一种新式武器命中率低或高，有设计、制作工艺、定向控制部件、对发射或投放环境适应能力等原因。当然，在这诸多因素中，起主要作用（即对目标取向影响最大）的因素只有一个或有限个。而我们在探索解决实际问题——安排试验时，往往先从抓对目标函数影响或制约较大的主要因素入手，或先让其他非主要影响因素假设性地固定在某一状态不变，从而把"多"化为"少"。先对这一个或有限个主要因素加以优选，找出最好（最佳）应对措施，然后再根据实际需要，顾及其他。其中，只对某一个制约因素加以优选的过程，叫单因素优选法，或称单因素法；而需要同时对两个或有限个制约因素加以优选的过程，叫双因素优选，或多因素优选。本书仅对几类较为基础的，也是应用较为广泛的常用单因素优选法和双因素优选法做出介绍，对涉及三因素及多因素、多水平的优选方法，仅做一般性介绍。

6.2 常用的单因素优选法

6.2.1 （中点）对分法

（中点）对分法即是首先从寻优试验范围的取值中点安排试验，然后考查首次试验结果制约因素取值是靠近（或落入）管理目标（或需要的目标要求）试验取值范围的哪一个"半范围"，随即在靠近（或落入）的那一"半范围"的中点再安排第二次试验。以此类推，直至选出最优点，或试验范围已变得足够小，再试验下去，直至试验结果与管理目标要求之间已无显著差异为止。这种种单因素中点对分取值安排试验的优选法也简称对分法。

中国古代数学有云："一尺之棰，日取其半，万世不竭。"说明，对分是无止境的。故我们在应用对分法选优时，有时只取其试验结果"非常靠近"管理目标的某一个对分点的制约因素的量化值。

例 6-1：即便在使用特制管道实行长距离输油或输气的生产活动中，发生泄漏事故也在所难免，通常的经验得知，泄漏事故在某点发生后，其泄漏点以后的管道中会出现油压或气压下降现象。因而在长距离输油或输气管道建设中，为在投产后方便查找和检修可能发生的泄漏事故，都会在一定的距离段（一般取 20km）上预先设置一监测闸。受施工条件限制，每次测查抢修的施工距离只能在 10m 范围内进行。若按运行方向，首先在 A 监测闸处显示有油压或气压下降现象，说明泄漏点可能在 A 监测闸与 B 监测闸之间的某处，现在最紧要的就是尽快找到泄漏事故点。试用对分法尽快找到泄漏事故点

解：据题意，两个监测闸间距为 20km（20 000m），按每 10m 一段逐段开挖测查，则需要进行 2 000 次开挖检测，然后才能找出泄漏点组织抢修，显然不现实。现用对分法优选测查泄漏点，具体操作参见图 6-1。

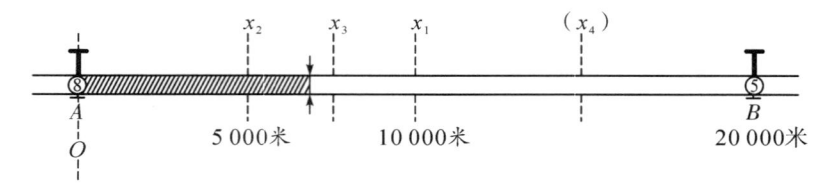

图 6-1 用对分法优选测查点示意图

如图 6-1 所示，区间 $A \longrightarrow B$ 为出问题的那个监测闸段。按对分法，第一步，我们将第一个测查点 x_1 选定在区间 A—B 的中点，即：

$$x_1 = \frac{1}{2}(20\,000 - 0) = 10\,000(\text{m}) \text{ 处。}$$

若在 x_1 处测得有油压或气压下降现象，则表明泄漏点只可能在 Ax_1 区段内某点，于是，第二个测查点 x_2 就要选在：

$$x_2 = \frac{1}{2}(10\,000 - 0) = 5\,000(\text{m}) \text{ 处。}$$

第二步，对点 x_2 进行测查，若该点无出现油压或气压下降现象，则表明泄漏点可能在 $x_1 \longrightarrow x_2$ 那个区段内，于是，第三个测查点 x_3 就要选在：

$$x_3 = \frac{1}{2}(10\,000 - 5\,000) = 2\,500(\text{m}) \text{ 处。反之，就要选在 } x_3 = \frac{1}{2}(10\,000 - 5\,000) = 7\,500(\text{m}) \text{ 处。}$$

由图 6-1 直观可知，包含泄漏点在内的区间 x_2—x_3 长度仅剩 500m。以此类推，只需要通过有限的几次测查，就能很快地找到泄漏点。

另一种情形，若在 x_1 处测得无油压或气压下降现象，则表明泄漏点只可能在 $x_1 \longrightarrow B$ 区段内某点，于是，第二个测查点，设为 (x_4) 就要选在 $(x_4) = \frac{1}{2}(20\,000 - 10\,000) = 5\,000(\text{m})$（实为由 $A \longrightarrow B$ 的 15 000）处。以后的推衍如上一段所述。

例 6-2：某农场用一种高浓度农药防治棉花红铃虫，该农药使用说明仅表示，稀释倍数必须达到 300 倍以上。为了确定一次施药即能使棉花红铃虫死亡率达到 90% 以上的最佳稀释倍数，问，如何用优选法中的对分法指导试验？

解：首先，需要确定试验范围（即本题的稀释度取值区间）。设任取一稀释度 500 倍为试验值选择点，试验结果，棉花红铃虫死亡率仅为 80%，说明稀释倍数过高，于是把试验范围确定为 300～500 倍。在确定好试验范围后，采用对分法正式进行优选试验，先将第一个试验点取为试验范围的中点：

$$x_1 = \frac{1}{2}(300 + 500) = 400(倍稀释度)。$$

试验结果：棉花红铃虫死亡率达 86.4%，药液含量偏低，尚达不到要求。去掉 400 倍以上部分，第二个试验点取稀释度为 300～400 倍的中点：

$$x_2 = \frac{1}{2}(300 + 400) = 350(倍)。$$

试验结果：棉花红铃虫死亡率达 90.8%，达到了要求，但仍留有余地。进一步，再将第三个试验点取为 300～400 倍的中点：

$$x_2 = \frac{1}{2}(350 + 400) = 375(倍)。$$

试验结果：棉花红铃虫死亡率达 89.8%。低于试验值取 350(倍) 的效果。说明：包括确定试验范围试验在内，仅做了 4 次试验，即确定出以稀释 350 倍为中心，± 调节 12.5 倍为最佳稀释倍数。试验取点示意如图 6-2。

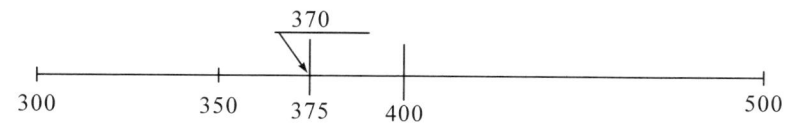

图 6-2　灭棉铃适用浓度优选示意

通过上述两道例题可看出，运用对分法，一次试验就能把试验范围缩小一半，也讲明了运用对分法先取试验中点的运作方法。它的难处在于，每次试验后，要对下一次试验是取其靠左或是靠右一半的新的对分点（中点）进行分析。对迅速从试验范围找出最优点还是略差一筹，特别是若遇到已知在试验范围内有一最优点，与此点取值相比，试验取值再大些或再小些效果都差。这种情况的目标函数，我们称为单峰函数（最佳点位于峰顶点），在这种情况下，对分法的简捷性就会减弱，人们就会转向使用另一选优方法——0.618法。

6.2.2 黄金分割——0.618法

0.618法是指单因素选优进程的第一试验点取所在试验范围的0.618比例处，而第二及以后的试验点分别取于其对称位置的选优试验方法。0.618法也叫黄金分割比例取点优选试验方法，或简称黄金分割法，是单因素选优的一种常用方法。

关于0.618的由来，它由中学几何学中所谓比例中项（也称黄金分割点）取点计算而得。如图6-3，要在线段 AC 上取一比例中项点 B，使得 $AB：AC = AC：CB$，即线段 AC 是线段 AB 和 CB 的比例中项。

$A \qquad\qquad\qquad B \qquad\qquad C$

图6-3 线段比例中项取点示意

即有：$\dfrac{AB}{AC} = \dfrac{AC}{CB}$，从而得知：$AC^2 = AB \times CB$

因为 $CB = AB - AC$，即有：$AC^2 = AB \times (AB - AC)$，也即是：
$AC^2 = AB^2 - AB \times AC$，或：$AC^2 + AC \times AB - AB^2 = 0$；

这时，再设线段 AB 的长度为1个计量单位，C 点取值为 x，上面的运算式即为以 x 为未知数的一元二次方程：$x^2 + x - 1 = 0$

这个一元二次方程的正数根即为：$x = \dfrac{-1 + \sqrt{5}}{2} \approx 0.618$。优选法只是利用其比例中项选点更易快速趋近最佳试验点的特性。由于0.618是个近似值，在进行试验点取值计算时会出现某些误差。

0.618法优选试验点的具体操作流程如下：

如图6-4，有一需要选优的目标函数最佳取值点隐含于假设试验范围 (a, b)，且已知 $a < b$。第一试验点 x_1 安排在试验范围 (a, b) 的0.618位置，第二个试验点 x_2 取成 x_1 的对称点位置，用公式表示为：

第 6 章 常用的优选方法

$$x_1 = a + 0.618 \times (b - a) \qquad (6\text{-}1)$$
$$x_2 = a + b - x_1 \qquad (6\text{-}2)$$

实际上，公式(6-1)是指 x_1 在试验范围靠数据大的一端取区间长度 0.618 的位置，公式(6-2)是指 x_2 在试验范围内对于 x_1 的对称点位置，即 x_2 点是在 x_1 的反向对称点 0.382 的位置(或反向 0.618 的位置)。

图 6-4　0.618 法第一、二试验点安排示意

0.618 法的公式(6-1)和公式(6-2)也可以通俗地表述为：
第一试验点　　x_1 = 小 + 0.618 × (大 − 小)
第二试验点　　x_2 = 大 + 小 − 第一点(值)
说明：公式中"大"和"小"是试验范围大的取值点和小的取值点。

在第一、二两个试验点确定后，对于以后的试验点的选择或安排就要根据在 x_1 和 x_2 点试验的结果如何再分别考虑。若设 $f(x_1)$ 和 $f(x_2)$ 分别是在 x_1 和 x_2 点取值的试验结果，这个结果不外下面三种情况：

第一，若 $f(x_1)$ 比 $f(x_2)$ 好，表示 $f(x_1)$ 更靠近目标函数，说明 x_1 相较于 x_2 是较好的试验点，简称好点。于是把试验范围 (a, x_2) 的区间划去，保留区间 (x_2, b)，然后，在区间 (x_2, b) 内，用公式(6-2)寻求好点 x_1 的对称点 x_3 作为进行第三次试验的安排点：$X_3 = x_2 + b - x_1$；（如图 6-5 所示）

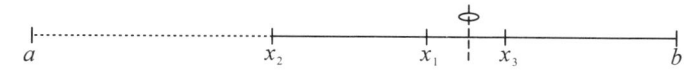

图 6-5　$f(x_1)$ 好于 $f(x_2)$ 时取第三点示意

同理，在比较 $f(x_1)$ 和 $f(x_3)$ 的基础上，确定出第四个试验取值点 x_4。

第二，若 $f(x_1)$ 比 $f(x_2)$ 差，表示 $f(x_2)$ 更靠近目标函数，说明 x_2 相较于 x_1 是较好的试验点，于是把试验范围 (x_1, b) 的区间划去，保留区间 (a, x_1)，简要表示如图 6-6。然后，在区间 (a, x_1) 内，用公式(6-2)寻求好点 x_2 的对称点 x_3 作为进行第三次试验的安排点。

$$X_3 = a + x_1 - x_2;$$

图 6-6　x_2 为好点的前提下寻找第三个试验点示意

同理，在比较$f(x_2)$和$f(x_3)$的基础上，确定出第四个试验取值点x_4。

……

第三，若$f(x_1)$和$f(x_2)$结果相同或非常接近，就可以同时划掉(a, x_2)和(x_1, b)区间，然后仅在试验范围(x_2, x_1)内再重新按 0.618 法的起始步骤安排两个新的两次试验取值点来组织试验。图 6-7 中，第三个试验点x_3点即是区间(x_2, x_1)上的 0.618 的取点位置。

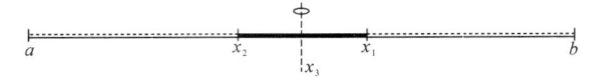

图 6-7 $f(x_1)$和$f(x_2)$出现相同时第三个试验点示意

即是说，在第一个轮次，当前两个试验点x_1和x_2确定后，无论$f(x_1)$和$f(x_2)$之间出现上述三种情况的哪一种，都能较顺利地确定出新的试验范围，在新的试验范围内，又有两次试验结果可以比较，然后重复上面的步骤，再去掉一段或两段试验范围，在留下的试验范围内再找好点的对称点，安排新的试验。

需要注意的是：在一项试验中，第一个公式只用一次，第二个公式却需要反复用。且随着这个过程的有限次重复进行，或者很快就能找出满意的试验取值点，或者留下的试验范围已经变得很小，再继续试验下去，所得出的试验结果将会差别不大，失去优选意义，于是即可宣告优选终止。

回过来，我们再将x_1为好点的前提下，分析寻找第三、第四个试验点取值与目标函数最佳位置之间的关联情况用图 6-8 做形象示意。

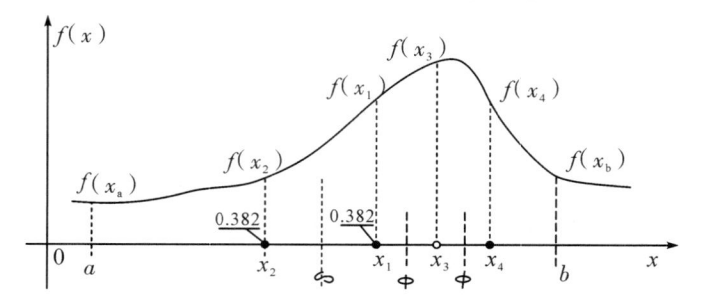

图 6-8 x_1为好点的前提下寻找第三、第四个试验点示意

事实上，只要由公式(6-1)确定出第一个试验点，以后的试验点的计算都能由公式(6-2)求得。由于 0.618（这是个近似值）和其对称点取值"趋近"最佳点速度较快，一般情况下最多安排 10 至 14 次试验，即可找出最佳试验点，

而与最初明确的试验范围的大小无关。以区间(0，1)为例，且假设最好点是左端点，这时把可能安排的 14 个试验点"趋近"于最优点"距离"一一列出，如表 6-1 所示，即可看出，其第 11 个试验点 $x_{11} = 0.002$，离最优点最近，而其后的三个试验点反而离最好点反而变远。

表 6-1　0.618 法前 14 个试验点与最优点距离表

试验点序列	X_1	X_2	X_3	X_4	X_5	X_6	X_7
距离值	0.618	0.382	0.236	0.146	0.090	0.056	0.034
试验点序列	X_8	X_9	X_{10}	X_{11}	X_{12}	X_{13}	X_{14}
距离值	0.022	0.012	0.010	0.002	0.008	0.006	0.004

另外，利用 0.618 法选优还有一个变通快捷办法：即一开始，直接在试验范围 (a, b) 上先取其 0.618 和与其对称的 0.382 两个试验点 x_1 和 x_2，用公式表述即：

$$x_1 = a + 0.618 \times (b - a) \tag{6-3}$$

$$x_2 = a + 0.382 \times (b - a) \tag{6-4}$$

同样对试验结果 $f(x_1)$ 和 $f(x_2)$ 进行比较，若设 $f(x_2)$ 好于 $f(x_1)$，和前面讲过的做法一样，将好点 x_2 留下，把差点 x_1 处以外的试验范围 (x_1, b) 放弃，丢掉短而且不包含好点 x_2 的一段 (x_1, b)，这样需要继续做试验的取值范围就缩短了许多。接下来，在剩下的试验范围 (a, x_1) 中同样用公式(6-3)和公式(6-4)在其上选取其 0.618 和与其对称的 0.382 两个试验点 x_3 和 x_4，通过实际计算知，这里的 x_3 点就成为第一批留下的好点 x_2，这当然不是什么巧合，而是由 0.618 法后再取其对称点的试验取点规律所确定。不难看出，如果把第一批试验的 x_1 称为右点，x_2 称为左点，且则在经比较知道左点 x_2 是好点后，在新的试验范围内，继续按公式(6-3)和公式(6-4)取两个新的试验点，则原来的左点 x_2 就成为第二批安排试验的右点 x_3。故第二批试验实际只取 x_4 参与试验。在对 $f(x_2)$ 与 $f(x_4)$ 再进行比较后，以同样思路安排第三批试验时（第 4 个点试验），试验范围会缩小得更多，试验选点就会非常接近最优点。0.618 法的变通快捷办法直观形象如图 6-9：

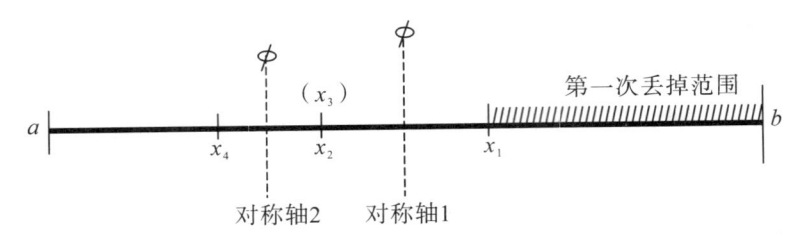

图 6-9　0.618 法变通快捷运用取点示意

例 6-3：某汽车制造厂在加工薄钢板前要用一定浓度的某种酸液清洗钢板，假定根据同行业以往的经验，酸液的稀释倍数是在 1 000 倍到 2 000 倍之间都适用，试用 0.618 法寻求酸洗效果最好的稀释倍数。

解：本例题试验范围是(1 000, 2 000)，按 0.618 优选试验点的公式(6-1)，第一试验点 x_1 就应取：

$$x_1 = 1\,000 + 0.618 \times (2\,000 - 1\,000) = 1\,618(倍);$$

第二试验点 x_2 按公式(6-2)求得：

$$x_2 = 1\,000 + 2\,000 - 1\,618 = 1\,382(倍)$$

对这两个试验倍数的酸洗效果进行比较，如果第一点效果比第二点数好，就(保留第一点)去掉第二点以外部分，试验范围变成(1 382, 2 000)；如果第二点比第一点好，就(保留第二点)去掉第一点以外部分，试验范围变成(1 000, 1 618)。经过这样的比较后，再来寻找第三次试验的稀释倍数 x_3 的取值数：假定前面试验的效果是第二点比第一点好，那么就在留下的试验范围(1 000, 1 618)内找出其中间一点(实为留下试验范围内原 x_2 点的对称点)作为第三次 x_3 稀释倍数的取值，即有：

$$x_3 = 1\,618 + 1\,000 - 1\,382 = 1\,236(倍);$$

然后，再比较 x_2 与 x_3 的试验效果，如果第三次比第二次试验效果好，则保留第三点，去掉第二点以外部分，即区间(1 382, 1 618)，则新的试验范围变成(1 000, 1 382)；然后再如法类推，进行第四次、第五次等试验，就能很快找到酸洗效果最好的稀释倍数。

若目标函数是表现为所谓的单峰函数类的实际问题时，运用 0.618 法优选，试验选点将逐步对称向最佳取值点靠近的"趋近性"，比对分法要迅速得多(即所需试验次数要少得多)，社会经济管理中较多单因素制约问题的目标函数大多表现为单峰特性，故在实践中，0.618 法常被优先运用。

6.2.3　分数法

在科研和生产管理实际中，往往会遇到一类目标函数呈单峰状态，但试验的优选范围并非是可以连续取值的区间构成，而是由限定试验个数、或由只能取某些(或某类)特定值的若干"散点"构成，这时若用0.618法，确定出的试验点取值往往是小数，故不能直接用0.618法。例如，某炮架的发射角度只能在有限个角度数值上优选；某病菌培养的时间效益虽能在某有限温度范围测试，但实际操作只能以每增减1℃的整数方法进行；某机床的转速内有6个控制挡，对其转速挡数的优选也不能用0.618法实施。在这些类似情况下，就要用上一种与0.618法的基本思路一样，但要稍作变通、被称为"分数法"的单因素优选方法。

分数法可以这样表述：分数法是利用数学上一个叫斐波那契数列的构成方法，人为地构造一个取值逐步逼近0.618的新分数数列，去取代0.618法只能直接由连续区间计算取值；然后利用这个人为的新分数数列，并按0.618法思路设计首个和第二、第三等试验点，以逐步寻求逼近目标函数最优的某个制约因素取值点。

斐波那契数列是这样一个由特定构成法则形成的数列：
$$F_0 = F_1 = 1, \quad F_n = F_{n-1} + F_{n-2}(n \geq 2);$$

从 F_1 开始，把它的前12项用具体数据写出来就是：1，1，2，3，5，8，13，21，34，55，89，144；(以下各项类推)

为了解决某些由有限个取值点构成其试验范围的单因素优选的实际问题，经过数学家的分析研究，在斐波那契数列的基础上，人为地构建一个新分数数列 $\{a_n\}$，使得 $a_n = \dfrac{F_{n-1}}{F_n}$；即是说，这个新分数数列 $\{a_n\}$ 从第2项开始，每一项的分子等于前一项的分母，而每一项的分母等于前一项的分子、分母之和。把这个新分数数列 $\{a_n\}$ 用具体数据写出来就是：

1/1，1/2，2/3，3/5，5/8，8/13，13/21，21/34，34/55，55/89，89/144……可以看出，若用小数表示，这个新分数数列各项的值从第二项的0.5起逐渐逼近0.618；例如，$13/21 \approx 0.619\,048$，$21/34 \approx 0.617\,647$，$34/55 \approx 0.618\,182$，$55/89 \approx 0.617\,978$，$89/144 \approx 0.618\,056$，$144/233 \approx 0.618\,026$……

分数法的应用要点在于，先将需要进行优选试验问题的全部(或所有)可能安排为试验点的个数与斐波那契数列的各项数值相比较，若刚好与斐波那契数列的第 n 项数值减1，即与 $F_n - 1$ 的数值相等，则将包括所有可能的试验个数在内试验范围区间 $[0, F_n]$ 平均分为与 $F_n - 1$ 的个数相同的等分。此时再用分数 $\dfrac{F_{n-1}}{F_n}$ 和 $\dfrac{F_{n-2}}{F_n}$ 代替试验范围区间 $[0, F_n]$ 上近似于0.618和0.382即以

$\frac{F_{n-1}}{F_n}$ 和点 $\frac{F_{n-2}}{F_n}$ 对应的位置来确定的第一、第二两个试验点,也即是先取点 F_{n-1} 和 F_{n-2} 对应的数据值做试验,如图 6-10。

```
0  1              F_{n-2}         F_{n-1}          F_n
```

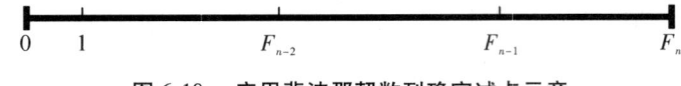

图 6-10　应用斐波那契数列确定试点示意

比较这两个点的试验结果:①如果第 F_{n-1} 比第 F_{n-2} 点好,就丢弃第 F_{n-2} 点以下的试验范围;②如果 F_{n-2} 比第 F_{n-1} 点好,就丢弃第 F_{n-1} 点以上的试验范围;这两种情况下,原来的试验范围总共有 $(F_n - 1)$ 个可取值,剩下的试验范围都只有 $(F_{n-1} - 1)$ 个可取值。

第二步,再剩下的试验范围内取(留下的好点) F_{n-1} 或 F_{n-2} 的对称点做新试验点,再将这个新试验点的试验结果与上一次好点的试验结果比较,再按第一步骤从差点把试验范围切开,留下包含好点的一段,则此时新的试验范围就只有 $(F_{n-2} - 1)$ 个可取值了。以后的试验,继续照上面步骤重复进行,很快就会实现选优目标。

下面,我们通过两个优选实例来加深学习和理解。

例 6-4: 制药行业在生产某种生物霉素之前,需要对该药物的霉素发酵液进行恒温培养和生物测定。此前的相关规范明确,培养的恒温区间为(29~50)℃,培养时间需在 16 小时以上。国内某制药厂为便于精准掌控生产环节,决定优选霉素发酵液的培养温度。他们在专家的指导下,将此前规范上明确的培养恒温区间(29~50)℃确定为优选试验恒温培养温度的试验范围,按每 ±1℃进行选点试验。试用分数法安排试验点。

解: 优选试验范围确定为 29~50℃,按每 ±1℃进行选点试验,则中间试验点共有 20 个,数据"20"刚好对应斐波那契数列的第 8 项的数据值(F_8 = 21)减 1,即 $F_8 - 1$;

第一步,把试验区间 $[0, F_8]$ 分成 20 等分,且分别选区间内最近似 0.618 和 0.382 的第 $\frac{F_{n-1}}{F_n}$ 和 $\frac{F_{n-2}}{F_n}$ 对应的分数点安排为第一、二个试验温度取值点,本题即试验范围内的第 $\frac{13}{20}$ 和第 $\frac{8}{20}$ 分数点所在的第 13 和第 8 分点对应温度值,分别为 41℃和 37℃。

第二步,用 41℃和 37℃这两个温度值进行试验后,比较其试验结果,发

第 6 章　常用的优选方法

现 $\dfrac{F_{n-1}}{F_n}$ 优于 $\dfrac{F_{n-2}}{F_n}$，即试验温度为 41℃ 的试验结果优于试验温度为 37℃ 的试验结果。于是，去掉原定试验范围的 $[0, \dfrac{F_{n-2}}{F_n}]$，即试验范围 [0，8]；然后在区间 [8，21] 内，用公式 (6-2) 寻求好点 $\dfrac{F_{n-1}}{F_n}$，即 13 的对称点 16 作为第三个试验点。如图 6-11。

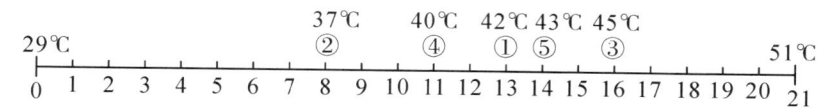

图 6-11　分数法优选发酵液培养温度试验点选择示意

如此类推，再经过对第 4、第 5 个试验点的选择试验比较，发现，实际上，最多只需进行三到四次试验，就确定出 42～43℃ 的温度范围属于最优恒温培养的温度范围。

例 6-5：某型号的切削车床有 7 个转速控制挡，分别为每分钟 800 转，1 200 转、1 500 转、2 550 转、3 600 转、4 200 转和 4 800 转。某型号零件的切削负荷与车床转速存在某种关联关系，试用优选法安排优选控制挡位。

解：这也是一试验范围为有限个数组成，且属散点的优选问题，适宜采用分数法进行优选。

首先，可供试验选择的总个数为 7，相当于斐波那契数列的第 F_6 项数值 $(F_6 = 8)$ 减 1，即 $F_6 - 1$，故将区间 $[0, F_6]$ 分成 8 等分，让 7 个转速档值依序对应排列，如图 6-12 所示。

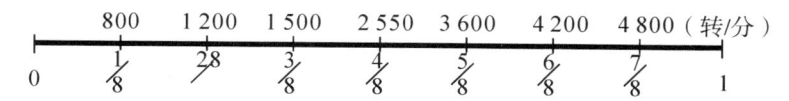

图 6-12　分数法优选车床负荷／转速控制挡位示意

第一个试验点安排在区间 [0，8] 的 $\dfrac{F_{n-1}}{F_n}$，即 $\dfrac{F_5}{F_6} = \dfrac{5}{8}$ 处，即取区间内 $\dfrac{5}{8}$ 分数点所对应的 3 600 (转／分钟) 做第一次优选试验。

第二个试验点安排在 $\dfrac{F_{n-2}}{F_n}$，即 $\dfrac{F_4}{F_6} = \dfrac{3}{8}$ 处，即取区间内 $\dfrac{3}{8}$ 分数点所对应的 1 500 (转／分钟) 作第二次优选试验。也可按公式"大＋小－中"求得：1＋0－

· 215 ·

$\frac{5}{8} = \frac{3}{8}$ 的对应值点，安排第二次试验。

对比上两次试验结果，同样本着"去坏留好"的原则，在剩下的试验区间范围内继续用找对称点或用公式计算的办法，确定第三或以后的试验点进行试验，直至优选出某型号零件切削负荷的最优控制挡位为止。

对于用分数法做优选试验，与 0.618 法一样，实际只需做很少的几次试验，就很容易找到或逼近因素的最佳取值点。作为最不理想的情况，最多也只需做 $n-1$ 个试验。

值得注意的是，有些时候，试验总数（制约因素有限个取值数）会出现大于斐波那契数列某一 $F_n - 1$ 小于 $F_{n+1} - 1$ 的情况，这时，只要在试验范围之外增设几个虚拟试验点，凑成满足 $F_{n+1} - 1$ 要求的个数，就又能化成试验总数正好是斐波那契数列某一 $F_n - 1$ 的形式。而这些增设的虚拟试验点不可能在第一或第二试验取值点上，并不需要真正做试验，直接即可判定其结果比其他点都差，试验直接往下进行。即是说，增设几个虚拟试验点，仅是一个技术变通，并不增加实际的试验次数。

单因素制约的优选方法还可以采用抛物线法、分批试验法等优选方法，其数学原理与已介绍过的对分法、0.618 法、分数法大体相通，读者可以继续自行学习深研。

在实际运用上述单因素优选法时，由于实验条件和观测、测试手段难免出现所谓的"波动"，从而使得即使在同一个试验点安排的几个相同的重复试验，其结果不会完全相同，出现如我们在本书第 1 章 1.1 误差常识中所讲述的"误差"，在这里我们把它称为"试验随机误差"。因而，无法在某一试验点仅做一次试验即能判别优劣。这时，试验工作者往往会对同一试验取值重复多做几次，再用它们的平均值（该试验点试验结果平均状态）当作这一试点的试验结果，参与其他试点结果研究比较。

6.3 常用的双因素优选法

6.3.1 关于多因素制约问题

必须同时兼顾两个或两个以上制约因素的选优方法，称为多因素优选法。单因素与多因素虽仅一字之差，但解决多因素优选问题比解决单因素优选问题要复杂得多，困难得多。人们在面对有多个制约因素的优选问题时，如本章第6.1.3节所述，往往是通过先对各因素进行分析、比对，找出主要的或制约能力较强的因素作为主要矛盾，而将其他制约能力相对较弱的因素暂时忽略放置，先用单因素法先攻克主要矛盾，再回过头来与先前忽略放置的因素对比。但若经过分析、比对后，仍有旗鼓相当的两个或两个以上因素必须同时考虑的情况，就必须使用多因素优选的方法了。

在多因素制约的实际应用中，又以解决双因素制约较为普遍。例如某农药杀灭率受药液浓度和环境温度同时制约，社会经济发展中人口数量和人口素质直接影响着扩大再生产积累，军工生产中枪（炮）管内的"膛线"的粗细和疏密这两类因素，直接影响枪（炮）弹的初速度和飞行中的稳定性等。

从道理上讲，在解决双因素或三个及三个以上的多因素优选问题时，由于各制约因素在其试验取值范围都有着各自不同的量纲及计量单位（长度、时间、速度、温差、含量等），叙述起来显得累赘，故在组织优选试验或检测的过程中，通常需要先略去其量纲的名称和内涵，仅把它们看作是从平面或空间不同坐标方向（维）影响目标函数取值的、单纯的量化性自变量数值。而且通常把两个因素的制约范围（试验取值范围）描绘在平面直角坐标系中的两条坐标轴上；把三个因素的制约范围（试验取值范围）描绘在空间直角坐标系中的三条坐标轴上，到试验运作结束时再让它们恢复原来的量纲内涵。

其次，从有效应用的角度讲，对三个以上制约因素的优选问题，至今尚未形成一套较为完善的方法，且只有抽象讲述，无法直观或形象描绘。

本节仅从双因素优选出发，对常用的双因素优选方法进行讲解。

6.3.2 坐标（因素）纵、横向对折法

代表制约因素的纵、横向坐标对折法近似于单因素法中的对分法。

设：两个制约因素分别为 x 因素和 y 因素，目标函数即为 $f(x, y)$。这两个制约因素的优选试验范围分别为：

$$a \leqslant x \leqslant b, c \leqslant y \leqslant d;$$

它们在直角坐标平面上表现为以 $x_1 = a$，$x_2 = b$，$y_1 = c$，$y_2 = d$，四条直线围成的矩形范围。其纵向和横向两条中线即为矩形的纵、横对折线。即：

$$x_0 = \frac{1}{2}(a + b), \ y_0 = \frac{1}{2}(c + d) ; \quad 形象如图 6-13 所示。$$

很明显，在这个矩形范围内，可选做试验的点 $M(x_i, y_i)$ 会是无限多个。

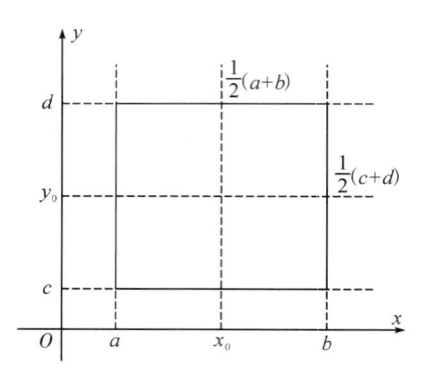

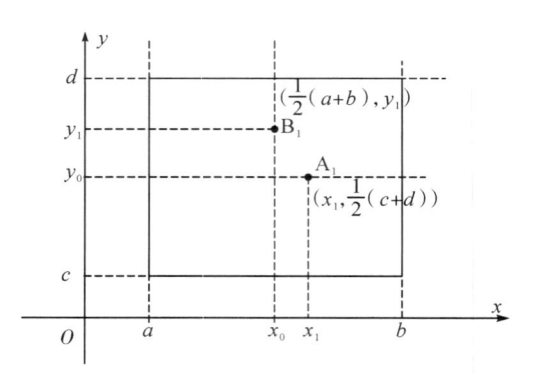

图 6-13 纵横对折选优示意之一

图 6-14 纵横对折选优示意之二

纵横向对折法优选试验的试点选择安排的步骤如下。

1. 先分别在对折线 x_0 和 y_0 上用单因素法求出最优点。具体为，先将制约因素 y 固定于 $y_0 = \frac{1}{2}(c+d)$，而用单因素法求出相应于 $y_0 = \frac{1}{2}(c+d)$ 的最优点 x_1 的数值，这样，在原两因素试验范围内确定出第一个试验点 $A_1(x_1, \frac{1}{2}(c+d))$；

同样，又将因素 x 固定于 $x_0 = \frac{1}{2}(a+b)$，既而用单因素法求出相应于 $x_0 = \frac{1}{2}(a+b)$ 的最优点 y_1 的数值，同样，在原两因素试验范围内又确定出第二个试验点 $B_1(\frac{1}{2}(a+b), y_1)$。

这两个试验点 A_1 和 B_1 即为用纵横向对折法安排的第一批试验点。其形象示意如图 6-14。

2. 将 A_1，B_1 分别代入目标函数得出 $f(A_1)$ 和 $f(B_1)$ 两个试验结果。这时比较在 A_1 和 B_1 上的试验结果，不外乎下述三种情况，对于选择第二批试验点需要区别处理：

（1）若 $f(A_1)$ 比 $f(B_1)$ 好，则去掉原试验范围 $x_0 = \frac{1}{2}(a+b)$ 左边的部分，此时试验范围已缩小了一半，如图 6-15 所示；再以 x_{01} 固定在 x_0 和 b 的中点位置，即：

$$x_{01} = \frac{1}{2}\left[\frac{1}{2}(a+b) + b\right] = \frac{1}{4}(a+3b);$$

· 218 ·

此时，再用单因素方法对 y 因素进行优选，设相对于 $x_{01} = \frac{1}{4}(a + 3b)$ 的 y 最优值为 y_2，这样，两个因素的组合就得到一新试验点 $B_2(x_{01}, y_2)$，即 $B_2(\frac{a+3b}{4}, y_2)$。然后，再来比较：

$f(A_1)$ 和 $f(B_2)$，此时又会出现三种情况：

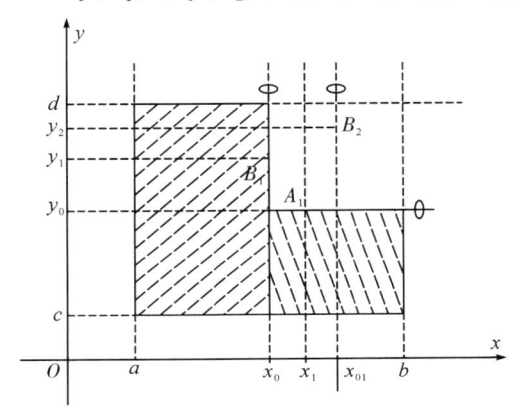

图 6-15　纵横对折选优示意之三

图 6-16　纵横对折选优示意之四

（a）若 $f(B_2)$ 比 $f(A_1)$ 好，则去掉原矩形区域右半幅的下面部分。此时可供选择安排第三个批次试验点的试验范围已被缩小为原来的四分之一。如图 6-16 中的空白部分。

若 $f(A_1)$ 比 $f(B_2)$ 好，则去掉 $x_{01} = \frac{1}{4}(a + 3b)$ 的右半幅，此时可供选择安排第三个试验点的试验范围也只为原来的四分之一，即变成夹在原矩形范围 $x = x_0$ 和 $x = x_{01}$ 中间的部分，如图 6-15 中的空白部分。这两种情况都表明，按此方法只选择了前 3 个批次的单方向选点进行试验，已经将原确定的试验范围有效地缩小到四分之一。这个过程再继续下去，试验范围就不断快速缩小，从而能较快地寻求到所需要的最优点。

（b）若 $f(B_2)$ 比 $f(A_1)$ 好，则去掉原试验范围 $y_0 = \frac{1}{2}(c + d)$ 下半部分，此时试验范围也缩小了一半。此时在剩下一的一半中找出另一条路线，$y_{01} = \frac{1}{4}(c + 3d)$，且将 y 因素暂时固定于 $y_{01} = \frac{1}{4}(c + 3d)$ 位置，同样用单因素法求出相应于 y_{01} 的 x 的最优值 x_2。

· 219 ·

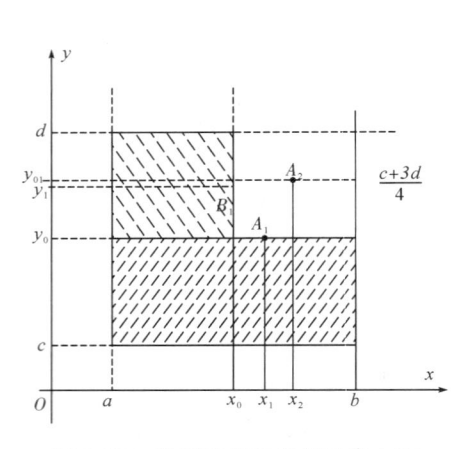

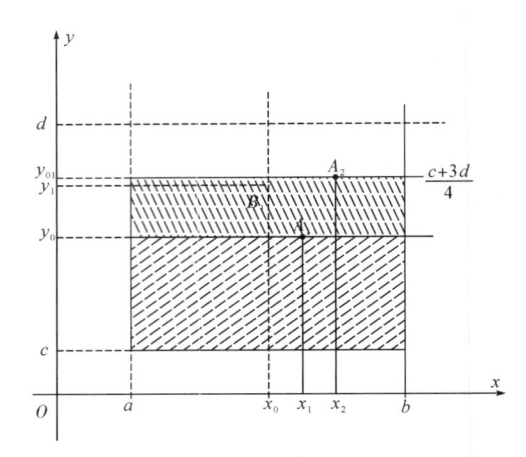

图 6-17　纵横对折法选优示意之五

图 6-18　纵横对折法选优示意之六

这样，因素 y_{01} 和因素 x_2 就组合成一个新的试验点 $A_2(x_2, \dfrac{c+3d}{4})$；然后，再来比较 $f(A_2)$ 和 $f(B_1)$，又将重复类似于（1）已讲述的过程，其结果不外如图 6-17、图 6-18 所示的两种情况。

图 6-17、图 6-18 所示的两种情况说明，无论何种情况，都能将原确定的试验范围有效地缩小为原来的四分之一。

（c）若 $f(B_2)$ 与 $f(A_1)$ 相比，其试验结果数据相等或相近，即难以区别好坏，则说明点 A_1 和点 B_2 处于同样的优势位置，则原试验范围 $x_0 = \dfrac{1}{2}(a+b)$ 的右半部分和 $y_0 = \dfrac{1}{2}(c+d)$ 的下半部分都应去掉，即最好的点必然在原试验范围的由 $x_0 = \dfrac{1}{2}(a+b)$，$x = b$；和 $y_0 = \dfrac{1}{2}(c+d)$，$y = d$ 组成的范围内。这样，一次就把试验范围缩小到如图 6-19 所示的四分之一区域。

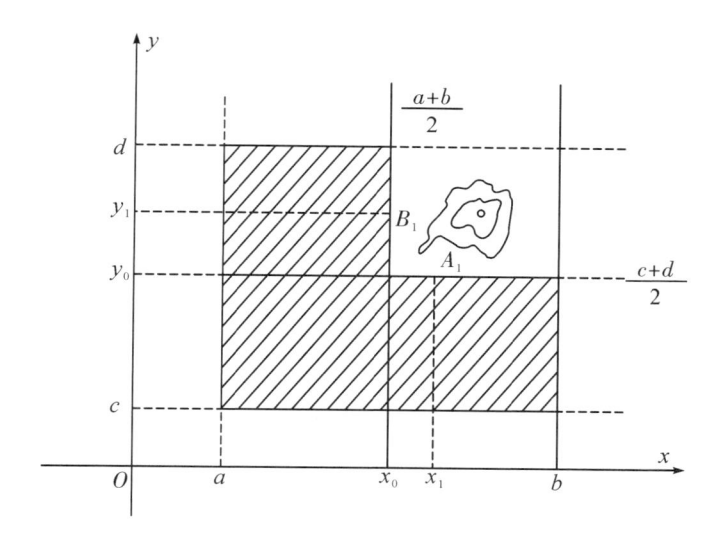

图 6-19　对折法选优示意之七

（2）与此类似，再回到第 2 步第（1）小点之后，即若是出现 $f(B_1)$ 比 $f(A_1)$ 好，则仍可按上述第（a）至第（c）的程序进行分析。

综上可以看出，在双因素制约的优选问题中，利用纵横对折法，只需很少的几个步骤、至多纵横方向上 3 个批次的类似单因素选点试验，即可将原试验范围缩小至原来的四分之一，接近目标函数最好点的因素取值点的试验次数可大为减少。进一步分析可知，对于预定精确度 ε，所需要安排的试验次数不超过 $(\log \frac{1}{\varepsilon})^2$。读者可就这方面的知识，自行进一步深入探索练习。

例 6-6：某化工产品需用盐析法萃取，而盐析时受控于盐溶液浓度和温度。根据经验，盐溶液浓度适用范围是 50%～90%，温度适用范围是 30～70℃；试用纵横对折法寻求最佳盐析溶液浓度和温度。

解：1. 用平面直角坐标图示意出盐析溶液浓度和温度试验值范围，浓度因素 x（50%，90%），温度因素 y（30℃，70℃）。（如图 6-20 所示）

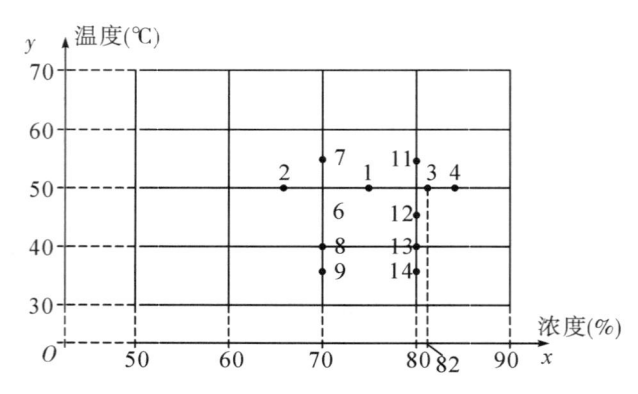

图 6-20 盐析双因素纵横对折优选试验点秩序

2. 第一步先横向对折选点试验。即将温度固定在 50℃，然后用单因素的 0.618 法选择最优浓度，经 1~4 次优选，确定以第 3 次试验点结果属横向对折选点试验最好点，其温度为 50℃，浓度为 82%。

第二步进行纵向对折选点试验。即将浓度固定在 70%，同样用单因素 0.618 法选择最优温度。又经 6~9 共 4 个试验点优选，确定出第 8 次试验点结果属纵向对折选点试验最优，该试验点浓度为 70%，温度为 40℃。

3. 比较第 3 次和第 8 次试点的试验结果（见表 6-2），发现第 3 次试验点的结果仍比第 8 次试点的好。于是，去掉纵向对折试验范围（浓度）左边的一半，在剩下的范围（浓度为 70%~90%）内再进行纵向对折，将浓度固定在新范围中间位置即 $x=80\%$，再用 0.618 法对温度进行优选。又进行了 11~14 共 4 个试验点优选，确定第 13 试验点为本批最优，该点浓度为 80%，温度为 40℃。但其试验结果仍不如试验点 8。于是，我们就确定试点 3 为好点，其最佳因素为（温度 50℃，浓度 82%）。试验至此结束。上述三个批次、12 个选点试验列表如表 6-2 所示。

表 6-2 ×××单位盐析法优选试验逐点记录

试验序号	原料用量（g）	盐溶液量（mL）	溶液温度（℃）	溶液浓度（%）	耗用时间（h）	析出量（g）	备注
1	200	400	50	75	1	160	
2	200	400	50	65	1	151	
3	200	400	50	82	1	170	好点
4	200	400	50	88	1	165	

续表

试验序号	原料用量（g）	盐溶液量（mL）	溶液温度（℃）	溶液浓度（%）	耗用时间（h）	析出量（g）	备注
6	200	400	55	70	1	162	
7	200	400	45	70	1	164	
8	200	400	40	70	1	165.5	
9	200	400	37	70	1	163	
11	200	400	45	80	1	164.5	
12	200	400	55	80	1	165	
13	200	400	40	80	1	167.5	次好点
14	200	400	37	80	1	164.5	

纵横向对折法是双因素制约的优选试验中由"两维"先暂时变通降为"一维"，然后再返回到"两维"中去解决问题的简便方法，在实践中运用较多。

6.3.3 平行线法

在实际问题中，经常会由于设备配置或其他条件限制，使得双因素问题优选中，有一个因素易于调整，而另一个因素相对不容易调整。例如，管道输送液态物质，制约因素一个是浓度，一个是流速，调整流速比调整浓度相对容易。在这种情形下，往往采用双因素制约平行线选优方法，简称平行线法，在解决某些特定双因素优选问题时，平行线法会比纵横对折法要快速和简便得多。

结合图 6-21，假设某个需要进行双因素优选问题的制约因素仍分别为 x 因素和 y 因素，试验范围也为一矩形区域：

$$a \leqslant x \leqslant b, c \leqslant y \leqslant d;$$

目标函数为 $f(x, y)$，设其中 y 因素为较难调整的因素。采用平行线法优选，其试验点选择安排的具体做法如下：

首先，如图 6-21，将较难调整的 y 因素先固定在 0.618 处；

即当 $y = c + 0.618(d - c)$ 时，对 x 因素进行单因素优选，设得出最优点 $A_1[x_1, c + 0.618(d - c)]$，然后再将 y 因素固定于 0.618 的对称点 0.382 处，

再对 x 因素进行单因素优选，设又得出最优点 $A_2[x_1, c+0.382(d-c)]$；

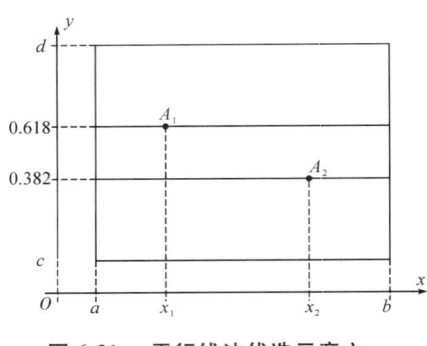

图 6-21　平行线法优选示意之一

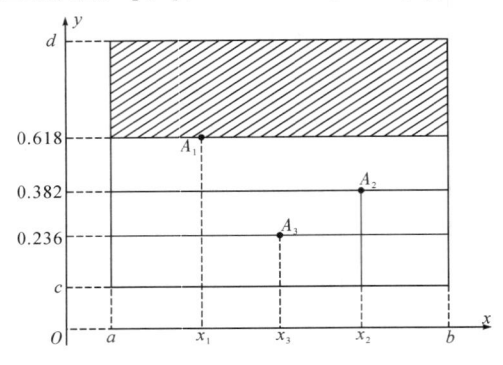

图 6-22　平行线法优选示意之二

第二步，比较点 A_1 和点 A_2 的试验结果 $f(A_1)$ 和 $f(A_2)$，若点 A_2 比点 A_1 好，则不再考虑 $y > c + 0.618(d-c)$ 部分，如图 6-22。剩下的试验范围缩小为：$a \leq x \leq b, c \leq y \leq c + 0.618(d-c)$；

在剩下的试验范围内，仿照上述程序继续进行，试验范围不断缩小，就能较快地找出最优点。

第二，倘若第一批试验后，出现点 A_1 比点 A_2 好，则不再考虑 $y < c + 0.382(d-c)$，剩下的试验范围缩小为：$\{a \leq x \leq b, c + 0.382(d-c) y \leq b\}$（图示从略）。同样，在剩下的试验范围内重复进行类似寻找 A_1 和 A_2 的优选，直至找出最优点或得到满意结果。

由于这样的优选"操作"相当于始终是在所确定的矩形试验范围内一系列相互平行的直线上进行，故称这种双因素优选法为平行线法。

在实际应用中，y 因素不一定固定于 0.618，或 0.382 等处，可根据实际先固定在现有生产或技术水平的某数值处，或按经验估计的某数值处，这样，还可以减少做试验的次数。

在用平行线法处理两因素优选问题时，很多时候并不能保证下一条平行线上的最优点一定优于以前所决定的平行线上的最优点，然而，再一条条新平行线试验下去，既增大试验成本，又要耗费太多试验时间，因此，有时为了能尽快地得到满意结果，又可以采用一种被称作"平行线加速"的优选方法。

平行线加速的优选方法的具体运作方法如下：（如图 6-23）

第一步，按上面所讲的平行线法第一步完成，并已得出前两条平行直线 L_1。

· 224 ·

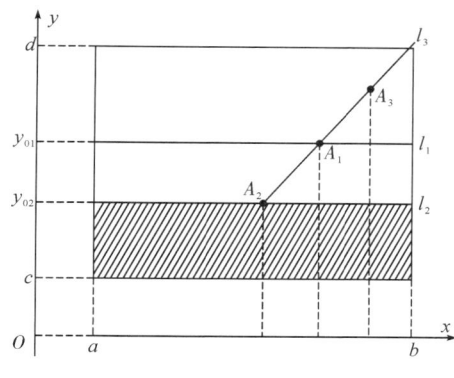

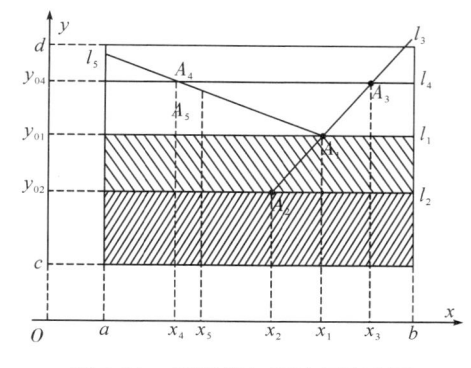

图 6-23　平行线加速法示意之三　　图 6-24　平行线加速法示意之四

与 L_2 上的最优点 A_1 与 A_2 后，比较这两点的试验结果 $f(A_1)$ 和 $f(A_2)$，如图 6-23，若 A_1 好于 A_2 则在原试验范围内去掉直线 l_2（即 $y < y_{02}$）以下的部分，反之则去掉直线 l_1（即 $y > y_{01}$）以上部分。现以 A_1 好于 A_2 为例，剩下的试验范围就如图 6-23 中非阴影部分所示。

第二步，在剩下的试验范围内，过点 A_1，A_2 作直线 l_3，如图 6-24，在 l_3 上用单因素法找出最优点，设为 A_3，显然，A_3 优于 A_1。

这时，如果对 A_3 的试验结果还不满意，则再过 A_3 作 l_1 的平行线 l_4，在 l_4 上继续用单因素法求得最优点 A_4，显然，A_4 优于 A_3，也优于 A_1（注：若在 l_4 上优选出的 A_3 与重合，即可认定 A_3 已是满足问题要求的最优点）。因此，又可以将试验范围 y 因素小于 l_1 的部分（图 6-24 中非阴影部分）去掉，剩下的试验范围又缩小为：$a \leq x \leq b$，$y_{01} < y < d$；

此时，若对 A_4 的试验结果仍不满意，则可在剩下的试验范围内过 A_1、A_4 作直线 l_5，在 l_5 上又用单因素法进行优选。继续进行上面的做法，直至得出满意的优选结果。

若第一步结束后，A_2 好于 A_1，也可类似逐步推衍。

平行线加速法的特点是每一条新的直线上得出的最优点一定比以前得到的所有选点都好，这样就有可能迅速得到满意的结果，至少每条新确定直线上的单因素优选都有改进，所有试验都在向最终目标都会有效靠近，没有浪费。

举一个灵活运用平行线双因素优选法的实例。

例 6-7：某钢厂冶炼特种钢，需要在冶炼时按每炉钢液添加不同数量的钛元素和锰元素，以控制其硬度和韧性（延展性）。按结构规范要求，钛元素和锰元素在一次炼炉中的添加量分别是钛 2~6kg/炉，锰 5~10kg/炉；

· 225 ·

试按两因素优选法确定出最好的加入量（精确到0.1kg）。

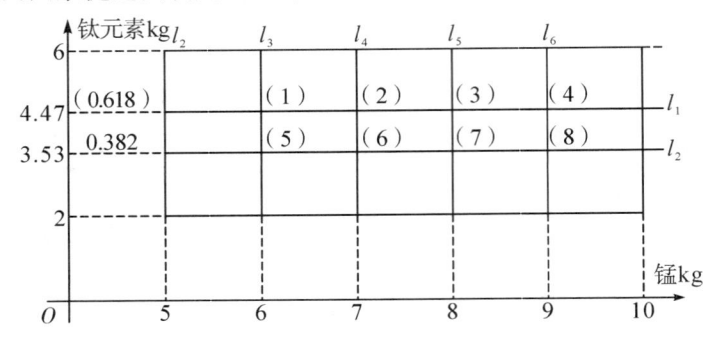

图 6-25 钛、锰添加量第一批试点选择

解：1. 将钛和锰两种添加元素作为两个制约因素放在平面直角坐标系内，使之形成矩形试验选点范围（如图6-25所示）。

先把钛元素固添加量固定在试验范围的0.618即4.47kg和0.382即3.53kg的横向水平线l_1、l_2上，把锰元素添加量的试验范围用l_3、l_4、l_5、l_6等4条竖向平行线分成5个等分。

这两组横竖6条平行线试验范围内构成的8个交点即代表着8组不同的试验配方。第一批试验就以这8个点所代表的配方数据进行（如表6-33所示）。

表6-3　钛、锰添加量第一批试验方案　　（单位：kg）

序号 配方 原料	（1）	（2）	（3）	（4）	（5）	（6）	（7）	（8）
钛添加量/炉	4.47	4.47	4.47	4.47	3.53	2.53	2.53	2.53
锰添加量/炉	6.00	7.00	8.00	9.00	6.00	7.00	8.00	9.00

2. 第二批试验是在第一批试验结果的"好点"周围4个区域格子中进行。假如，经过对第一批8个试点方案的结果进行比较，确定出图6-25中第（6）个试验点的结果最好，那么第二批试验范围就选择在以交点（6）为中心上下左右对称的（如图6-26中空白处）的4个格子内（按平行线法，其余的格子已全部淘汰）。

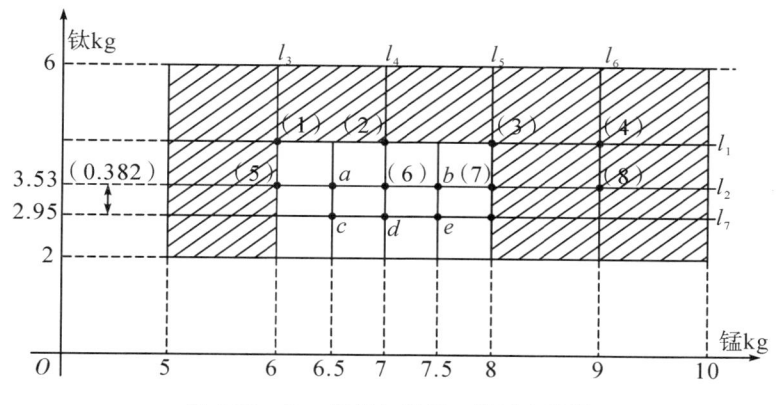

图 6-26 钛、锰添加量第二批试点选择

3. 在新的试验范围内，试点方案的确立同第一批相仿：先把钛元素固定在新试验范围的 l_2 即 3.53kg 和与它在新试验范围横向对称的水平线 l_7 上，同时，将锰元素添加范围 6~8kg 再次用 3 条竖向直线细分为 4 个等分，这时，横、竖双组直线段在新试验范围内又构造成新的 6 个[含原第（6）点]交点，这就是第二批优选试验的方案选点。除了已作的试验点（6）外，还要再作 5 点的试验。其方案如表 6-4。

表 6-4　钛、锰添加量第二批试验方案　　（单位：kg）

原料＼序号配方	a	b	c	d	e	(6)
钛添加量/炉	3.53	3.53	2.95	2.95	2.95	3.53
锰添加量/炉	6.50	7.50	6.50	7.00	7.50	7.00

将第二批 5 个新配方点试验结果，再与原第（6）点的结果一起相互比较，会得出一个新的更好点，这个"更好点"必然更靠近优选目标。如此，最多再重复进行一至二次上述程序，就会优选出所需要的最优添加配方。

6.3.4　好点出发（因素轮换）法

这种双因素优选方法的出发点是，先随意固定某一因素于一个状态，用单因素法确定出好点，再将这个好点对应的另一因素值点相对固定，同样用单因素法去寻找另一因素的好点（新的好点），这就相当于在两个因素中轮换固定，从好到更好地选择试验点，具体可按下述程序进行：

如图 6-27，设某双因素 x，和 y 优选的试验范围为一矩形区域：

$$a \leqslant x \leqslant b, \ c \leqslant y \leqslant d;$$

第一步，假设先将 x 因素固定于某一"水平"（可以是单因素中 0.618 处或原生产方案、状态的水平）。例如让①$x_1 = a + 0.618(b - a)$。在 $x = x_1$ 上用单因素法对 y 因素进行优选，得好点 $A_1(x_1, y_1)$；接着，轮换着②将 y 因素固定于 $y = y_1$，在其上再用单因素法对 x 因素进行优选，又得到一个更好点 $A_2(x_2, y_1)$。

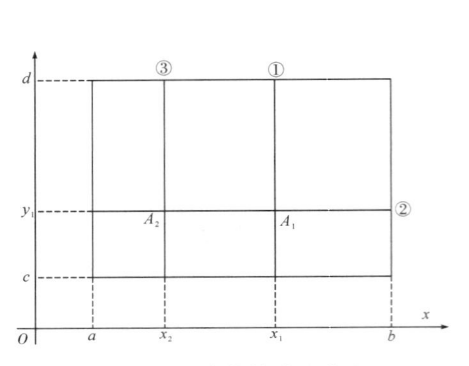

图 6-27　因素轮换法示意之一

图 6-28　因素轮换法示意之二

第二步，由于 A_2 又好于 A_1，在接下来的试验点选择中，试验范围就可以去掉 $x = x_1$（即直线 1）右边部分，如图 6-28 中标注为（1）的阴影部分。

此时，试验范围缩小为：$a \leqslant x \leqslant x_1, \ c \leqslant y \leqslant d$；再将 x 因素固定于 $x = x_2$，在 $x = x_2$ 上再用单因素法对 y 因素进行优选，得出第三个好点 $A_3(x_2, y_2)$；

第三步，由于 A_3 又好于 A_2，试验范围又可以去掉 $y = y_1$（即直线 1）下边部分，如图 6-28 中标注为（2）的阴影部分。此时，试验范围又再次缩小为：$a \leqslant x \leqslant x_1, \ y_1 \leqslant y \leqslant d$。

再轮换着将 y 因素固定于 $y = y_2$（如直线 4），在其上再用单因素法对 x 因素进行优选，又得到第四个更好点 $A_4(x_3, y_2)$。

第四步，由于 A_4 又好于 A_3，试验范围又可以去掉 $x = x_2$ 右边部分，如图 6-28 中标注为（3）的阴影部分。试验范围又再缩小为：$a \leqslant x \leqslant x_1, \ y_1 \leqslant y \leqslant d$；……

以此类推，继续轮换着固定 x 因素和 y 因素，继续轮换着选优，然后，再从好点出发，向更好点进取，试验取值范围愈益缩小，即能较快优选出目标函数最优选点。

以上，即为好点出发（因素轮换）法进行两因素优选的基本思路和具体操作程序。

例 6-8：某化工产品需要经过酯化工艺后，才能成型包装，而影响完全酯化的工艺条件主要是掌握好酯化釜工作时的压强和温度。据行业多年积累的经验，压强调控区间为 $200\sim350p/cm^2$，温度调控区间为 $50\sim70℃$。

试用优选法选择适宜的酯化条件。

解：因为压强和温度都是可调控因素，宜用好点出发（因素轮换）的优选方法。调控区间即为本题试验范围。

1. 做出如图 6-29 的形象示意。参照生产条件，第一步，先将温度任意固定于试验范围内例如取为 55℃ 即 1，用单因素法优选出压强好点，发现其为 $320\ p/cm^2$，得点（1）；同时测得其全部酯化时间为 3 小时。

2. 第二步，固定压强因素为 $320p/cm^2$，即②；用单因素法优选出温度第一好点为 63℃，得点（2）；同时测得其全部酯化时间为 2.8 小时。

3. 第三步，固定温度第一好点 63℃，即 3；用单因素法优选得出压强第二好点为 $300p/cm^2$，得点（3）；同时测得其全部酯化时间为 2.5 小时。

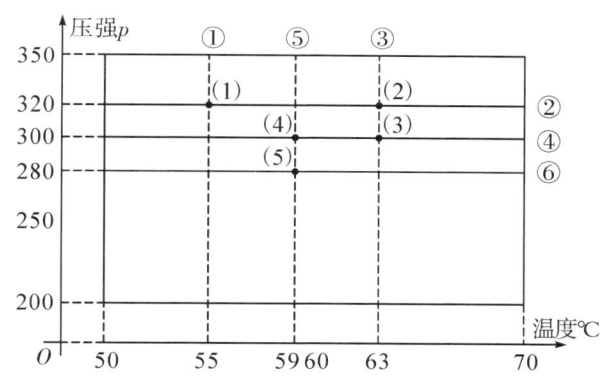

图 6-29　因素轮换酯化优选示意

4. 第四步，再固定压强因素第二好点 $300p/cm^2$，即④，用单因素法优选出温度第二好点为 59℃，得点（4）；同时测得其全部酯化时间为 2.5 小时。

5. 第五步，固定温度第二好点 59℃，即 5；用单因素法优选得出压强第三好点为 $280p/cm^2$，测得其全部酯化时间为 2.2 小时。

6. 第六步，再固定压强第三好点 $280p/cm^2$，即 6；用单因素法优选出的最好温度仍为 59℃。测得其全部酯化时间仍为 2.2 小时。

至此，可以认为最好的酯化工艺条件即：

· 229 ·

压强：$280p/\text{cm}^2$

温度：59℃。

采用这个工艺水平组织生产，平均效率提高 20%。

6.3.5 陡度（盲人爬山）法

有类双因素优选试验，会遇到其两个制约因素都不能一下子大幅度调整，也不知从哪个方向开始选优调整要好一些的情况，通常就需要采用形如"盲人爬山"的被称为陡度法的优选方法。盲人爬山时，看不见山顶（最优点）所在方位，只能靠手里的竹杖前后左右探索，哪儿陡，就往哪儿爬。从经验知道，愈陡的方向到达山顶就愈快，沿最陡的方向前进就是到达山顶的最好途径。所以，作为盲人，就需要"探陡坡（度），迈细步，前后左右试试看"。双因素优选的陡度法就是根据这一思路提出来的。

"陡度"的定义：试验范围内某两点的试验结果值之差，与这两点在制约因素坐标平面上的距离之比（对最优试验点的趋向程度）。形象地讲，如图6-30，设 $A(x_1, y_1)$，$B(x_2, y_2)$ 为试验范围内第一批得出的两个试点，且 $f(A)$ 好于 $f(B)$ 即 $f(A) > f(B)$，A、B 所成线段 AB 在因素坐标平面上的距离可表示为：

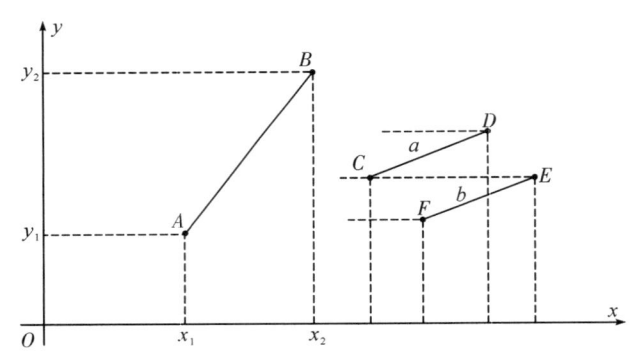

图 6-30　两试验点距离与陡度计算

$$|AB| = \sqrt{(x_2 - x_1)^2 + (y_2 - y_1)^2} \tag{6-5}$$

而从 A 上升到 B 的陡度即可表示为：

$$\frac{f_A - f_B}{\sqrt{(x_2 - x_1)^2 + (y_2 - y_1)^2}} \tag{6-6}$$

所谓陡度法，就是利用已确立或第一步试验得到的某个结果——表现为 $f(x, y)$，计算出与其他已行进过试验的各点间的陡度，然后沿陡度最大的方向(也是通向最优试验点最有利的方向)继续取点试验的双因素优选方法。

需要注意的是:第一,对于 A、B 间的"距离"($|AB|$),若将两个变量 (x_1, x_2) 和 (y_1, y_2) 只取一个单位的变化量,就可简化计算量,直接得出 $|AB| = \sqrt{2}$;第二,两试验点的陡度是指趋向于到达最佳试验方案点的快慢程度(也即两个试验结果的差值与距离之比),与两试验点间在试验范围内形成的线段是"陡"或"平"无关。如图 6-30 中,线段 a 和线段 b 在表示试验范围的直角平面内的距离和平缓状态都相同,但由于 $f_C - f_D$ 和 $f_C - f_E$ 的值不可能相同,其"陡度"也就不会相同。

下面,我们学习怎样用陡度法进行双因素试验点优选。

如图 6-31,在试验范围内任取一点 A(在实践中一般取现有的生产水平或试验范围的中心), 按"探陡坡(度),迈细步,前后左右试试看"的思路,不妨以 A 作起步点,先在因素(2)方向上增加一试验计量单位(前进一小步),到达 B,若 B 点试验结果 $f(B)$ 比 A 点试验结果 $f(A)$ 好,则在同

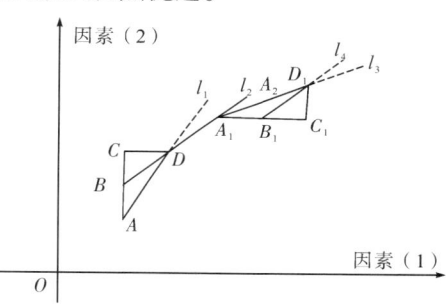

图 6-31 陡度法应用示意

一个因素(2)方向上再增加一试验计量单位,到达 C;

若 $f(C)$ 又好于 $f(B)$,但再沿这个因素(2)方向前进则变坏,这时就要改变方向,从 C 出发沿因素(1)增加或减少一个试验计量单位到达 D,在 D 试验位置,此时,不论试验结果 $f(D)$ 是比 $f(C)$ 更好还是不更好,都不一定再小步前进,因为目前已有 5 个可探测"陡度"的方向,可以选择更陡的方向走捷径:利用公式(6-5)和公式(6-6)比较前几个试验点所成线段 $\underline{AB} \cdot \underline{BC}$,$\underline{CD}$,$\underline{AD}$,$\underline{BD}$,所在直线的陡度,又因为在线段 $\underline{AB} \cdot \underline{BC}$,乃至 $\underline{CD}$,方向已作单方向探索,最有比较价值的"陡度",只需对 $\underline{AD}$ 和 $\underline{BD}$ 所在直线 l_1,和 l_2 的陡度 $\dfrac{f(D) - f(A)}{\sqrt{5}}$,$\dfrac{f(D) - f(B)}{\sqrt{2}}$ 进行比较即可。

假定,$\dfrac{f(D) - f(A)}{\sqrt{5}} < \dfrac{f(D) - f(B)}{\sqrt{2}}$,说明从 D 起步沿直线 l_2 方向取点做试验,到达试验目标会更快。于是,就在直线 l_2 上用单因素法取得好点 A_1,再按上述办法从 A_1 作起步点重复这个过程,直至找出最优点或得到满意结果为止。这就是陡度(爬山)法。

使用陡度（爬山）法的好处在于：

其一，可以充分利用已获利的试验结果数据做基础。

其二，有时，坏的结果也可帮助找出好的方向。

使用陡度（爬山）法一定要将每阶段的试验结果进行量化，否则难以按公式（6-6）计算出"陡度"。

例 6-9：某食用菌苗研制单位在菌棒接种后至出库前要对菌棒喷洒一次催化剂，并封闭在恒温室培育 6~8 小时，以保证菌苗生出率。适宜的催化剂浓度和培育室温度对功苗生出率影射都很重要，根据以往的经验，催化剂浓度的控制范围为 30%~40%，温度的控制范围为 16~20℃，试用双因素优选法对其做出选择。

解：两个因素的试验范围都较小，说明每步试验取点都不宜做大的调整，因而宜采用陡度（盲人爬山）法。

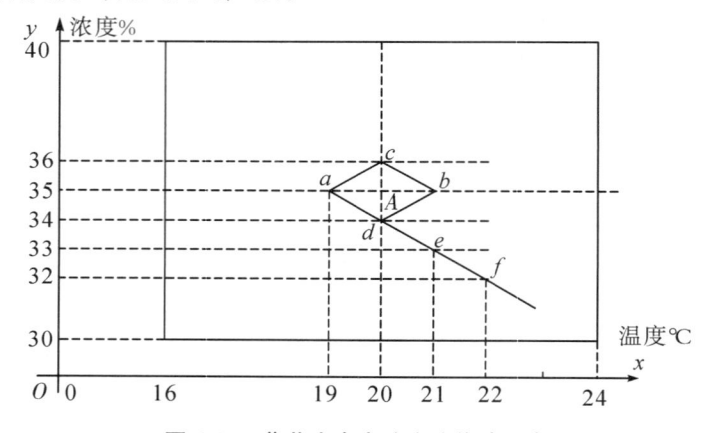

图 6-32 菌苗生出率陡度法优选示意

如图 6-32，本题试验范围描述在平面直角坐标内，即构成一矩形区域：$16 \leqslant x \leqslant 24$，$30 \leqslant y \leqslant 40$；为了在两个制约因素的取值范围内任意取一有代表性的点做试验比较基础。根据本题试验范围的特点，先考虑过两个因素的试验范围的中点分别作两坐标轴的垂线，交点为 A。在两条垂线上以 A 为中心，分别于上下左右各取一个增和减单位因素量组成对称的四个试验点：$a(19, 35)$，$b(21, 35)$，$c(20, 36)$，$d(20, 34)$ 做第一批优选试验。

试验结果为每棵菌棒上菌苗平均生出率，实际测得四个不同试验因素取值点的菌苗平均生出率数值如下：

即：$f_a = 55\%$，$f_b = 76\%$，$f_c = 58\%$，$f_d = 82\%$。

比较第一批四个试验点的效果，点 a：55% 最差，点 d：82% 最好。结合示意图 6-32 可知，由于 ab，ac，cb，ad 四条线段的距离相同，这四条线段端点数值的试验结果之差即表明该线段的"陡度"。故知从点 a 上升到点 d 的陡度最大。于是，第二步试验就要在过 a 和 d 两点作直线，且在线段 $\underline{ad}$ 的延长方向上过 d 点靠右选取。a 和 d 两点的直线方程（按过两已知点定直线法则）为：

$$y = -x + 54$$

根据题意，在这条直线上小步调整，先取下一试验点 e 的温度为 21℃，即 $x = 21$，对应的催化剂浓度为 33%，测得试验点 e 的试验结果为 92%；再在其上取试验点 f 的温度为 22℃，即 $x = 22$，对应的催化剂浓度为 32%，测得试验点 f 的试验结果为 84%，效果比试验点 e 差。由于培养室温度和喷洒催化剂浓度调整的可控精确度只能达到 1 个整数计量单位，故试验点 e 所确定的试验条件（浓度 33%，温度 21℃）即为优选出来的最好因素值。

6.3.6 双因素优选中好点会否丢失问题

从本章第 6.3.2 至第 6.3.5，我们向读者介绍了四种常用的双因素优选方法，其前提均假定需要处理的都是单峰目标函数优选，且重点讲述通过这样的法则，通常能最大限度地减少试验次数，较快地筛选出使目标函数达到最优的制约因素取值点。那么读者会问，在优选过程中是否会丢失掉实际上的最优选"点"呢？答案是肯定不会。下面我们就来谈谈这个问题，同时也是深化对双因素优选法内涵意义的认识。

如图 6-33、6-34，假设试验范围对应于平面 XOY 的一个矩形区域：$a \leq x \leq b$，$c \leq y \leq d$；取其制约因素范围内任意一点 (x, y) 的两个对应值组织试验，其试验结果 $z = f(x, y)$ 必然对应为在第三维 Z 方向上的一个高度数据，则整个图形就像一座只有一个制高点 A 的山体，数据相等的若干 $z = f(x_i, y_j)$ 值则构成了一条条等高线，各等高线投影到平面 XOY 上，就成为各不相交的、一圈套着一圈的封闭曲线，越靠内，曲线对应的高度 $z = f(x, y)$ 越大。很明显，各等高线及所包含的"点"，都只能在平面内的投影在代表试验范围的矩形区域内。

进行这个双因素优选的目的就是希望找出目标函数 $z = f(x, y)$ 取最大值的点，直观的几何意义就是在平面矩形区域内找出对应于目标函数 $z = f(x, y)$ 在平面坐标系取某一特定值的点 $A_0(x_0, y_0)$，即山体最高点 Z_0 在平面上的投影。

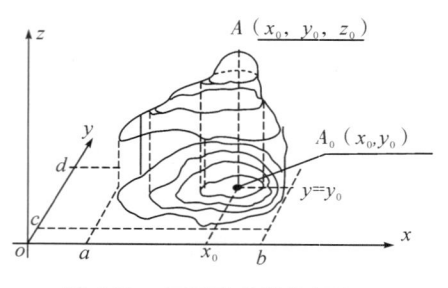

图 6-33 双因素优选综评之一

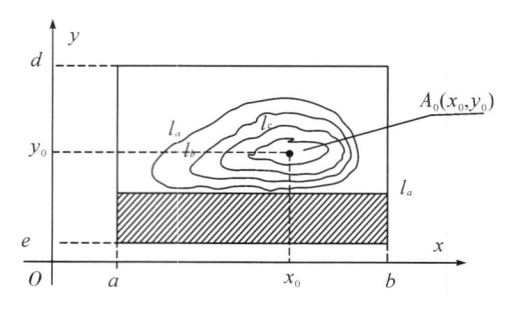

图 6-34 双因素优选综评之二

在试验范围内取一直线 l，并设点 a 为第一批优选出的好点，在其等高线投影曲线为 l_a；今若再有一比 a 更好（更接近山顶）的点 b，则 b 对应的等高线投影曲线 l_b 必然在曲线 l_a 内，也不会与直线 l 相交，又由于山体曲面是单峰状的，故峰顶 A 点在投影平面内对应的最好点 $A_0(x_0, y_0)$ 必然在 l_b 里面，且点 $A_0(x_0, y_0)$ 与点 b 也必然在直线 l 的同一侧面，即沿直线 l 去掉不含点 b 的部分（图 6-33 中阴影部分）后，最好点仍然会留在剩下的试验范围内。

6.4 三因素及三个以上制约因素的优选问题

6.4.1 一般双因素法的拓展

三因素制约问题优选，如同介绍双因素制约优选是在单因素优选解题思路拓展而来一样，三因素优选求解也可看成是双因素法解题思路的拓展，其求解过程也是以逐步降"维"为主，即先考虑暂时固定某一因素取值——相当于几何中降了一"维"，在余下的两个因素中按双因素优选问题得出一个中间答案，再以这个中间答案为基础，返回恢复到与先前暂时固定的那个因素层面，再分别做两个方向上的双因素优选。当然，从逻辑上讲，这是完全可行的，但实际操作起来一般都较复杂和烦琐。四个及以上制约因素的优选问题更为复杂和烦琐，而且从空间几何学角度考虑，"四维"以上空间的存在形态也无法直观表现。本书仅从一般双因素法的解题思路，对三因素优选问题进行解题思路拓展介绍，同时也推荐介绍几种常用的三个因素及三个以上因素优选问题的正交试验方法。

6.4.1.1 三因素制约的平面对折优选法

与双因素纵横坐标对折优选法操作进程相仿，我们把试验范围由平面上的矩形范围拓展到空间的长方体范围。如图 6-35，我们把某三因素优选的试验范围确定于某三维空间的一个长方体范围；

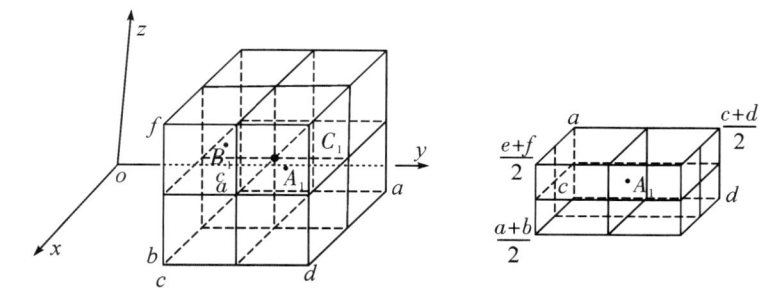

$a \leq x \leq b, c \leq y \leq d, e \leq z \leq f;$

图 6-35　三因素坐标平面对折法优选示意

在长方体内找出三个中平分面：

（1）$x = \dfrac{a+b}{2}, c \leq y \leq d, e \leq z \leq f,$

（2）$a \leq x \leq b, y = \dfrac{c+d}{2}, e \leq z \leq f,$

（3）$a \leq x \leq b, c \leq y \leq d, z = \dfrac{e+f}{2};$

先在三个中平分面上用双因素优选方法找到各自的好点，设分别为：

$A_1 = (\dfrac{a+b}{2}, y_1, z_1),$

$B_1 = (x_2, \dfrac{c+d}{2}, z_2)$

$C_1 = (x_3, y_3, \dfrac{e+f}{2});$

比较这三个点的试验结果，若 $f(A_1)$ 较 $f(B_1)$ 和 $f(C_1)$ 都好，且对于点 A_1，除 $x_1 = \dfrac{a+b}{2}$，另外两个因素取值范围已落入：$c \leq y_1 \leq \dfrac{c+d}{2}, e \leq z_1 \leq \dfrac{e+f}{2};$

这样，就可以如图 6-35 右边部分所示，用中分平面对折法去掉了原长方体的 3/4，即第二批试验的优选取点范围就只需在剩下的 1/4 长方体范围内寻求。

在剩下的1/4长方体试验范围内，再用上述同样的取中分平面对折方法，继续重复进行一次，进行第三批试验的优选取点范围就只需在原试验的 $1/4 \times 1/4 = 1/16$ 的长方体范围内寻求。按这个思路继续进行有限个批次的选点试验，很快就能优选出非常接近目标函数最佳值的试验范围（空间）选点。

6.4.1.2　三因素制约的平行平面优选法

基于双因素平行线优选法同样的思路，双因素制约平行线优选法则也可以拓展推广到三个因素制约的情形。

如图6-36，我们把某个三因素优选问题的试验范围确定于某三维空间的一个长方体范围，为简化叙述，设为：

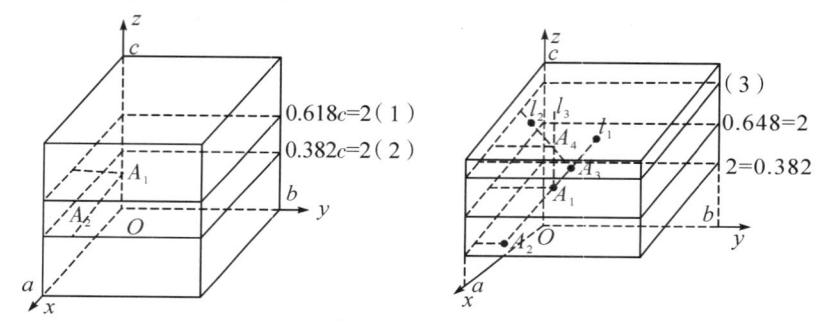

$$0 \leqslant x \leqslant a, \ 0 \leqslant y \leqslant b, \ 0 \leqslant z \leqslant c;$$

图 6-36　三因素平行面优选法示意

假设，z 因素是较为难于调整的因素，根据双因素平行线优选法的思路，我们可将 z 因素先固定到某一生产水平或某一设定位置，为讲述或进行实际操作方便，可将 z 因素先固定到 $0.618c$ 和 $0.382c$ 处：

这样就得到下述两个平行平面：

（1）$0 \leqslant x \leqslant a, \ 0 \leqslant y \leqslant b, \ z_1 = 0.618c;$

（2）$0 \leqslant x \leqslant a, \ 0 \leqslant y \leqslant b, \ z_2 = 0.382c$。

简称为 z_1 平面和 z_2 平面。这两个平行平面把试验范围截成三个彼此平行的矩形块。接下来，分别在 $z_1 = 0.618c$ 和 $z_2 = 0.382c$ 所在的平面用双因素优选法求出好点 A_1 和 A_2，然后比较其试验结果 $f(A_1)$ 和 $f(A_2)$：假设 $f(A_1)$ 好于 $f(A_2)$，则去掉 z_2 平面下面的矩形块（反之，若 A_2 好于 A_1，则去掉 z_1 平面上面的矩形块）。在剩下的试验范围内（如图6-35右侧图示），按同样的思路、用同样的选优方法继续进行有限个试验批次，试验范围将一步步不断缩小，很快就能求得最佳选点或达到目标函数预定精度的最优选点。

与两因素制约的平行线优选方法相类似，在用平行面法求解三因素优选问题时，同样也不能保证下一平行平面上的好点一定优于以前平面上的好点，所以也要用到相应的加速方法，具体操作如（参看图 6-36 右边图示）下：

以前述在平行平面（1）和（3）中确定出的好点 A_1 和 A_2 为基础，仍假设 $f(A_1)$ 好于 $f(A_2)$，在去掉 z_2 平面下面的矩形块后，过 A_1，A_2 作空间直线 l_1，在空间直线 l_1 上用设点法求得比 A_1 更好点 A_3，再过点 A_3 作与 z_1，z_2 平行的平面（3），在平面（3）上用双因素法再求得好点 A_4，若 A_4 与 A_3 重合，则 A_3 就是所求的最优点，若 A_4 与 A_3 不重合，则过 A_1 和 A_4 再作直线 l_2，在直线 l_2 上再用单因素法进行下一步优选，得出新的好点，然后再重复上面的程序继续进行，直到结果满意为止。

6.4.1.3 三因素制约的因素轮换优选法

与解决双因素制约坐标轮换优选问题类似，设某需优选问题有三个制约因素，且其试验范围分别为 $(0, a)$，$(0, b)$，$(0, c)$，即：
$$0 \leqslant x \leqslant a, \ 0 \leqslant y \leqslant b, \ 0 \leqslant z \leqslant c。$$

第一步，我们先将 y 因素和 z 因素固定在某一水平例如 $y = y_0$ 和 $z = z_0$ 上，然后对 x 因素进行单因素优选，得出 x 因素的第一个好点 x_1；接着再将 x 因素固定于 x_1，同时 z 因素保持第一步固定的水平不变，单独对 y 因素进行单因素优选，得出 y 因素的第一个好点 y_1；接着，又将 x 因素、y 因素分别固定于 x_1 和 y_1，单独对 z 因素进行单因素优选，得出 y 因素的第一个好点 z_1；当这三个因素都依秩优选过一轮后，我们实际上得到了三个试验后得出的初步好点：
$$A_1(x_1, y_0, z_0), A_2(x_1, y_1, z_0), A_3(x_1, y_1, z_1)。$$

第二步，依据同样程式，从点 $A_3(x_1, y_1, z_1)$ 出发，再按 $x \longrightarrow y \longrightarrow$ 的顺序，逐一对三个因素进行第二轮优选，又会得出第二批试验后得出的三个更新的好点。

第三步，以此类推……直至得出满意的结果。

可以看出，每一个新试验选点的产生，都要经过坐标（因素）轮换先固定其中的两个，对其中的一个进行单因素优选。且每一次单因素优选又都是将其他因素固定在前一次优选所得的"好"点的水平上，故也称其为"好点出发法"。

其实，三因素坐标（因素）轮换优选法还可以推广拓展到有 n 个制约因素的情形，只是每次都需先固定 $n-1$ 个因素在某一水平不变，而用单因素法对余下的那个因素进行优选。另外需要考虑的是，当制约因素超过 3 个时，什么因素宜放在前面，什么因素需放得靠后面一点，对于优选的速度影响较大。一般按各因素对试验结果影响的大小来排放顺序，往往能够较快地到达优选目标。

例 6-10：某机械制造企业经常要对用于海洋作业的机械产品进行表面抗腐蚀处理，按原设计，这个处理过程抗腐蚀喷涂剂浓度需控制在 70%～85% 范围，催化剂添加量需控制在每 1 000mL 添加 10～25g 范围，操作温度和烘干时间需控制在 20～35℃、4～8 小时范围，但工人按经验操作，该产品表面抗腐蚀能力仅在 60% 左右徘徊，不符合要求。在专家指导下，他们用因素轮换法进行了以下一系列优选试验。

（1）先用单因素法将抗腐蚀喷涂剂浓度固定为 75%，催化剂添加量固定为 19g/1 000mL，烘干时间固定为 6.5 小时，优选操作温度，得好点数据为 28℃，此时产品表面抗腐蚀能力提高到 68%，仍不理想。

（2）固定操作温度为 28℃，催化剂添加量固定为 19g/1 000mL，烘干时间固定为 6.5 小时，优选抗腐蚀喷涂剂浓度，得喷涂剂浓度好点数据为 81%，此时，产品表面抗腐蚀能力提高到 85%；应当还有潜力可挖。

（3）固定操作温度为 28℃，催化剂添加量固定为 19g/1 000mL，抗腐蚀喷涂剂浓度固定为 81%，优选烘干时间，得出选烘干时间好点数据为 6 小时，产品表面抗腐蚀能力提高到 86%。

（4）固定操作温度为 28℃，抗腐蚀喷涂剂浓度固定为 81%，烘干时间固定为 6 小时，优选催化剂添加量，得出催化剂添加量好点数据为 15g/1 000mL，此时，产品表面抗腐蚀能力提高到 92%，接近理想目标。

结合第一轮因素轮换优选试验，发现抗腐蚀喷涂剂浓度和催化剂添加量的因素调整对试验结果影响较其他两个因素大，故确定为第二轮因素轮换的首选。

（5）固定操作温度为 28℃，烘干时间固定为 6 小时，催化剂添加量固定为 15g/1 000mL，再对抗腐蚀喷涂剂浓度优选，得出喷涂剂浓度好点数据为 82%，此时，产品表面抗腐蚀能力提高到 97%。

（6）固定操作温度为 28℃，烘干时间固定为 6 小时，抗腐蚀喷涂剂浓度固定为 82%，再对催化剂添加量进行优选，得出催化剂添加量好点数据为 17g/1 000mL，此时，产品表面抗腐蚀能力为 96%。目标函数值反而有所回落。

上述六次试验结果比较说明，第（5）步骤确立的操作温度 28℃，烘干时间 6 小时，催化剂添加量 15g/1 000mL，抗腐蚀喷涂剂浓度 82%，已为优选出的因素值搭配最佳选点，至此，试验无须继续。

通过求解思路讲述和对例 6-10 优选进程的实际操作，我们发现，用坐标（因素）轮换法解决三因素制约的优选问题，要比用坐标平面对折法和坐标平面的平行面法要容易进行得多。实际上，一般情形下，对于三个因素制约，乃至三到四因素制约的优选实际问题，人们大多选择坐标（因素）轮换的方法。

6.4.2 多因素、多水平优选的正交设计试验

三个或三个以上的多因素制约的优选问题也是经济社会管理尤其是新产品研发、新品种培育等方面经常会遇到的实际问题。尽管我们强调在解决多因素优选问题时要抓主要矛盾，要逐步化多为少，但在有的情况下，最初很难辨识出各因素对目标函数的制约情况主次，或本身就要求通过试验才能辨析出制约因素主次。例如某新武器的研发，动植物新品种培育，新疫苗的临床测试、新工艺、新流程的推行，各制约因素对其性能结果影响的主次、程度及改进、进取的方向等，常常需要经过对多个因素同时同期进行一系列的试验分析，才能对事物本质的东西有所了解。面对这样的问题，在组织安排试验时，当然也希望用尽可能少的试验次数来获得满意结果，优选法在这一领域经过长期的研究和实践，总结出了一系列关于针对三个以上多因素制约问题，科学合理地设计试验次数与科学分析试验结果的应用方法，其中最基础、最常用的优选应用方法就叫正交设计优选试验方法。有的教材直接称其为正交试验法。

6.4.2.1 正交设计优选试验方法

为方便学习，先介绍一个被称为试验"水平"的术语。在此前的学习中，我们从直观的角度，对单因素、双因素及部分三因素制约问题，分别用直线区间段、矩形平面和立方体空间来表述制约因素的取值范围，并简称其为试验范围，当制约因素超过 3 个，就无法这样直观表述其试验范围了，而且对每一个参加试验的因素来说，一般也无法在其试验范围内取很多的数据值来与其他的众多因素的不同数据值分别搭配组合后，再来逐一进行试验。从优选要求的角度出发，人们实际上只想在其试验范围内各取数量尽可能少，然而又具有较强代表性的若干因素值来组织试验。这被取出的某一因素的一个或几个有代表性的"值"，为简化叙述，我们统一用一术语表达，称为这个制

约因素的某一或某几个"水平"。取两个有代表性的制约值叫"两水平",取三个有代表性的制约值叫"三水平"……同时,还明确,在处理实际优选试验问题时,"水平"也并不限于只取数据值,它有时也可以是原料的种类、工艺类型或操作方式等。

因为不同因素及因素的不同水平都会影响到试验结果,按理,在安排试验选点时,应当将这些因素的各水平按确定组合种数的办法,将每一因素、水平的所有组合种数都当作一个试验选点,但这样一来,需要做的试验的个数就会变得非常繁多。例如,4个因素两水平试验要做$2^4=16$个,7个因素的两水平试验要做$2^7=128$个,3个因素3水平试验要做$3^3=27$个,3因素5水平试验要做$3^5=243$个,4因素3水平试验要做$4^3=64$个……一个基本思路是,能不能找到一种既能使这些因素、水平在所组织的试验中得到一定程度的充分体现,又能尽可能地减少试验次数、还能较快分辨出诸多因素中对目标函数制约主次、程度的优选试验方法呢?答案是有的,其中最重要的方法就叫正交设计试验方法,简称正交试验法。

正交试验方法有两个要点,一是对试验次数的科学设计,二是对所选择的因素和因素水平组织试验后,目标函数取得的试验结果进行科学分析。

正交试验方法对试验次数的设计原则是:选择试验点组合时,要让每个因素及其每一个水平都与其他的任何因素及其每一水平都能参与搭配且只搭配一次。用这种搭配组合安排试验方式被称为正交试验的试验次数设计,简称正交试验设计。这种正交试验设计搭配组合安排既能把各因素、各水平都全面、均衡地分布于所选试验点的组合之中,因而对试验结果有较强的代表性,同时又极大地减少了试验次数。例如,7个因素的两水平试验按普通组合方法要做$2^7=128$个(次)试验,若按正交设计试验方法却只需做8个试验;10因素的两水平试验,按普通组合方法要做$2^{10}=1024$个试验,按正交试验方法也只需做8个试验;3个因素的3水平试验,按普通组合方法要做$3^3=27$个试验,按正交试验方法却只需做9个试验;4因素3水平试验,按普通组合方法要做$3^4=81$个试验,按正交试验方法也只需做9个试验。而且,这种试验点搭配选择科学性和实用性还在于,虽然试验次数减少了很多,但对每个因素及其相应的"水平"来说,在这种设计出来的部分试验中,相当于都参与了这个全面试验。再者,由于试验次数减少,也利于依据试验结果分别对各因素及其水平对目标函数制约(影响)程度进行分析。对正交试验结果为什么还要进行分析和怎样进行分析,可参考本章例6-11。

正交设计试验究竟是怎么回事，具体如何操作和进行分析检测，道理叙述较为空泛，下面，我们以 3 个因素的 3 水平正交设计试验为例，先讲述一下正交设计试验方法在安排试验选点组合时具体运作程序及需要遵循的原则。

正交设计试验选点组合一般通过列表方式体现。

设：有 3 个制约因素的 3 个水平（不妨用 A_1，A_2，A_3；B_1，B_2，B_3；C_1，C_2，C_3 代表）参加优选试验，按正交设计试验方法，其选点搭配组合按如表 6-5 所示安排。

表 6-5　3 因素、3 水平正交试验选点搭配组合试验选点安排表

试验编号＼因素	A	B	C	试验结果 $F(n)$
1	A_1	B_1	C_1	F_1
2	A_1	B_2	C_2	F_2
3	A_1	B_3	C_3	F_3
4	A_2	B_1	C_2	F_4
5	A_2	B_2	C_3	F_5
6	A_2	B_3	C_1	F_6
7	A_3	B_1	C_3	F_7
8	A_3	B_2	C_1	F_8
9	A_3	B_3	C_2	F_9

我们借助图 6-37 来分析 3 因素 3 水平的优选试验中，分别按普通组合方式安排试验与按正交设计试验方法选点安排试验的科学性和快捷性。

对这个 3 因素 3 水平的试验，如果把它们所有可能的组合作为试验选点，就需要做 $3^3 = 27$ 个试验，如图 6-37 左侧所标出的全部 27 个带"○"节点。如果按正交设计试验方法，只需按表 6-5 所列搭配组合做 9 个试验，即如图 6-37 右侧中的加黑节点。上述对比，在图 6-37 中表现得非常直观。

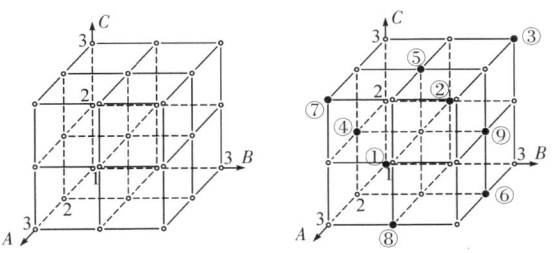

图 6-37　三因素三水平试验完全组合选点（左）与正交搭配组合选点（右）

很明显，这种按正交设计试验的选点安排，既把试验条件（全部因素、水

平)均衡地分布在所选择搭配组合之中,对参与选优试验的 3 个因素的各自 3 个水平的制约条件具有较强的代表性,又使试验次数减少了三分之二,一共只需做 9 个试验即能代替原须安排的 27 个试验。

6.4.2.2　正交设计试验结果分析

由于试验的目的是寻求最优的生产条件(最优的搭配组合试点),找出影响(制约)目标函数优化的因素或因素水平的主次,以便抓主要矛盾,进一步从正交组合试验中找出好的和更好的实施方案。因而需要对正交设计试验结果进行一定程序的量化分析,并与其他相关的搭配组合试验进行对比。直接用文字叙述正交试验组合试验结果分析同样比较抽象和繁杂,我们仍通过实例讲述来继续学习。

例 6-11:某农科站为寻求适用于乌蒙高原山地玉米高产实施方案,选择用品种、播种期、基肥量三类制约因素进行正交试验,品种由南单三号、黄玉一号、珍珠黄三个优秀品种参加试验,播种期选用早期播(清明前十日)、适期播(清明前二日)、迟播(清明后十日),基肥量选用有机合成肥的三个级别:低 200kg/亩,中 300kg/亩,高 450kg/亩。试用正交设计试验寻求最佳实施方案。

解:为叙述简便,将三个类型各别因素的各自三个参加试验的选项命名为"水平",并分别以代号列入表 6-6 中:

表 6-6　玉米高产试验因素及水平代号表

水平 \ 因素	A(品种)	B(播种期)	C(基肥量)
1	A_1(南单三号)	B_1(早期播)	C_1(低)
2	A_2(黄玉一号)	B_2(适期播)	C_2(中)
3	A_3(珍珠黄)	B_3(迟播)	C_3(高)

按表 6-6 所列的正交试验选点设计,就得出 9 个正交组合的搭配试验点,以这 9 个搭配组合进行试验,就会得出如表 6-7 上部横向第一大栏所列出的 9 个试验结果值。

表 6-7　玉米高产正交试验因素分析表　　（单位：kg/亩）

因素 水平 试验号	A（品种）	B（播种期）	C（基肥量）	试验结果 f_{nn}
1 2 3	A_1 A_1 ⎬第一水平 A_1	B_1 B_2 B_3	C_1 C_2 C_3	218.5 259.5 204.0
4 5 6	A_2 A_2 ⎬第二水平 A_2	B_1（因素水平 B_2 类推） B_3	C_2（因素水平 C_3 类推） C_1	211.0 246.0 177.9
7 8 9	A_3 A_3 ⎬第三水平 A_3	B_1 B_2 B_3	C_3 C_1 C_2	222.5 220.0 181.5
因素一水平亩产 因素二水平亩产 因素三水平亩产	218.5，259.5，204. 211，246，177.9 222.5，220，181.5	218.5，211.222.5 259.5，246，220， 204，177.9，181.5	218.5，177.9，220. 259.5，211，181.5， 204，246，222.5	
因素一水平均产 因素二水平均产 因素三水平均产	227.33 211.63 208.00	217.33 241.83 187.80	205.47 217.33 224.17	
同水平优均产	227，33	241.83	224.17	
因素极差 ＝（大一小）	19.33 (227.33 − 208.00)	54.03 (241.83 − 187.80)	18.70 (224.17 − 205.47)	

这 9 个搭配组合试验点中，每个因素的每个水平参与的试验都有 3 个，正交试验结果分析就是要从这 9 个试验结果值的交互考核中，发现并掌握其中的优水平组合及各相关因素对目标函数的影响程度，为进一步优选提供依据。量化性交互考核办法及结果如表 6-7 横向第二、三、四、五大栏。

通过解读表 6-7 可看出：

按正交设计试验的 9 个试验中，有一个搭配组合 $A_1B_2C_2$ 的试验结果（目标函数）最佳，单产最高，达 259.5（kg/亩），直观地讲，它也许就是最佳方案。

从因素水平对目标函数的影响看，A 因素（品种）以第一水平（南单三号）实现的均亩产最高 227.33kg/亩；B 因素（播种期）以第二水平（适期播）实现的均亩产最高 241.83kg/亩；C 因素以第三水平（基肥量）实现的均亩产最高 241.83kg/亩。若把三个优水平组合起来，也有可能得到一个较好的生产条件

组合 $A_1B_2C_3$。

为分清每个因素对目标函数影响的大小程度，我们要用一个叫"极差"量度概念，"极差"是用同一因素中，水平最（极）大均值减最小均的差值。如表6-7所示，本例题中，A 因素极差为 $227.33 - 208.00 = 19.33(\text{kg})$，同理，$B$ 因素极差为 $54.03(\text{kg})$，C 因素极差为 $18.70(\text{kg})$。极差越大说明该因素对目标函数的结果所起作用越大，通常也就根据极差大小，排列出因素的主次顺序。本例题中，因素影响制约强度顺序由主到次依次为：$B \longrightarrow A \longrightarrow C$。既然如此，我们首先就要考虑把 B 因素第二水平（即清明前二天的适时播）作为优选主要控制因素；而因素 C 来说，对目标函数的结果所起作用相对较小，故可以根据情况作适当调整，若从节约成本考虑，可取 C 因素最低数据水平即 C_1 作为生产条件，从而又得到一个因素水平组合 $A_1B_2C_1$，它也可能是一较好的生产条件组合。

通过上面的分析，我们在第一步正交试验之外，又得到两个可能的较好的试验（组合）方案 $A_1B_2C_3$ 和 $A_1B_2C_1$。但它们还未经过试验，为完善计，我们再将这两个可能是较好的搭配组合安排为第二批试验，得出两个新的试验结果。然后，再将其与第一批三个试验选点 $A_1B_2C_2$、$A_1B_2C_3$ 和 $A_1B_2C_1$ 的试验结果进行对比，就能确定出本案例的最优生产方案。

6.4.3 利用正交设计试验表安排多因素、多水平试验

对于多因素、多水平制约的优选问题，按正交设计试验方法安排试验选点，既能极大地减少试验次数，又能使所选出的试验取值点具有较强的代表性和分布的均衡性。但初学者在实际运用时，很难自行一下子就能确定出符合要求的选点组合。为方便运用，有关专门人员根据正交试验方法设计选点原则，按不同的因素个数和水平个数情况下，所对应的适宜的搭配组合安排，逐一列表，帮助操作者利用正交设计试验表科学安排因素、水平搭配试验。至于对试验结果的分析和运用，都可参考例 6-11 所采用的分析思路和具体分析流程进行。

6.4.3.1 关于多因素两水平正交设计试验

按正交设计确立的因素、水平搭配组合思路，两因素两水平的正交试验个数，其因素、水平搭配组合种数就是指 A_1B_1、A_1B_2、A_2B_1 和 A_2B_2 四个；三因素两水的平正交试验个数，也刚好是按两个元素 3 个不同途径的普通求组合和种数 $2^3 = 8(个)$；而四个因素的两水平正交试验个数就得按表 6-8 所列举的

正交设计方案进行组织：

表6-8　4因素两水平正交设计试验表

水平号 因素代号 试验号	A	B	C	D	试验结果 f_n
1	1	1	1	1	f_1
2	1	1	1	2	f_2
3	1	2	2	1	f_3
4	1	2	2	2	f_4
5	2	1	2	1	f_5
6	2	1	2	2	f_6
7	2	2	1	1	f_7
8	2	2	1	2	f_8

当制约因素的个数大于4个而少于8的两水平试验，也都可以参照正交设计表6-8，只安排做8次试验，并通过对试验结果的分析，达到优选的即是目的。表6-9即是当制约因素个数大于4而小于8个的两水平正交试验设计。表6-9在具体运用时，有几个因素就用几列，后面的不用的"列"就空着。

表6-9　5～7个因素两水平正交试验设计

水平号 因素名称 试验号	A 1	B 2	C 3	D 4	E 5	F 6	G 7	试验结果 f_n
1	1	1	1	1	1	1	1	f_{11}
2	1	1	1	2	2	2	2	f_2
3	1	2	2	1	1	2	2	f_3
4	1	2	2	2	2	1	1	f_4
5	2	1	2	1	2	1	2	f_5
6	2	1	2	2	1	2	1	f_6
7	2	2	1	1	2	2	1	f_7
8	2	2	1	2	1	1	2	f_8

至于 8 个以上因素的两水平试验其正交设计，就要做更多的试验次数，表 6-10 即表示当因数大于 8 而小于 15 个时的两水平正交试验设计。

同样，表 6-10 在具体运用时，有几个因素就用几列，后面的不用的"列"就空着。

表 6-10　因素个数大于 8 而小于 15 的两水平正交试验设计

试验编号＼因素号	1	2	3	4	5	6	7	8	9	10	11	12	13	14	15	试验结果 f_n
1	1	1	1	1	1	1	1	1	1	1	1	1	1	1	1	f_1
2	1	1	1	1	1	1	1	2	2	2	2	2	2	2	2	f_2
3	1	1	1	2	2	2	2	1	1	1	1	2	2	2	2	f_3
4	1	1	1	2	2	2	2	2	2	2	2	1	1	1	1	f_4
5	1	2	2	1	1	2	2	1	1	2	2	1	1	2	2	f_5
6	1	2	2	1	1	2	2	2	2	1	1	2	2	1	1	f_6
7	1	2	2	2	2	1	1	1	1	2	2	2	2	1	1	f_7
8	1	2	2	2	2	1	1	2	2	1	1	1	1	2	2	f_8
9	2	1	2	1	2	1	2	1	2	1	2	1	2	1	2	f_9
10	2	1	2	1	2	1	2	2	1	2	1	2	1	2	1	f_{10}
11	2	1	2	2	1	2	1	1	2	1	2	2	1	2	2	f_{11}
12	2	1	2	2	1	2	1	2	1	2	1	1	2	1	2	f_{12}
13	2	2	1	1	2	2	1	1	2	2	1	1	2	2	1	f_{13}
14	2	2	1	1	2	2	1	2	1	1	2	2	1	1	2	f_{14}
15	2	2	1	2	1	1	2	1	2	2	1	2	1	1	2	f_{15}
16	2	2	1	2	1	1	2	2	1	1	2	1	2	2	1	f_{16}

6.4.3.2　关于多因素三水平正交设计试验

三因素 3 水平正交试验，本章第 6.4.2.1 节经过分析并利用表 6-5 已作介绍，在第 6.4.2.2 节中，结合例 6-11 又对其实际应用做了介绍。

按正交设计思路，对于 5 个因素以下的三水平优选正交设计试验，第一步（或第一批次）都可以仿照表 6-11 所做的正交设计，只做 9 次不同的组合试验。

表 6-11　4 或 5 个因素三水平正交试验设计

试验号＼水平号＼因素号	1	2	3	4	5	试验结果 f_n
1	1	1	1	1	1	f_1
2	1	2	2	2	3	f_2
3	1	3	3	3	2	f_3
4	2	1	2	3	2	f_4
5	2	2	3	1	3	f_5
6	2	3	1	2	1	f_6
7	3	1	3	2	3	f_7
8	3	2	1	3	1	f_8
9	3	3	2	1	2	f_9

而因素个数大于 5 个的三水平正交优选试验，则至少要做 27 次。理论上讲有应用价值，但经济社会管理实践中很少触及，若加之还需对试验结果进行单因素、单水平制约情况的量化分析，反而使问题的解决过程变得烦琐。有违"优选"初衷，但作为一门知识探讨，我们仍将制约因素超过 5 个的三水平正交设计试验安排法则，以表 6-12 的方式列出，以供参考。

表 6-12　超过 5 因素的三水平的正交试验设计

试验号＼水平号＼因素号	1	2	3	4	5	6	7	8	9	10	11	12	13	试验结果 f_n
1	1	1	1	1	1	1	1	1	1	1	1	1	1	f_1
2	1	1	1	1	2	2	2	2	2	2	2	2	2	f_2
3	1	1	1	1	3	3	3	3	3	3	3	3	2	f_3
4	1	2	2	2	1	1	1	2	2	2	3	3	3	f_4
5	1	2	2	2	2	2	3	3	3	1	1	1	f_5
6	1	2	2	2	3	3	3	1	1	1	2	2	2	f_6
7	1	3	3	3	1	1	3	3	1	2	2	2	f_7

续表

试验号 \ 因素号 水平号	1	2	3	4	5	6	7	8	9	10	11	12	13	试验结果 f_n
8	1	3	3	3	2	2	2	1	1	3	3	3	3	f_8
9	1	3	3	3	3	3	3	2	3	2	1	1	1	f_9
10	2	1	2	3	1	2	3	1	2	3	1	2	3	f_{10}
11	2	1	2	3	2	3	1	2	3	1	2	3	1	f_{11}
12	2	1	2	3	3	1	2	3	1	2	3	1	2	f_{12}
13	2	2	3	1	1	2	3	2	3	1	3	1	2	f_{13}
14	2	2	3	1	2	3	1	3	1	2	1	2	3	f_{14}
15	2	2	3	1	3	1	2	1	2	3	2	3	1	f_{15}
16	2	3	1	2	1	2	3	3	1	2	2	3	1	f_{16}
17	2	3	1	2	2	3	1	1	2	3	3	1	2	f_{17}
18	2	3	1	2	3	1	2	2	3	1	1	2	3	f_{18}
19	3	1	3	2	1	3	2	1	3	2	1	3	2	f_{19}
20	3	1	3	2	2	1	3	2	1	3	2	1	3	f_{20}
21	3	1	3	2	3	2	1	3	2	1	3	2	1	f_{21}
22	3	2	1	3	1	3	2	2	1	3	3	2	1	f_{22}
23	3	2	1	3	2	1	3	3	2	1	1	3	2	f_{23}
24	3	2	1	3	3	2	1	1	3	2	2	1	3	f_{24}
25	3	3	2	1	1	3	2	3	2	1	2	1	3	f_{25}
26	3	3	2	1	2	1	3	1	3	2	3	2	1	f_{26}
27	3	3	2	1	3	2	1	2	1	3	1	3	2	f_{27}

6.4.3.3 关于多因素四水平正交设计试验

一般情况下，多因素四水平及以上的优选试验，从应用数学的理论上讲，也可运用正交设计的办法安排组织优选试验，只是在生产及生活实践中，因其实际问题很少涉及，加上选优过程运作过于烦琐，已少有实践价值。下面仅将因素个数在5个以下的4水平正交设计试验安排法则以表6-13示出，供读者参考。

表 6-13　小于 5 个因素的四水平正交试验设计

水平号＼因素号＼试验号	1	2	3	4	5	试验结果 f_n
1	1	1	1	1	1	f_1
2	1	2	2	2	2	f_2
3	1	3	3	3	3	f_3
4	1	4	4	4	4	f_4
5	2	1	2	3	4	f_5
6	2	2	1	4	3	f_6
7	2	3	4	1	2	f_7
8	2	4	3	2	1	f_8
9	3	1	3	4	2	f_9
10	3	2	4	3	1	f_{10}
11	3	3	1	2	4	f_{11}
12	3	4	2	1	3	f_{12}
13	4	1	4	2	3	f_{13}
14	4	2	3	1	4	f_{14}
15	4	3	2	4	1	f_{15}
16	4	4	1	3	2	f_{16}

6.5　优选法在应用中的几点注意事项

本章所介绍的若干优选方法，是截至目前已形成共识的、带基础性的，也是应用较为广泛的优选方法。除此之外，能应用于经济社会管理实践的优选方法，无论是解决单因素优选问题还是针对部分双因素、多因素的优选问题，或是多因素、多水平的优选问题，还有别的很多种优选方法可供选择，有兴趣的读者可以自行继续深研。

其次，优选法其本质意义是如何选优，我们在进行优选方法介绍时，也结合生产管理中很多实际优选问题进行了讲解，但更多的只是向阅读者提供出了解决某个具体问题的思考途径、适宜采用的措施和行动步骤，对试验结果（目标函数取值）几乎未给出最终的具体答案。不是最终答案不重要，而是希望帮助读者在面对解决优选问题时，逐步学会转换思考方式，学会先把思考重点放在"找捷路"。

最后，笔者特别指出，初学者在运用优选法处理和解决实际问题之前和运作进程之中，还需要灵活地协调好几点相关事项，这些事项简单归纳如下。

1. 注意把握好优化目标和试验过程的定量指标体现办法。应用优选法，首先要求任意两个试验结果相互间可以比较优劣。一般情况下，需要优选的目标及制约因素都有适当的量化指标相匹配，但有的时候，就难以量化分辨。例如，对新研发出的某食品或饮料口感度、某画面颜色调配、一种药剂的治疗效果优选等，这时往往就需要借助有实践经验的工人或评定品质的众多专业人员的意见比例数值来代替量化指标，以确定试验结果的优劣。

2. 在实际针对某一具体目标进行优选时，首先要尽可能地简化或减少参与试验的制约因素，尽可能从单因素优选起步，这样较为易于操作和得出优选结果。

当然，在生产和管理实际中，有些优选问题，由于客观存在诸多因素制约或由于对新开发产品实践经验不足，一时分辨不清有多少制约因素。因为直接采用多因素、多水平制约的优选方法往往既难且繁，故解决问题一般也先从简化和减少制约因素的个数着手。一是注意先规避非主观可控因素。假如存在不同气候（气温、风力、晴雨等）条件干扰，则尽可能在同一时段、同一状态下安排试验。为了优化某一抗疫针剂配方，可安排不同类别的志愿者在同一时段、同一外部环境条件下参加临床测试。二是要紧紧抓住起主要制约作用的一至二个因素先期安排试验，以减少不必要的试验误差。

3. 因地制宜地确定优选因素的取值范围（试验范围）。因素取值范围过大，就有可能增加不必要的试验次数，过小又可能丢失最优取值点。因此，在着手组织试验前，要结合优选对象实际和已有的经验确定出适宜的试验范围。

4. 选择适合的优选方法。在确定了目标、因素、试验取值范围后，就要考虑，根据优选对象的特点，究竟采用什么样的优选最好。例如，在单因素优选中，若通过做一次试验就能确定该因素取值点是趋好还是趋差（如蒸馒头的用碱量优选），则宜用对分法，若只能在有限个离散点中安排试验，则宜用分数法。而在解决多因素优选问题时，若某因素不易变动，可采用平行线法或平行面法。有时还可以先采用一种方法安排试验，接下来又采用另外的方法继续试验；尤其是处理多因素优选时，更应该灵活取舍创造性地捏合应用所掌握的多种优选方法。

5. 至于为什么会有这样或那样的优选方法，为什么要在某个试验范围内用 0.618 及 0.382 这样的近似值来安排第一和第二个试验，为什么分数法会想到利用斐波那契数列的某些特殊功能，为什么多因素优选会想到正交设计试验等问题，就要涉及较宽和较深的很多专业数学知识，超出了本书的探讨范围。同样留待有兴趣的读者自行探讨。

第 7 章 投入产出分析方法初步

7.1 投入产出综合平衡的基本概念

7.1.1 社会化大生产与投入产出综合平衡

人类社会进步和科学技术日益发展，促进物质生产的社会化进程不断完善。以当代人类社会的物质生产构成关系而论，其生产系统是由众多不同层次的经济管理部门和规模不一、隶属各别、数量同样众多的经济实体组成的、相互密切关联的整体。从一个国家或一个行政区域的层面上讲，每个生产部门或经济实体在经济运行进程中都存在着双重身份：一方面它以自己生产的产品提供作其他部门的生产（要素）资料消耗或满足社会的其他非生产消费，从这点上讲，它是生产者；另一方面，它在自身的生产过程中又要消耗若干物化劳动资源（包括自身的部分产品和其他部门提供的产品以及其他自然资源），从这点上讲，它又是消费者。这种既是生产者又是消费者的双重身份，在社会化大生产中形成错综复杂的依存、制约关系。而这种错综复杂的依存、制约关系在某一特定时段内，又会以某种相互对应的"数量平衡"面貌出现。从一个综合性生产经营企业（行业）的科学管理层面上讲，其内部各生产经营单位、各种产品生产过程，也存在着相互依存、制约的双重身份，经济学界统称之为生产及分配的投入 ↔ 产出相互依存的综合平衡关系，简称投入产出关系，并将其归并为应用数学方法之一。从推进经济社会发展的角度讲，人们就是要通过不断地总结和打破旧的或既有的投入 ↔ 产出"平衡"，促成和实现在新的目标层次上再次"平衡"。这就要求国民经济和社会管理工作必须经常确切地了解和把握住产品生产和消费分配方面错综复杂的依存关系和其依存关联的方式、程度，做出有针对性的调控决策。近代，在这一领域，逐步发展和形成了指导、解决这方面问题应用数学分支——投入产出平衡综合分析方法。

投入产出平衡综合分析方法起步于 20 世纪 30 年代中期，一位名叫瓦西里

·维·列昂惕夫（Wassily Leontief）的俄裔美国数学家、经济学家，于1936年发表了分析美国经济结构和运行的、投入产出分析法的第一篇论文——《美国经济制度中投入产出的数量关系》。第一次将社会经济运行中生产与消费这种相互依存的错综复杂关系，用量化手段进行解剖分析。经过科学家们不断探索，现已逐步将这种解剖分析方法广泛地拓展到经济技术结构系统分析和经济计划编制、预测，指导区域发展和企业、行业管理等诸多方面。

7.1.2 基本数学模式——投入产出表

把国民经济各部门之间在一定时期内为生产而投入的生产要素（包括某些已物化为产品的原、辅材料，设备、能源、人力资源等）的"购买"来源，与产出结果（产品分配）的"销售"去向，排成一张纵横交错的表格，将这种生产与消费之间的相互依存，又相互制约的数量关系表达出来，就构成了投入产出基本数字化模式，简称投入产出表。投入产出分析就是立足于这个基本数字化模式，对其中客观存在的依存、制约关系进行相应的量化核算或预测研判。

就实际而言，相互关联的若干个生产部门的生产经营过程，实质上是生产要素的物质性投入和产品销售（分配）的物质性产出的不间断运动过程。投入就是生产部门对各种生产要素的消耗，产出就是为满足生产及社会需要而进行的产品分配。

投入产出分析方法的主要工作，一是用数学概念中矩阵形式把所有的投入与产出关联关系都概括进去，形成投入产出表；二是依据一定的规则对投入产出表进行量化分析，弄清生产与消费之间、各生产部门之间的相互依存关系及程度，以及当某项社会需求变化时，将对下一时期生产要素的购买投入及产品的消耗分配产生何等的影响。

投入产出分析法以严肃、完整的国民经济统计资料为基础。

7.1.3 投入产出模式分类

按数据表现的形态不同，可分为实物型和价值型两种，即表中的数据可以是实物单位，也可以是价值单位。不过，更多的时候，为避免不同实物的量度单位混乱和简化运算、换算，投入产出表内的数据大都统一折算成特定的货币值（人民币元、美元、俄罗斯卢布、欧元、日元等）体现的价值量来表现。

按考核对象的不同，可分为区域（包括全国性、地方性）型和专业（包括行业、企业）型两个类别。由于这两个类型的考核对象、利益诉求和内部依存关系方面有所不同，故在投入产出表的构造法上也会有所不同。因为投入产出表分析法最初起源于《美国经济制度中投入产出的数量关系》，它以整个国家范围各生产部门之间的投入↔产出为考查对象，故后世对投入产出法的学习和讲述都是先从区域型投入产出分析起步。

按考核的时间期限的不同，可以分为报告期和计划期两种。

有的讲述中，还有划分为所谓静态型和动态型的；专业型之下又有划分为大型企业和一般企业型的分类方法。

7.2 区域型国民经济投入产出分析应用

区域型国民经济投入产出综合分析，是现代社会化大生产阶段实现科学管理和决策的迫切需求。其通用的数学模式是实施这项分析研究工作的重要手段和工具。

7.2.1 区域型投入产出通用数学模式

区域型投入产出表的一般数学模式如表 7-1 所示。

从表 7-1 所包含的内容上看，它是对 n 个具有双重身份的生产部门在某个期限内的投入、产出综合平衡关系进行考查。

表 7-1　投入产出(一般数字化模式)平衡表

投入方向 i \ 产出方向 j		消耗部门 j (表现为中间产品在生产过程的分配流向) 下为生产部门编号						最终产品 C							产出总值 Y
								消费		积累		储备	出口	小计	
		1	2	3	…	n	小计	居民	国家	生产性	非生产				
生产部门 i (生产过程需吸纳的投入) 右为生产部门编号	1	x_{11}	x_{12}	x_{13}	…	x_{1n}								c_1	Y_1
	2	x_{21}	x_{22}	x_{23}	…	x_{2n}								c_2	Y_2
	3	x_{31}	x_{32}	x_{33}	…	x_{3n}								c_3	Y_3
	…	…	…	…	…	…								…	…
	n	x_{n1}	x_{n2}	x_{n3}	…	x_{nn}								c_n	Y_n
	小计														
国民收入	工资 v	v_1	v_2	v_3	…	v_n									
	利税 m	m_1	m_2	m_3	…	m_n									
	小计				…										
投入总值 Z		Z_1	Z_2	Z_3	…	Z_n									

投入产出表用横竖交叉的粗直线把来源与去向划分为四个象限,按从上至下,从左至右顺序,习惯称左上部分为第Ⅰ象限,右上部分为第Ⅱ象限,左下部分为第Ⅲ象限,右下部分为第Ⅳ象限。

第Ⅰ象限第 i 单行横向上从左向右,x_{ij} 代表第 $i(i=1,2,3,\cdots,n)$ 个生产部门在一定期限内生产的产品被第 j 生产部门(包括自身)"购买"的中间"分配"去向,其总额为 $\sum_{j=1}^{n} x_{ij}$。这一横行格再向右延伸至第Ⅱ象限,代表第 i 个生产部门最终产品 C 的分配去向。同格横向最末的"产出总值"栏,代表第 i 个生产部门在整个考核期生产的全部产品的总量的价值体现。若把 $i=1,2,3,\cdots,n$ 全部按顺序列出,它实际上是一个表现全部产出分配流向的方程组:

$$\begin{cases} x_{11} + x_{12} + x_{13} + \cdots + x_{1n} + c_1 = y_1 \\ x_{21} + x_{22} + x_{23} + \cdots + x_{2n} + c_2 = y_2 \\ x_{31} + x_{32} + x_{33} + \cdots + x_{3n} + c_3 = y_3 \\ \cdots\cdots\cdots\cdots \\ x_{n1} + x_{n2} + x_{n3} + \cdots + x_{nn} + c_n = y_n \end{cases}$$

很多时候，人们用求和符号把上面的方程组精炼表述为：

$$y_i = \sum_{j=1}^{n} x_{ij} + c_i \quad (i = 1, 2, 3, \cdots, n) \tag{7-1}$$

并称其为投入产出模型的产出分配平衡方程组。

公式(7-1)代表某区域在一定期限内的总产出构成。

第 Ⅰ 象限第 j 单列纵向从上向下，x_{ij} 代表第 $j(j=1, 2, 3, \cdots, n)$ 个生产部门在同一期限内，为组织生产而必须"购买"的第 i 生产部门的产品，以之作为本部门生产资料"投入"的"来源"，其总额为 $\sum_{i=1}^{n} x_{ij}$。这一纵向列再向下延伸至第 Ⅲ 象限，代表第 j 个生产部门在整个考核期为组织生产必须支付的"视同投入"的劳动者工资 v_j 和向政府缴付的利税 m_j 等（这一纵向列再向下延伸至第 Ⅲ 象限最末的"投入总值 Z"栏，代表第 j 个生产部门在整个考核期所需要的全部投入的价值体现。或说是社会产品在生产过程中转化为新价值过程。代表了第 j 部门在整个考核期生产的全部投入的价值构成）。同样，若把 $j = 1, 2, 3\cdots n$ 也全部按顺序列出，它实际上是一表现全部"投入"（即生产价值来源）的方程组：

$$\begin{cases} x_{11} + x_{21} + x_{31} + \cdots + x_{n1} + v_1 + m_1 = z_1 \\ x_{12} + x_{22} + x_{32} + \cdots + x_{n2} + v_2 + m_2 = z_2 \\ x_{13} + x_{23} + x_{33} + \cdots + x_{n3} + v_3 + m_3 = z_3 \\ \cdots\cdots\cdots\cdots \\ x_{1n} + x_{2n} + x_{3n} + \cdots + x_{nn} + v_n + m_n = z_n \end{cases}$$

同样，人们也用求和符号把上面的方程组精炼表述为：

$$Z_j = \sum_{i=1}^{n} x_{ij} + v_j + m_j \quad (j = 1, 2, 3, \cdots, n) \tag{7-2}$$

并称为投入产出模型的"投入"（价值来源）平衡方程组。

投入产出平衡，即是：$\sum_{j=1}^{n} z_j = \sum_{i=1}^{n} y_i (i, j = 1, 2, \cdots, n)$。

表7-1 第Ⅲ象限所代表的"视同投入"内容，从发展国民经济的社会意

义上讲，其实质就是生产部门新创造的国民收入价值，所以有的教材直接将这个栏目命名为"国民收入"。

第Ⅳ象限理论上是反映国民收入的再分配过程，由于这部分内容涉及的问题较复杂，学术界在理论及应用方法上尚未形成定论，有待人们结合新时期物质（包括社会化的有偿服务）生产的社会化、全球化实践继续研究，故本书对第Ⅳ象限同样暂作空白处理。

表 7-1 所显示的投入产出关系还有其他方面的内涵：首先，它说明整个国民经济的各个生产部门在某一生产期限（报告期）内的生产和分配是一个完整系统；其次，各个生产部门的全部生产经营活动都以双重（消耗和产出）身份同步运行且互相联系依存；再次，整个系统的投入↔产出之间（在共通的量度前提下）存在多种平衡关系；最后，针对上述特点，结合投入产出表所列出的相关资料，可以进行一系列经济技术分析。

7.2.2　区域型投入产出分析法的应用方向

自投入产出法问世以来，经过理论上不断完善和实践上的不断丰富，投入产出分析法在经济社会管理工作中，得到日益广泛的应用，归纳起来，主要有下述五个应用方向。

利用投入产出模型编制和优化国民经济发展规划（计划），特别适用于编制和优化中、长期计划、规划。

利用投入产出模型分析和优化重点产业或重要地特资源开发计划、规划。

利用投入产出模型进行经济运行分析和预测，包括对国民经济总产值增长与部门、行业生产运行，国民经济发展与社会消费、与国家储备、与进出口贸易、与社会就业等方面是否协调的研判，并以此做出相应预应建议。

利用投入产出模型研究对国民经济某一产业功能实施一定程度政策干预（调控）的可行性和风险性预测。

利用投入产出模型研究一些专门性的社会问题，如收入分配问题，资源利用与环境污染问题，人口增减与劳动力就业问题等。

7.2.3　区域型国民经济投入产出表结构分析

国民经济投入产出表经济技术结构分析是一重要应用方向。

联合国于 1968 年推荐将投入产出表作为各个国家的《国民经济核算体系》的组成部分。

我国在 20 世纪的 1974 年即已编制过 1973 年度包括有 60 余种实物产品的

投入产出表。对当时我国的经济结构调整，特别是农、轻、重结构调整，消费与积累的指导政策调整，起到了积极作用。改革开放以来，随着我国市场经济体系建设日臻完善，除国家层面外，几乎所有省级层面和部分市、县级层面，都开始了区域性投入产出分析研究。

7.2.3.1 区域型国民经济投入产出表构成及解读

区域型国民经济投入产出法又称部门联系平衡法，主要研究国家整体或某一行政区域的生产部门（行业）在经济运行进程中，其内部和外部，也间接包括其与环境、人口、教育等社会问题之间的联系、依存状况，为政府进行发展预测和领导管理工作决策提供依据。区域性投入产出分析研究的立足点和出发点是投入产出表。下面我们用一简化实例进行讲述。

例 7-1：某市××年度按价值体现的投入产出情况如表 7-2 所示，试用投入产出法对其解读。

表 7-2　某市××年度投入产出部门联系平衡表　　（单位：亿元）

			消耗部门（中间产品分配流向）					最终产品 C				产出总值 Y
	产出 j		农业	工业	交电	其他	小计	消费	积累	出口	小计	
投入 i			1	2	3	4	5	6	7	8	9	10
生产投入部门	农业	1	35	15	5	4	59	20	2		22	81
	工业	2	12	40	18	14	84	40	15	40	95	179
	交电	3	2	18	4	9	33	12		30	42	75
	其他	4	6	16	6	12	40	10	15	3	28	68
	小计	5	55	89	33	39	216	82	32	73	187	403
国民收入净产值	工资 v	6	25	20	14	16	75					
	利税 m	7	1	70	28	13	112					
	小计	8	26	90	42	29	187					
投入总值 Z			81	179	75	68	403					

解：结合前面对表 7-1 的解读，对表 7-2 的具体解读如下：

第 I 象限是基本部分，它把生产部门简化为农、工、交（电、能源）和其他四个门类。从它的横向上分析，反映的是各部门的产出按用途的分配流向。例如，报告期农业部门产品总价值为 81 亿元，其中用于农业部门自身的消耗性分配（包括农民自食、种子、饲料等）为 35 亿元，用作工业原料的消耗性分配（酿酒、糖食、糨糊等）为 15 亿元，用于交通、电力、能源和其他生产部门的消耗性分配共为 9 亿元，农业部门被以中间产品分配的名义提供的消耗性产出共为 59 亿元；再横向右推至第 II 象限，表达的是农业部门最终产品供全社会安排的分配流向。如农业部门最终产品中，供社会非生产性消费为 20 亿元，国家粮食储备 2 亿元；整个报告期农业部门全部产品的总价值为 81 亿元。工业、交电和划分到其他部门其他的产出按用途的分配情况，都可做类似解读。四大生产部门在本报告期全部产品的产出总值为 403 亿元。

从第 I 象限的纵向上分析，表达的是某生产部门为组织本报告期的产品生产所需吸纳的作为"投入"的价值形成。反映的是某生产部门在整个生产运行过程中，对包括自身产品在内的所有生产部门产品（作为生产要素投入）的消耗性依赖。例如，报告期内农业部门在整个生产运行过程中，需要以"投入"的形态消耗自身产品 35 亿元，消耗工业部门产品 12 亿元，消耗交电能源部门产品 2 亿元，消耗其他部门产品 6 亿元，即总的实物性要素消耗性投入共为 55 亿元。再纵向下移至第 III 象限，表达的是生产部门在生产运行进程中"视同投入"的、实质是必须向社会（国家）提供的、反映为国民收入的价值构成。农业部门为劳动者提供的工资收入（在我国，现阶段实际也包括农业劳动者所获得的粮、果、蔬、畜、药等收获的折算价值）为 25 亿元，向国家缴付的税费等 1 亿元，最终形成的投入总值为 81 亿元。工业、交通、和划分到其他部门的，所需吸纳的"投入"的价值构成情况，同样都可做类似解读。

7.2.3.2 区域型国民经济投入产出三大平衡关系

同样，结合表 7-1、表 7-2，分析一下投入产出表中几个方面的依存平衡关系。

1. 吸纳投入与产出消耗分配平衡

在第 I 象限中，体现了在直接的生产进程中，吸纳投入和消耗产出的中间产品交互分配的平衡关系。在表 7-1 中体现为各竖向（j 列）投入栏小计后，再横向相加，即 $\sum_{j=1}^{n} j \sum_{i=1}^{n} x_{ij}$；与各横向（$i$ 行）产出栏（中间产品消耗）小计后，再纵向相加，即 $\sum_{i=1}^{n} i \sum_{j=1}^{n} x_{ij}$ 的相等关系：

$$\sum_{j=1}^{n} j \sum_{i=1}^{n} x_{ij} = \sum_{i=1}^{n} i \sum_{j=1}^{n} x_{ij} \quad (i, j = 1, 2, \cdots, n) \tag{7-3}$$

在表 7-2 中即为：

$55 + 89 + 33 + 39 = 59 + 84 + 33 + 40 = 216(亿元)$。

2. 国民收入（新创价值）与最终产品价值平衡

从国民经济整体看，生产部门提供的非生产性消费、扩大再生产积累和出口等方向的产品价值 C_i，与生产部门所创造出的国民收入净产值（$v_j + m_j$）相等。

在表 7-1 中，体现为第 Ⅱ 象限最终产品 C 小计栏的总和 $\sum_{i=1}^{n} C_i$ 与国民收入栏 $v_j + m_j$ 的总和 $\sum_{j=1}^{n} (v_j + m_j)$ 相等，即：

$$\sum_{i=1}^{n} C_i = \sum_{j=1}^{n} (v_j + m_j)(i, j = 1, 2, \cdots, n) \tag{7-4}$$

在表 7-2 中即为：

$22 + 95 + 42 + 28 = 26 + 90 + 42 + 29 = 187(亿元)$。

3. 投入总值与产出总值平衡

其一是每一生产部门的投入价值总额与产品价值总额平衡；其二是整个考核区域内的投入总值与产出总值平衡。这两类平衡，在表 7-1 中，体现为：

$$\sum_{j=1}^{n} z_j = \sum_{i=1}^{n} y_i \quad (i, j = 1, 2, \cdots, n) \tag{7-5}$$

其在表 7-2 中则体现为：

$81 + 179 + 75 + 68 = 81 + 179 + 75 + 68 = 403(亿元)$。

7.2.3.3 产出对投入的依赖 —— 直接消耗系数

在一定的经济活动区域的一个报告期内，某一生产部门（j）在自己的生产运行进程中，客观地存在着对包括自身在内的各生产部门对其（物化劳动）投入的依赖关系。而且在相同的技术装备水平和生产组织方式条件下，表现为相对稳定的数量关系。虽然投入产出表已经反映出这种依赖关系，但人们还需要进一步通过一定分析计算，把某生产部门（j）在一个报告期的生产经营过程中，需要直接消耗（包括自身在内）各（i）部门的对它投入的、代表物化劳动的产品资料或服务的"价值量"，以及这个"价值量"占其"总投入"的比重值，而这个比重的确切数值，术语上称为直接消耗系数。

针对某一具体生产部门来说，它对各生产部门的直接消耗系数，是指（包括自身在内)各生产部门对它的投入价值量 X_{ij} 在该部门产出总值 y_i 中所占的比重值。在实际计算中，常利用 $\sum_{j=1}^{n} z_j = \sum_{i=1}^{n} y_i$ [公式(7-5)]，并对照表7-1，将直接消耗系数通用的计算式变通为：

$$a_{ij} = \frac{x_{ij}}{Z_J} \quad (i, j = 1, 2, \cdots, n) \tag{7-6}$$

针对例7-1和表7-2，让我们来计算一下在报告期限内，各生产部门间的直接消耗系数如下。

(1) 农业作为生产部门，它对各生产部门的直接消耗(依赖)系数：

对农业自身的直接消耗系数：$a_{11} = \dfrac{x_{11}}{z_1} = \dfrac{35}{81} = 0.4321$；

对工业部门的直接消耗系数：$a_{21} = \dfrac{x_{21}}{z_1} = \dfrac{12}{81} = 0.1481$；

对交电部门的直接消耗系数：$a_{31} = \dfrac{x_{31}}{z_1} = \dfrac{2}{81} = 0.0247$；

对其他部门的直接消耗系数：$a_{41} = \dfrac{x_{41}}{z_1} = \dfrac{6}{81} = 0.0741$；

(2) 工业作为生产部门，它对各生产部门的依赖：

对农业部门的直接消耗系数：$a_{12} = \dfrac{x_{12}}{z_2} = \dfrac{15}{179} = 0.0838$；

对工业自身的直接消耗系数：$a_{22} = \dfrac{x_{22}}{z_2} = \dfrac{40}{179} = 0.2235$；

……

从直接消耗系数的定义和计算方法可看出，直接消耗系数的取值范围在 $0 \leqslant a_{ij} < 1$ 之间，a_{ij} 的值越大，说明第 j 部门消耗第 i 部门产品或服务的依赖性越强，反之则越弱；若 $a_{ij} = 0$，表明第 j 部门对第 i 部门无直接的依赖关系。

投入产出表中第Ⅲ象限所代表的"视同投入"即新创造价值的那部分内容，若同样按计算直接消耗系数的思路考查它们之间的"依赖程度"，也能得出"视同直接消耗系数"，不过这里的"视同直接消耗系数"，其实质不是消耗，而是体现为某生产部门(j)对新增国民收入的贡献系数。

表 7-3 某市 ×× 年度生产部门直接消耗系数表   （单位：亿元）

		中间产品消耗流向			
		农业	工业	交电	其他
生产资料投入	农业	35÷81 = 0.4321	15÷179 = 0.0838	5÷75 = 0.1200	4÷68 = 0.0588
	工业	12÷81 = 0.1481	40÷179 = 0.2235	18÷75 = 0.2400	14÷68 = 0.2059
	交电	2÷81 = 0.0247	18÷179 = 0.1006	4÷75 = 0.0533	9÷68 = 0.1324
	其他	6÷81 = 0.0741	16÷179 = 0.0894	6÷75 = 0.0800	12÷68 = 0.1765
国民收入	工资	25÷81 = 0.3086	20÷179 = 0.1117	14÷75 = 0.1867	16÷68 = 0.2353
	利税	1÷81 = 0.0123	70÷179 = 0.3911	28÷75 = 0.3733	13÷68 = 0.1912
部门投入总值		81	179	75	68

按照上述对投入产出关系中直接消耗系数的解读，把例 7-1 和通过表 7-2 表述的投入产出关系的全部直接消耗系数计算出来，可得表 7-3。

为了使用方便，人们常把投入产出表中由整个第 Ⅰ 象限计算出来的全部直接消耗系数用普通数学中矩阵的形式列出，称为直接消耗系数矩阵，且常用英文大写字母 A 表示：

$$A = \begin{pmatrix} a_{11} & a_{12} & \cdots & a_{1n} \\ a_{21} & a_{22} & \cdots & a_{2n} \\ \cdots & \cdots & \cdots & \cdots \\ a_{n1} & a_{n2} & \cdots & a_{nn} \end{pmatrix}$$

针对例 7-1 和表 7-2，它的直接消耗系数矩阵即为：

$$A = \begin{pmatrix} 0.4321 & 0.0838 & 0.1200 & 0.0588 \\ 0.1481 & 0.2235 & 0.2400 & 0.2059 \\ 0.0247 & 0.1006 & 0.0533 & 0.1234 \\ 0.0471 & 0.0894 & 0.0800 & 0.1765 \end{pmatrix}$$

7.2.4 国民经济投入产出预测

利用区域型国民经济投入产出表及在此基础上计算出来的直接消耗系数表（矩阵）所代表的相关内容，既可以对该行政区域的部门经济结构比例、运行质量、社会分配与扩大再生产积累等多方面的关联关系进行量化分析、研判，也可以用于指导国民经济新发展计划、规划的编制、预测。

7.2.4.1 国民经济投入产出技术结构分析

例 7-1 和表 7-2 所讲述的内容是对一个市域行政辖区在报告期投入产出极为粗略简化的数学模式，由此计算出的直接消耗系数表 7-3 同样是一个粗线条形态。尽管这样，我们也可以通过投入产出表及相应的直接消耗系数表分析了解该市产业结构和经济技术结构状况。例如，从最终产品在总产出中所占比值分析，可看出该市工业部门的产出能力最大，占比达 53.07%，与此相应，工业部门在报告年度为政府贡献的利税也多，占比达 39.11%，说明该市工业经济实力强劲，具备工业强市基础。其次，从直接消耗系数表列上看，报告期农业部门在整个生产运行过程中，需要以"投入"的方式消耗自身产品 35 亿元，占本部门年度总产值的 0.432 1 即 43.21%，大于其他任何生产部门的自我消耗系数，说明该市农业部门对自身物化劳动产品耗费的依赖程度高，分配向社会的最终产品占比相对少。至少反映出该市农业生产（小类上包括农、牧、渔、林、药、果等）部门产出能力（包括生产效益）较低，创造国民收入净产值的能力也低。

由投入产出综合平衡表还可以直接了解和分析：

1. 在一定期限内各生产部门创造活劳动价值比率

$(k_j = \dfrac{部门所创国民收入净产值}{部门投入总值})$。

2. 部门产值社会效益比率$(p_j = \dfrac{部门所创国家利税}{部门投入总值})$；

3. 分析和了解各生产部门向全社会提供的用于消费、积累、出口或储备的产品的比例关系。

进一步，还可深入探讨，若某一生产部门出现较重大的增、减因素，对其他部门乃至整个经济运行的影响程度；了解和分析部门间的劳务收入与全社会分配、再分配比例是否协调等相关问题。

在编制投入产出表时，若资料充足，还可将生产部门进一步细化，以便进行更为深入细致的分析、核算，提供出更为科学严谨的研判。

7.2.4.2 国民经济投入产出计划编制

如果在下一报告年度或下一个计划期,经济运行内外客观条件无特别变化,即表示各生产部门之间依赖关系的直接消耗系数也不会有什么大的变动。于是,即可以此为依据逆推,编制(预测)出下一报告(计划)期投入产出综合平衡表。这又分以下两种情况。

1. 从各生产部门各自发挥积极性,分别制定的产值(或产出)计划出发;2. 从整个国民经济综合的增长比例出发。

例 7-2:继续以(例 7-1 所述)某市××表内容为基础:①近 2~3 年内该市经济运行环境基本稳定,下一年度,农业部门总产值计划增长 4.5%,工业部门总产值计划增长 10%,交电部门总产值计划增长 5%,其他生产部门总产值划增长 6%,试据此编制某市下一年度投入产出综合平衡计划;②若该市计划下一年度国民经济总产值增长比例为 8%,试据此编制某市下一年度投入产出综合平衡计划。

解:(1)下一年度,该市农、工、交、其他等四业部门总产值计划分别为:84.65、196.90、78.75、72.08 亿元,全市产出总值为:432.38 亿元。

因为计划期的经济运行环境基本稳定,可知该市计划期投入产出直接消耗系数与基础期也将基本一致。那么就可预测出各部门需提供的中间产品(生产资料)和最终产品,以及各部门需要消耗(投入)的生产资料和新创造的国民收入。例如,对农业部门来说,它需消耗自身作为生产要素投入的中间产品 84.65×0.432 1 = 36.58 亿元,需消耗来自工业部门作为生产要素投入的中间产品 84.65×0.148 1 = 12.54 亿元,来自交电部门的 84.65×0.024 7 = 2.09 亿元,来自其他部门的 84.65×0.074 1 = 6.27 亿元;工业部门、交电和其他部门的消耗性投入,以及"视同投入"的国民收入净值等栏,也按此类推。最后形成可用于指导全市下一期限经济发展的,如表 7-4 所示的下一报告期总体投入产出预测结果。

表 7-4 实质上也体现了在发挥部门积极性的基础上,形成全市统一意志的结果。

表 7-4　某市第二报告期年度投入产出分析预测表　　（单位：亿元）

投入＼产出		中间产品（预测各部门提供的生产资料）					预测最终产品	计划产出（产品）总值
		农业	工业	交电	其他	合计		
预测各部门消耗生产资料投入	农业	36.58	16.50	2.10	4.24	59.42	25.23	84.65
	工业	12.54	44.01	18.90	14.84	90.29	106.61	196.90
	交电	2.09	19.81	4.20	9.54	35.64	43.11	78.75
	其他	6.27	17.60	6.30	12.72	42.89	29.19	72.08
	小计	57.48	97.92	31.5	41.34	228.24	204.14	432.38
预测国民收入	工资	26.12	21.99	15.75	16.96	80.82		
	利税	1.04	77.00	31.5	13.78	123.32		
	小计	27.16	98.99	47.25	30.74	204.14		
计划投入总值		84.64	196.91	78.75	72.08	432.38		

（2）若按全市下一年度产出总值增长 8% 来进行部门消耗生产资料预测和国民收入净值预测，进而编制投入产出综合平衡表，只需将上一报告期部门产出总值作为基数，乘以增长系数 1.08 即分别得出四部门的计划产出总值：即农业 87.48 亿元，工业 193.32 亿元，交电 81.00 亿元，其他 73.44 亿元；全市 435.24 亿元。以下步骤和结果形态，与（1）相同，故从略。

由第（2）种途径得出该市下一报告期总体投入产出预测表，体现了在统筹规划指导下，各生产部门的目标指向。

说明：由于计算过程经过多重精确度取舍，致使个别相对应的预测值出现微小误差，但不影响预测结果的科学性。实际操作时可以生产部门的实际状况和相关产业政策进行必要调整修正。

7.2.5　对其他重要社会介入因素依存度分析

在整个社会经济运行进程中，投入产出活动必然还要涉及其他多种相关社会因素介入，例如劳动力就业及其中特定技术人才的参与、水资源及其他相关自然资源配置、电力配置、污染排放及节能降耗要求等。实际上，部门生产进程不仅离不开这些相关社会因素的直接或间接介入，还同样存在一定的依存关系。虽然，从价值角度讲，这类社会其他介入因素，对于投入产出进程而言，在某种情况下，又可以是不需要直接进行价值核算的"视同投入"。但从经济社会和谐发展和可持续发展的要求讲，在很多时候，肩负领导管理社会经济发展的决筹层面，事前把握和确切了解经济运行对这些社会介入因素的依存度，很有必要。例如，若仅从人力资源这一社会介入因素考虑，在某一投入产出报告期内，各生产部门需要使用的劳动力数，或某些生产部门实际使用的中、高级技术工人数等，都与部门投入产出之间，存在某种相应的依存关系。这种依存关系，对于下一计划期该部门要达到某一新产出目标，同样存在。因此，社会经济管理的决策层面必须预先知道，下一报告（计划）期内，本区域为实现既定的投入产出目标，是否能为各生产部门保证提供所需要的劳动力数量和专业技术人才数量，以便提前统筹决策或提前制定必要的应对措施。对于其他相关社会介入而言，也必须统筹谋划。

倘若要在做区域型投入产出预测的同时，也一并谋划好相关介入因素问题，只要结合相关统计资料，在原区域型投入产出表下方添加适当栏目，仍以部门产出总值为比较基础，即可做出相应研判。

下面仍结合例7-1和例7-2所述内容讲述。

例7-3：设，在报告期内，该市在农业部门就业的劳动力96万人，含中、高级技术人才5.5万人；工业部门就业劳动力42万人，含中、高级技术人才18.6万人；交电部门就业劳动力24万人，含中、高级技术人才9.6万人；其他生产部门就业劳动力30万人，含中、高级技术人才6.8万人。政府以年平均8.5%增长速度做五年国民经济发展规划，试预测并研判五年规划末期，该市劳动力暨中、高级技术人才供求关系。

表 7-5 某市××年度投入产出部门联系平衡暨就业状况表（单位：亿元/万人）

投入 i \ 产出 j			消耗部门（中间产品分配流向）					最终产品 C				产出总值 Y
			农业	工业	交电	其他	小计	消费	积累	出口	小计	
			1	2	3	4	5	6	7	8	9	10
生产投入部门	农业	1	35	15	5	4	56	20	5		25	81
	工业	2	12	40	18	14	84	40	15	40	95	179
	交电	3	2	18	4	9	33	12		30	42	75
	其他	4	6	16	6	12	40	10	15	3	28	68
	小计	5	55	89	30	39	213	92	35	73	190	403
国民收入净产值	工资 v	6	25	20	15	16	86					
	利税 m	7	1	70	30	13	114					
	小计	8	26	90	45	29	190					
投入总值 Z			81	179	75	68	403					
就业劳动力			96	42	24	30	192					
中、高级技术人才就业人数			5.5	18.6	9.6	6.8	40.5					

解： 本题实际上要求考查该市经济运行对社会劳动力暨中、高级技术人才供应的依存度。在表 7-2 的下方添加表达这种介入因素的两个栏目，使之形成表 7-5（由于这类介入因素无须进入生产性价值核算，介入因素可保留自己的度量单位）。

分析：（1）报告期内，各生产部门全部就业劳动力为 192 万人，含中、高级技术人才 40.5 万人。各生产部门对就业劳动力和中、高级技术人才的依存度分别为：（单位：万人/亿元）

$$K_{农} = \frac{96}{81} = 1.185, \quad P_{农} = \frac{5.5}{81} = 0.068;$$

$$K_{工} = \frac{42}{179} = 0.235, \quad P_{工} = \frac{18.6}{179} = 0.104;$$

$$K_{交} = \frac{24}{75} = 0.320, \quad P_{交} = \frac{9.6}{75} = 0.128;$$

$$K_{其他} = \frac{30}{68} = 0.441, \quad P_{其他} = \frac{6.8}{68} = 0.100;$$

社会平均状态为：$K_{总} = 0.476$，$P_{总} = 0.100$。

就农业部门而言，相较于其他三个产业部门，出现对就业劳动力依存度高和对中高级技术人才依存度低的情况非常突出。对就业劳动力依存度高，意味着农业产业劳动效率低或富余劳动力多；而对中高级技术人才依存度低，则意味着农业生产科技含量低或现有科技人才发挥作用不够或现有人才不够用。

（2）年均8.5%增长速度，至第5年末，总发展速度即为：

$$a = (1 + 8.5\%)^5 = 150\% = 1.50,$$

到期，各生产部门的产出总值将分别达：农业121.5亿元，工业268.5亿元，交通112.5亿元，其他产业102.0亿元。按以前的依存度，所需要参与就业的劳动力为：

143.98 + 63.10 + 36.00 + 44.98 = 288.06万人；

其中需要的中、高级技术人才为：

8.26 + 27.92 + 14.4 + 10.2 = 60.78万人。

（3）有个问题必须注意，在一定地域范围内，在社会制度和经济发展相对稳定的前提下，人口和劳动力增长与经济增长有关联，但不存在对应的比例关系。该市5年中新增劳动力人口数肯定大大低于按5年前的依存度关系计算出的需要就业的劳动力数和中、高级技术人才数。解决这个矛盾，最可靠途径还得先从原有就业劳动力的产业分布和素质结构挖潜。在着手实施五年规划的同时，即需考虑：其一，在持续提高农业劳动力生产效率的同时，通过相应政策措施激励和引导转移农业富余劳动力到其他产业；其二，出台相应政策，大力延揽外部科技人才和市内外大、中专毕业学生到本市就业；同时，在本行政辖区范围通过多种渠道加强本市中、高级职业教育，培养和造就未来所需人才。

对其他方面相应的介入因素依存问题，可比照上述思路进行。

7.2.6 间接消耗和完全消耗系数

在投入产出直接消耗系数的基础上，再了解一下间接消耗和完全消耗概念。

7.2.6.1 间接消耗概念和完全消耗系数

先从一个实例谈起。例如，若在投入产出表中把生产部门细化为采矿、钢铁、电力、交通等，其中钢铁生产过程对于电力生产部门肯定存在直接消耗关系，之前，炼钢对采矿部门也存在直接消耗关系，而采矿生产也需要直接消耗电力部门的产品，因而钢铁生产通过对采矿生产的直接消耗，又间接地消耗了电力部门产品，我们称它为第一轮间接消耗。再进一步，若采矿生产所使用的设备在制造过程中又存在对电力部门的消耗，这样，由矿山设备制造，到采矿生产，再到钢铁生产，又存在钢铁生产对电力部门的第二轮间接消耗。再结合本节例7-1和表7-2考查，农业生产部门除了对工业生产部门存在直接消耗外，还通过对交电和其他部门的直接消耗关系，存在着对工业部门的第一轮间接消耗关系，如此等等。

这说明，在社会化大生产全部生产经营进程中，生产部门和产品生产过程之间，不仅存在直接消耗关系，还存在大量的、多层次的间接消耗关系。与直接消耗系数对应，在投入产出分析法中，就把反映全面间接消耗关系的确切量化比例数值，称为完全消耗系数。

7.2.6.2 完全消耗系数定义及计算公式

完全消耗系数定义：在同一投入产出考查范围内，完全消耗系数是指第 j 生产部门每提供一个单位最终产品时，对第 i 部门的产品或服务的直接消耗系数和所有间接消耗系数总和。这个完全消耗系数常用 b_{ij} 表示，依据定义，它的一般化计算公式为：

$$b_{ij} = a_{ij} + \sum_{k=1}^{n} a_{ik} \cdot a_{kj} + \sum_{s=1}^{n}\sum_{k=1}^{n} a_{ik} \cdot a_{sk} \cdot a_{kj} +$$
$$\sum_{t=1}^{n}\sum_{s=1}^{n}\sum_{k=1}^{n} a_{it} \cdot a_{ts} \cdot a_{sk} \cdot a_{kj} + \cdots\cdots \qquad (7\text{-}7)$$

公式(7-7)中的第一项 a_{ij} 表示的是第 j 部门对第 i 部门产品或服务的直接消耗系数；第二项 $\sum_{k=1}^{n} a_{ik} \cdot a_{kj}$，表示的是第 j 部门对第 i 部门产品或服务的第一轮间接消耗系数；第三项 $\sum_{s=1}^{n}\sum_{k=1}^{n} a_{ik} \cdot a_{sk} \cdot a_{kj}$，表示的是第 j 部门对第 i 部门产品或服务的第二轮间接消耗系数；第四项 $\sum_{t=1}^{n}\sum_{s=1}^{n}\sum_{k=1}^{n} a_{it} \cdot a_{ts} \cdot a_{sk} \cdot a_{kj}$ 表示的是第 j 部门对第 i 部门产品或服务的第三轮间接消耗系数；以此类推，最后，第 $n+1$ 项表示的是第 j 部门对第 i 部门产品或服务的第 n 轮间接消耗系数。

在此基础上，若将各生产部门各自的完全消耗系数全部计算出来，并同样用矩阵的形式表现，就能得出同一投入产出考查范围内的完全消耗系数矩阵系列表7-6。每个具体生产部门之间计算出的完全消耗系数通常用字母 b_{ij} 表示。

表 7-6 ×× 投入产出完全消耗系数表

投入方向			消耗方向				最终产品	总产出价值
			生产部门编号 j					
			1	2	…	n		
投入方向	生产部门编号 i	1	b_{11}	b_{12}	…	b_{1n}		
		2	b_{21}	b_{22}	…	b_{2n}		
		…	…	…	…	…		
		n	b_{n1}	B_{n2}	…	b_{nn}		
新创价值								
总投入价值								

一般状况下，生产部门之间计算出的完全消耗系数也用普通代数矩阵 B 的表达形式：

$$B = \begin{pmatrix} b_{11} & b_{12} & \cdots & b_{1n} \\ b_{21} & b_{22} & \cdots & b_{2n} \\ \cdots & \cdots & \cdots & \cdots \\ b_{n1} & b_{n2} & \cdots & b_{nn} \end{pmatrix}$$

从应用数学方法上讲，公式(7-7)只是一个理论上的完全消耗系数计算公式。科学家们利用高等数学有关的矩阵和行列式知识，经过理论上严密的推衍论证，得出利用直接消耗系数矩阵计算完全消耗系数矩阵的、有实际运用价值的列昂惕也夫逆矩阵计算公式：

$$B = (I - A)^{-1} - I \tag{7-8}$$

公式(7-8)中的 A 为直接消耗系数矩阵，I 为单位矩阵，$(I-A)^{-1}$ 为矩阵$(I-A)$的逆矩阵(相关知识可从高等代数学教材中查阅)。用公式(7-8)计算完全消耗系数是很方便的。

针对例7-1、和表7-3所列出的"某市 ×× 年度生产部门直接消耗系数表"它的直接消耗系数矩阵即为：

$$A = \begin{pmatrix} 0.4321 & 0.0838 & 0.1200 & 0.0588 \\ 0.1481 & 0.2235 & 0.2400 & 0.2059 \\ 0.0247 & 0.1006 & 0.0533 & 0.1234 \\ 0.0471 & 0.0894 & 0.0800 & 0.1765 \end{pmatrix}$$

一般情况下，总是先求出直接消耗系数矩阵 A，进而再按 $B = (I - A)^{-1} -$

I 来计算它的完全消耗系数矩阵。

针对例 7-1、先计算 $(I-A)$；再借助于高等代数求逆矩阵知识，计算出 $(I-A)^{-1}$（演算过程略）：

$$(I-A)^{-1} = \begin{pmatrix} 1.8422 & 0.2621 & 0.6123 & 0.2408 \\ 0.4193 & 1.3922 & 0.4435 & 0.4438 \\ 0.2059 & 0.1785 & 1.0930 & 0.2130 \\ 0.1214 & 0.1840 & 0.1724 & 1.2508 \end{pmatrix}$$

最后按公式 $B=(I-A)^{-1}-I$ 计算出各生产部门的完全消耗系数矩阵 B（演算过程略）：

$$B = \begin{pmatrix} 0.8422 & 0.2621 & 0.6132 & 0.2408 \\ 0.4193 & 0.3922 & 0.4435 & 0.4438 \\ 0.2059 & 0.1785 & 0.0930 & 0.2130 \\ 0.1214 & 0.1840 & 0.1724 & 0.2508 \end{pmatrix}$$

矩阵 B 反映出的即是该市各生产部门之间的完全消耗系数，它的每一个元素都包含了部门之间直接消耗和多个轮次的间接消耗，故比矩阵 A 的对应元素的值变大了。

完全消耗系数的计算，是投入产出分析的又一特点和重要贡献，它更深刻、更全面地揭示了国民经济各生产部门或企业内部各产品（生产线）之间总体依存、衔接关系，从而可以帮助人们更科学、更精准合理地研究和协调国民经济技术结构的比例关系，预测某一部门（或产品）的发展变化对整个国民经济或企业整体所带来的深远影响，为经济社会管理工作提供科学决策依据。

7.3 企业（或行业）型投入产出模型

相较于区域型投入产出，企业型投入产出的关联和依存关系要复杂得多。企业型投入产出分析，强调在企业内部实现科学管理、追求利润最大化。企业型投入产出除了考查"中间产品"交叉消耗外，还要考查必需的外购资源（包括原料、辅料、动力、人力资源、财务成本等）消耗。当代很多行业或大型企业集团、财团内部，大都实行集团（或母体公司）统筹经营，下属子公司、甚至车间、（产品）生产线独立核算，对生产要素投入、资源、原料或服务等，有偿调配。其投入产出分析更为繁杂，这方面的应用方法，要比在区域型经济领域的投入产出分析法晚了将近40年左右。在当代，随着资本运作型的大型企业集团、财团的生存发展需要和电子计算机的普及化使用，企业型投入产出分析法的实用价值才逐步崭露头角。

7.3.1 企业型投入产出基本数学模型

从区域型投入产出分析基本模式出发，同样用象限矩阵形式把企业的生产经营过程的所有投入与产出关系都概括进去，表栏设置上就须做相应变化，基本数学模式的主要栏目设置如表7-7所示。

表7-7 企业型投入产出基本模型表 （单位：价值计量）

投入方向 I, k \ 产出方向 j			企业内部消耗部门（中间产品流向）生产部门（独立核算单位）编号 j				最终产品 C				产出总值 Y
			1	2	…	n	小计	商品	库存	储备	小计	
企业自有资源（中间产品）投入	生产部门编号	1	x_{11}	x_{12}	…	x_{1n}					c_1	Y_1
		2	x_{21}	x_{22}	…	x_{2n}					c_2	Y_2
		…	…	…	…	…					…	…
		n	x_{n1}	x_{n2}	…	x_{nn}					c_n	Y_n
	小计				…							
外购资源（物料）投入 u_k	外购资源类别号	1	u_{11}	u_{12}	…	u_{1n}						
		2	u_{21}	u_{22}	…	u_{2n}						
		…	…	…	…	…						
		k	u_{k1}	u_{k2}	…	u_{kn}						
	小计				…							
新创造价值	折旧大修企管费等		q_1	q_2	…	q_n						
	摊销工资及福利		v_1	v_2	…	v_n						
	税金、利润		m_1	m_2	…	m_n						
	小计				…							
投入总值 Z			Z_1	Z_2		Z_n						

7.3.1.1 企业型投入产出表内涵解读

表 7-7 表明,这是对企业内部 n 个产品生产(有偿服务)部门(或车间、生产线),之间投入产出依存关系和这 n 个部门对 k 种外购物料、自有资源(中间产品)消耗依存关系的综合考查。n 个产品生产(有偿服务)部门(或车间、生产线),也简称企业内部各核算部门。

按习惯,企业型投入产出基础模型表同样用纵横交叉粗线划分为四个象限,只是第 Ⅲ 象限扩充为两个不同类型的"投入"部分,分别简称为第 Ⅲ$_{(1)}$ 象限和第 Ⅲ$_{(2)}$ 象限。

第 Ⅰ 象限仍然是表的核心部分,它表达的是企业内各核算部门的自有资源(物资或产品或服务)的中间消耗流向。X_{ij} 代表第 i 部门中间产品被第 j 部门的消耗量。

第 Ⅱ 象限表达的是最终产品 C 的经营性流向。企业的最终产品是已出售的商品、库存商品和用作扩大再生产储备的产成品。第 Ⅱ 象限最左边的栏目仍然表示各核算部门产出总值。

第 Ⅲ$_{(1)}$ 象限是企业型投入产出特别设置部分,u_{kj} 代表着企业组织生产时,第 j 生产部门对第 k 种外购物料(包括原辅料、燃料、动力等)的消耗性投入。

第 Ⅲ$_{(2)}$ 象限所代表的内容与区域型投入产出国民收入净值相类似,也是被称作"视同投入"的新创造价值,只是内容略有差异。它主要包括如下几项。

(1)各生产部门(车间、生产线)各自应承担企业固定资产折旧、大修理基金、企业管理等摊销,记为 q_j。

(2)各生产部门(车间、生产线)发生的工资及需摊入各生产部门(车间、生产线)的企业管理人员工资及整个企业发生的医保、福利等费用,记为 v_j。

(3)企业应向国家(进入社会再分配)上缴的税、费 m_j。

第 Ⅲ 象限最下面一栏,名义上仍反映整个生产运行期向各生产部门(车间、生产线)投入总价值 Z。

位于表右下角的第 Ⅳ 象限,理论上是反映企业生产经营结果进入社会国民消费的再分配内容,它包含的某些细部内容甚至还包括企业转手销售富余的外购资源如某些原料、电力,某些自然资源开发使用权转让等。同样,由于这部分内容涉及的问题较复杂,学术界在理论及应用方法上尚处于研究探索阶段,故本教材也同样留作空白处理。

综合上述对表 7-7 的分象限解读，其结构情况可综合简述如下。

横向由左（第Ⅰ象限）往右（至第Ⅱ象限）观察，反映了企业生产出的产品按用途的分配，最后进入最终产品的情况，即通过补偿所消耗的生产资料形成最终产品的产出使用流向及最终产品价值。

纵向由上（第Ⅰ象限）往下（至第Ⅲ象限）观察，反映了纵列各种中间产品、各类外购物资对横行各生产单位（或产品生产）的投入需求，即生产性消耗构成，表示以"投入"名义表达的产品价值形成来源。纵横综合，全面概括了企业全部投入与产出活动，故称表 7-7 为企业投入产出模型基础表式。

7.3.1.2 企业型投入产出数学平衡关系

企业型投入产出模式同样需要了解和考查产出分配（消耗）方程组和投入来源（价值生成）方程组，用以揭示和表达各部分的技术经济联系及平衡关系。

横向上，把第Ⅰ象限和第Ⅱ象限联系起来，它反映企业产品（物化成果）的使用和分配流向，表示产品实物（价值）构成，以数学形式可写成如下方程组：

$$\begin{cases} x_{11} + x_{12} + \cdots + x_{1n} + c_1 = y_1 \\ x_{21} + x_{22} + \cdots + x_{2n} + c_2 = y_2 \\ \cdots\cdots\cdots\cdots \\ X_{n1} + x_{n2} + \cdots + x_{nn} + c_n = y_n \end{cases}$$

与区域型表一样，用求和符号把上面的方程组精炼表述为：

$$y_i = \sum_{j=1}^{n} x_{ij} + C_i \quad (i = 1, 2, 3\cdots n) \tag{7-9}$$

即：某部门总产品 = 该部门中间产品 + 最终产品

故称其为企业投入产出综合平衡模型的产出分配方程组。

纵向上，把第Ⅰ象限和第Ⅲ象限联系起来，它反映企业的部门产品、外购资源、自有资源的消耗性投入流向，表示产品的价值构成，以数学形式可写成如下方程组：

$$\begin{cases} x_{11} + x_{21} + \cdots + x_{n1} + u_{11} + u_{21} + \cdots + u_{k1} + q_1 + v_1 + m_1 = z_1 \\ x_{21} + x_{22} + \cdots + x_{n2} + u_{21} + u_{22} + \cdots + u_{k2} + q_2 + v_2 + m_2 = z_2 \\ \cdots\cdots \\ x_{n1} + x_{n2} + \cdots + x_{nn} + u_{k1} + u_{k2} + \cdots + u_{kn} + q_n + v_n + m_n = z_n \end{cases}$$

与区域型表一样，用求和符号把上面的方程组精炼表述为：

$$Z_j = \sum_{j=1}^{n} x_{ij} + \sum_{k=1}^{n} u_{kj} + q_j + v_j + m_j \quad (j = 1, 2, 3, \cdots, n) \quad (7\text{-}10)$$

即：某部门总产值 = 相应中间产品消耗 + 外购资源消耗 + 折旧、企管费 + 新创价值(v、m)。并称其为企业"投入"(价值来源)方程组。

从投入产出平衡关系上看，横行每一产品生产部门(车间、生产线)的全部产出价值，应该等于该部门所在纵列相对应的全部投入价值；从整个企业(集团)在某报告期的全部生产经营活动看，企业总产出产品的价值量，必然等于企业总投入的价值量。其内涵意义与区域型相同。即：

$$\sum_{i=1}^{n} y_i = \sum_{j=1}^{n} z_j \quad (i = 1, 2, \cdots, n; j = 1, 2, \cdots, n) \quad (7\text{-}11)$$

针对表 7-6 所做的上述解读，尤其是对公式(7-9)、(7-10)和(7-11)的解读，使我们对企业型投入产出数学模式和区域型投入产出数学模式的相同和相异之处，有了一个较为全面的基本认识。

7.3.2 企业型投入产出直接消耗系数和完全消耗系数

7.3.2.1 企业型投入产出直接消耗系数

按照第 7.2.1.3 节对直接消耗系数所做的定义和所确立的计算方法，企业型投入产出表中的直接消耗系数包括两个部分。

其一是反映某 j 生产部门(车间、生产线)在一个报告期的生产经营过程中，需要直接消耗(包括自身在内)各(i)部门的对它投入的、代表物化劳动的产品资料或服务(第Ⅱ象限 x_{ij})的"价值量"，以及这个"价值量"占其"总投入"的比重值；

通用的数学计算式仍为：

$$a_{ij} = \frac{x_{ij}}{Z_J} \quad (i, j = 1, 2, \cdots, n) \quad (7\text{-}6)$$

其二是反映某 j 生产部门(车间、生产线)在一个报告期的生产经营过程中，需要直接消耗各种必需的外购资料(第Ⅲ$_{(1)}$象限 u_{kj})。这个直接消耗系数常用 d_{kj} 表示。

通用的数学计算式即：

$$d_{kj} = \frac{u_{kj}}{z_j} \quad (k = 1, 2, \cdots, k; j = 1, 2, \cdots, n) \quad (7\text{-}12)$$

把这两部分的直接消耗系数全部计算出来，再用矩阵的方式表达，分别命名为 A 和 D 就有两个直接消耗系数矩阵：

$$A = \begin{pmatrix} a_{11} & a_{12} & \cdots & a_{1n} \\ a_{21} & a_{22} & \cdots & a_{2n} \\ \cdots & \cdots & \cdots & \cdots \\ a_{n1} & a_{n2} & \cdots & a_{nn} \end{pmatrix} (n \text{ 阶方阵})$$

$$D = \begin{pmatrix} d_{11} & d_{12} & \cdots & d_{1n} \\ d_{21} & d_{22} & \cdots & d_{2n} \\ \cdots & \cdots & \cdots & \cdots \\ d_{k1} & d_{k2} & \cdots & d_{kn} \end{pmatrix} (n \times k \text{ 阶})$$

7.3.2.2 企业型投入产出完全消耗系数

企业型投入产出完全消耗同样包含着两个方面的完全消耗。其一是反映企业各产品生产部门（车间、生产线等独立核算部门）之间的完全消耗；其二是反映企业第 j 产品生产部门对第 k 种外购物料的完全消费。企业各产品生产部门的这两类完全消耗系数的计算结果，也分别形成两个不同的完全消耗系数矩阵，即生产部门之间的完全消耗系数矩阵，常用大写字母 B 表示；和生产部门对全部外购物料的完全消耗系数矩阵，常用大写字母 H 表示。

反映企业各产品生产部门之间的完全消耗系数矩阵 B，设它的元素为 b_{ij}，每个 b_{ij} 所包含的内涵意义和计算公式与本章 7.2.4.2 节介绍的内容完全相同，用矩阵形式表示即：

$$B = (I - A)^{-1} - I \tag{7-8}$$

反映企业第 j 产品生产部门对第 k 种外购物料的完全消费系数矩阵 H，设它的元素为 h_{kj}，则 h_{kj} 为在同一报告期内第 j 产品生产部门对第 k 种外购物料的完全消费系数，它应是直接消耗系数 d_{kj} 与第 k 种外购物料再通过 b_{ij} 所产生的多层次间接消耗系数之和，用数学式表示即：

$$h_{kj} = d_{kj} + \sum_{i=1}^{n} d_{kj} \cdot b_{ij} \quad (k = 1, 2, \cdots, k; j = 1, 2, \cdots, n)$$

将上式改写成矩阵形式即：

$$H = D + D \cdot B \tag{7-13}$$

企业型投入产出的完全消耗系数矩阵计算体系如表 7-8：

表 7-8 企业型投入产出完全消耗系数表

产出方向 → ↓产出方向			中间产品（服务）消耗流向				产品产出总值
			产品生产部门编号				
			1	2	…	n	
企业自有投入	产品生产部门编号	1	b_{11}	b_{12}	…	b_{1n}	
		2	b_{21}	b_{22}	…	b_{2n}	
		…	…	…	…	…	…
		n	b_{n1}	b_{n2}	…	b_{nn}	
外购物料投入	外购物料编号	1	h_{11}	h_{12}	…	h_{1n}	
		2	h_{21}	h_{22}	…	h_{2n}	
		…	…	…	…	…	
		k	h_{k1}	h_{k2}	…	h_{kn}	
投入总价值					…		

说明：对于公式(7-13)，我们还可以利用行列式和矩阵运算的相关知识将其变换为：$h = d(i + b)$ 的形式，再与公式(7-8)即 $b = (i - a)^{-1} - i$ 比较，又可得出便于实际操作的企业外购物料完全消耗系数矩阵的计算公式：

$$h = d(i - a)^{-1} \quad (7\text{-}14)$$

公式(7-13)和公式(7-14)说明了实际计算企业完全消耗系数矩阵的两个途径：

1. 在得到企业内各产品生产部门之间的完全消耗系数矩阵 B 和对外购物料的直接消耗系数矩阵 D 之后；就能求出各产品生产部门对外购物料的完全消耗系数矩阵 H。

$$\begin{cases} b = (i - a)^{-1} - i & (7\text{-}8) \\ h = d + d \cdot b & (7\text{-}13) \end{cases}$$

2. 只要求出企业内各产品生产部门之间的直接消耗系数矩阵 A 和对外购物料的直接消耗系数矩阵 D 之后；即可直接利用公式(7-8)的中间结果来计算完全消耗系数矩阵 B 和 H。

$$\begin{cases} b = (i - a)^{-1} - i & (7\text{-}8) \\ h = d(i - a)^{-1} & (7\text{-}14) \end{cases}$$

就实际而言，相较于直接消耗系数计算，求取企业型完全消耗系数的繁、难程度更要大得多，任何一个单一生产部门或产品（生产线）对企业自身资源或外购物料的完全消耗系数，都必须从整个矩阵运算中得出，工作量相当大。即便直接运用公式计算，其中涉及的高等代数学知识，尤其是3阶以上的高阶矩阵和高阶行列式运算知识较多，程序也相当繁杂。建议初学者先从利用企业投入产出表自身结构分析和直接消耗系数计算、分析起步，有较好数学基础和有兴趣的读者结合电子计算技术运用继续进行探讨

例7-4：对某铝材生产厂在某报告期内的价值型投入产出情况，从生产部门构成及其中数据都高度简化后，重新编制的价值型投入产出表如表7-9。

表7-9　某铝材生产厂某报告期投入产出（价值）表　　（单位：万元）

投入方向 \ 产出方向		生产部门消耗方向 j					最终（库存）产品	总产出
		精矿加工	电解铝生产	型材轧制	运输服务	小计		
企业自有资源投入	精矿加工	20	940	0	0	960	80	1 040
	电解铝	0	20	1 100	0	1 120	240	1 360
	型材轧制	0	20	20	0	40	1 680	1 720
	运输服务	40	30	20	10	100	0	100
	小计	60	1 010	1 140	10	2 220	2 000	4 220
外购物料投入	铝矿砂、油物料等	700	10	20	40			
	电力	60	140	80	5			
	小计	760	150	100	45			
新创价值	折旧大修摊销	60	40	80	20			
	工资福利	80	60	120	15			
	利、税	80	100	280	10			
	小计	220	200	480	45			
投入总值		1 040	1 360	1 720	100	4 220		

试结合企业型投入产出模式的相关知识，利用相关公式计算其直接消耗系数和完全消耗系数，并对其进行相应分析。

表7-10　某铝材生产厂（价值型）直接消耗系数表

产出方向→ ↓投入方向		生产部门消耗方向 j					最终（库存）产品	总产出
		精矿加工	电解铝生产	型材轧制	运输服务	小计		
企业自有产品投入	精矿加工	0.019 2	0.691 2	0	0	960	80	1 040
	电解铝	0	0.014 7	0.639 5	0	1 120	240	1 360
	型材轧制	0	0.014 7	0.011 6	0	40	1 680	1 720
	运输服务	0.038 5	0.022 1	0.011 6	0.100 0	100	0	100
	小计	0.057 7	0.742 6	0.662 8	0.100 0	2 220	2 000	4 220
外购物料投入	铝矿砂、油料	0.673 1	0.007 4	0.011 6	0.400 0			
	电力	0.057 7	0.102 9	0.046 5	0.050 0			
	小计	0.730 8	0.102 9	0.046 5	0.450 0			
新创价值	折旧、大修	60	40	80	20			
	工资福利	80	60	120	15			
	利、税	80	110	300	10			
	小计	220	210	500	45			
投入总值		1 040	1 360	1 720	100	4 220		

解：第一步，依据公式(7-6)即 $a_{ij}=\dfrac{x_{ij}}{Z_J}$，和公式(7-12)即 $d_{kj}=\dfrac{u_{kj}}{z_j}$，计算出两个方面的直接消耗系数，并列表7-10：

其两部分的（价值型）直接消耗系数矩阵分别为：

$$A=\begin{pmatrix} 0.019\ 2 & 0.069\ 12 & 0.000\ 0 & 0.000\ 0 \\ 0.000\ 0 & 0.014\ 7 & 0.639\ 5 & 0.000\ 0 \\ 0.000\ 0 & 0.014\ 7 & 0.011\ 6 & 0.000\ 0 \\ 0.038\ 5 & 0.022\ 1 & 0.011\ 6 & 0.100\ 0 \end{pmatrix}$$

和

$$D=\begin{pmatrix} 0.673\ 1 & 0.004\ 7 & 0.011\ 6 & 0.400\ 0 \\ 0.057\ 7 & 0.102\ 9 & 0.046\ 5 & 0.050\ 0 \end{pmatrix}$$

第二步，再依据

$$\begin{cases} b = (i-a)^{-1} - i & (7-8) \\ h = d(i-a)^{-1} & (7-14) \end{cases}$$

并利用行列式运算法则包括用代数余子式求逆矩阵法则求出该企业部门之间的完全消耗系数矩阵(计算过程略)。

该企业部门之间的(价值型)完全消耗系数矩阵为：$B = (I-A)^{-1} - I$

$$B = \begin{pmatrix} 0.0196 & 0.7223 & 0.0000 & 0.0000 \\ 0.0000 & 0.0249 & 0.6631 & 0.0000 \\ 0.0000 & 0.0153 & 0.0216 & 0.0000 \\ 0.0436 & 0.3343 & 0.0544 & 0.1329 \end{pmatrix}$$

再依据公式(7-14)即 $H = D(I-A)^{-1}$ 求得(计算过程略)该企业对外购物料的(价值型)完全消耗系数矩阵为(计算过程略)：

$$H = \begin{pmatrix} 0.7037 & 0.6277 & 0.6986 & 0.4532 \\ 0.0610 & 0.1646 & 0.1184 & 0.0566 \end{pmatrix}$$

7.3.3 企业型投入产出分析主要应用方向

区域型投入产出分析探讨的重点在于整体经济效益和社会进步、环境资源的可持续协调发展，企业型投入产出分析重点在于根据市场需求、企业生产能力、外购物料供应条件等，做出科学的生产经营决策，争取利润最大化。两类分析有共同点，也有相应差异。在我国现阶段社会主义有序市场经济的大环境中，企业生产经营有两大并行目标，一方面，向社会提供优质商品或优质有偿服务；另方面，为着自身的生存和发展获取必需的投资回报(即赢利)。因此，笔者认为，我们的企业型投入产出分析也主要应用于下述几个方向。

7.3.3.1 分析研判一定商品量下中间产品投入及物料消耗结构

首先，企业需要利用现有生产条件，争取生产出更多的最终商品，这不仅要考虑生产进程中各种中间产品消耗性投入的数量变化，还必须考虑到相应的若干种外购物料的投入增量变化。例如，企业在某报告期投入产出的基础上，根据市场需求计划在下一生产周期增加某类或某几类产品的最终产品(即商品)的产出量，和总产出量(即)。此时，根据报告期投入产出直接消耗系数矩阵 A，运用公式(7-6) 即 $a_{ij} = \dfrac{x_{ij}}{Z_J}$ 计算出各部门(或车间、生产线)应提供的中间产品数量。

$$\begin{cases} X_{ij} = a_{ij} \times Z_J, \text{即:} \\ X_{11} = a_{11} \times Z_1 \quad X_{12} = a_{12} \times Z_2 \quad \cdots \quad X_{1n} = a_{1n} \times Z_n \\ X_{21} = a_{21} \times Z_1 \quad X_{22} = a_{22} \times Z_2 \quad \cdots \quad X_{1n} = a_{2n} \times Z_n \\ \cdots \cdots \\ X_{nn} = a_{n1} \times Z_1 \quad X_{n2} = a_{n2} \times Z_2 \quad \cdots \quad X_{nn} = a_{nn} \times Z_n \text{。} \end{cases}$$

其次，在新的生产周期，各部门（或车间、生产线）对于外购物料的消耗投入量，则可运用公式(7-12)即 $d_{kj} = \dfrac{u_{kj}}{z_j}$ 结合其直接消耗系数矩阵 D 计算得出（计算及结果表述略）。

有了述两个部分的计算结果，实际上也就对企业新的生产计划做出了协调性预测分析，为企业确定商品产出量计划或根据商品产出计划协调各部门应完成的总产出量，以保证中间产品的消耗性投入，或制定外购物料配比等，提供了科学性的数量依据。

7.3.3.2 分析研判企业生产力水平和经营素质

所谓企业生产力水平或经营素质的高或低，其实质是指企业产品生产的技术水平，重点是指本企业产品物耗水平对于外部市场同类产品物耗水平相比较后，其结果值是低或高。这个比较结果也是反映企业产品市场竞争力的标志性数据。例如，国家从管理经济社会发展整体效益和可持续需求出发，经常要对企业的节能降耗水平进行考评，而企业对自己生产的产品物耗状况也必须有清晰的了解和掌控。

第一步，借助企业某报告期投入产出完全消耗系数矩阵，就能很方便地计算单位产品的物耗。如生产一吨钢或一吨铝材要消耗多少吨煤，多少度电；煤电企业生产一万度电要消耗多少吨原煤；某运输企业完成一万个吨千米任务要消耗多少吨油料、消耗多少个轮胎……

第二步，再以每个企业的产品物耗为基础，与国内或国际同行业的其他企业的同类型产品物耗相比较，其节能降耗水平或其生产力水平或说产品的市场竞争能力就能立见分晓。查阅过往资料，发现1973年我国曾组织编制过61种主要产品的投入产出表，同时进行过直接消耗系数和完全消耗系数计算，并将其中的若干工业产品的物耗水平与苏联1972年同类产品的物耗水平作了对比，现摘取其中几个重点产品项列出，供参考：

表 7-11　几种产品物耗水平比较表

物耗水平 产品名称	计量单位	中国(1973年)直接消耗量	中国(1973年)完全消耗量	苏联(1972年)直接消耗量	苏联(1972年)完全消耗量	中国／苏联直接消耗%	中国／苏联完全消耗%
每万千克粮食消耗种子	千克	720	777				
生产一吨铝耗电	度	16 576	18 339	11 154	14 669	148.61	125.02
生产一吨生铁耗电	度	4 976	5 888	3 257	4 088	152.78	144.03
轧制一吨钢材耗电	度	196	1 146	110	549	178.18	208.74
生产一吨焦煤耗原煤	千克	1 575	1 681	1 289	1 330	122.19	126.39
采掘一吨煤耗电	度	28	34	33	37	84.85	90.89

说明：中国 1973 年度产品物耗水平对苏联 1973 年度同类产品物耗水平的占比计算系本书著者添加。

从表 7-11 所列出的几个产品物耗水平比较可看出，在 20 世纪 70 年代，我国主要工业产品的生产力水平远远低于同期苏联水平，确实技不如人。即便第七行采掘一吨煤耗电水平比同期苏联低，其实际情况是当时我国煤炭行业装备水平低，机械化程度不高，手工采掘占比较高的缘故。

7.3.3.3　以市场为导向，研判企业经营决策

企业经营决策或生产计划必须以市场为导向。其前提又是以优化产品结构、提高销售利润来应对市场需求。若某企业（集团）有多个生产环节相关联的产品应市，那就需要根据一定报告期的投入产出模型，计算出各个应市产品消耗水平——直接消耗系数表和完全消耗系数表，通过这种核算，掌握各种产品生产能力、相互之间和对外购物料消耗水平、单品种销售利润等方面的自身实力，才能结合外部环境，从下述几个方向去研判或做出最优生产经营决策。

若产品市场容量无限制，需要的外购物料和相应的能源、人力资源等要素供应也能充分满足，最优生产经营方案应是在自身生产能力平衡的条件下，以获利最高产品优先安排和多安排的原则编制新的投入产出平衡规划（模型）。

若产品市场容量无限制，需要的外购物料和相应的能源、人力资源等要素供应却不能充分满足，可以销售利润最大为目标函数，通过对外购物料直接消耗系数矩阵，确定出最优化的产品组合，然后以此为基础编制新的投入

产出平衡规划（模型）。

若通过调查，发现其中有一种或几种产品的市场竞争力不强，则可对这样的产品的商品量（最终产品量）做适度压缩，重新确定各种产品（商品）的产出总量（总值），然后以此为基础编制新的投入产出平衡规划（模型）。

在我国现行的社会主义市场经济体制下，国内企业的投入产出关系还必须接受国家相关的产业政策约束，因此，企业编制新的投入产出平衡规划（模型）时，还须在国家相关的产业政策约束下，先确定出某种或某几种产品的最终产品（商品）限制产量。

利用好企业型投入产出表确定的平衡关系尤其是其中的直接消耗系数矩阵和完全消耗系数矩阵，对于实现企业结合市场环境因素，科学地做出最优生产经营决策，不仅限定于上述4个方向的思考，读者完全应该结合工作实践继续拓展。

7.4 投入产出综合平衡分析方法前景展望

无论从国家整体层面还是区域性经济社会管理层面，或者是单纯企业经营管理层面讲，投入产出综合平衡分析方法都是进行全面统筹分析和科学预测的一个重要应用方法。它既可以为政府制定某项调控产业、激励创新、协调和调整社会收入分配关系等方面的需求提供决策依据，也能为企业（行业）包括新产品研发、技术改造、降耗挖潜在内的经营决策提供科学的量化支持。当然，就实际情况而言，投入产出综合平衡分析方法在我国还是一项待开发的新课题，其应用性研究和实践化普及都还有待继续深化。但笔者深信，随着中国特色的社会主义市场经济体制建设日臻完善，随着电子计算技术和信息资料统计技术的逐步普及和提高，投入产出分析的应用性研究和实践化普及必将日趋进步，投入产出分析的数学模型也将逐步趋向更加完善和精密，对于国家和企业层面进一步提升管理水平、提高经济效益，都将发挥更加重大的作用。

7.5 练习题

1. 设某地将国民经济考查对象简化归纳为农业、制造业和交通物流三大生产部门，在某年度内，其价值型投入产出平衡关系如表7-12所示：

表7-12 某地某年度投入产出平衡表 （单位：亿元）

		（中间产品）消耗部门				最终产品		产出总值
	产出＼投入	农业	制造业	交通物流	小计	社会消费	积累	
生产投入部门	农业	250	100	50	400	300	40	740
	制造业	100	200	80	380	600	150	1 130
	交通物流	60	160	40	260	300	0	560
	小计	410	460	170	1 040	1 200	190	2 430
国民收入净值	工资	240	300	200				
	国家利税	90	370	190				
	小计	330	670	390	1 390			
投入总值		740	1 130	560	2 430			

要求：

（1）计算并列出其直接消耗系数矩阵 A 和矩阵 D。

（2）在生产条件基本稳定的前提下，若下一年度农业、制造业和交通物流业的最终产品分别按5%、10%、6%比率增长，请按此要求编制投入产出平衡预测模型。

（3）试考虑，若下一年度在新编制出的投入产出平衡预测模型基础上，政府对交通物流产业征税率提高2%，将会对整个投入产出平衡预测模型产生什么影响？

2. 某企业内有四个独立核算、但产品生产有相互依存关系的四个产品生产线，外购物料归结为材料1、材料2和电力能源三个核算类别，设备折旧及大修理基金按实际耗用记入各生产线，在某个报告内的价值型投入产出模型如表7-13所示：

表 7-13　××企业某报告期投入产出平衡表　　（单位：万元）

投入 \ 产出		消耗部门（中间产品消耗性流向）					最终产品（商品）	产出总值
		甲产品	乙产品	丙产品	丁产品	小计		
企业自有产品投入	甲产品	2	6	6	0	14	12	26
	乙产品	3	4	4	6	17	16	33
	丙产品	2	3	2	4	11	12	23
	丁产品	2	4	4	2	12	16	28
	小计	9	17	16	12	54	56	110
外购物料投入	原料1	2	4	0	3			
	原料2	4	3	2	4			
	电力	2	3	2	3			
	小计	8	10	4	10	32		
新创价值	折旧大修	2	1.5	0.6	1.5			
	工资福利	4	2	1	2			
	上缴税费	1.6	1.2	0.8	1			
	企业利润	1.4	1.3	0.6	1.5			
	小计	9	6	3	6	24		
投入总值		26	33	23	28	110		

要求：

（1）计算两类直接消耗系数矩阵 A 和 D。

（2）计算各产品线外购物料投入占比。

（3）计算各生产线创税占比和为企业创利润占比。

3. 附加练习题

（1）结合所学知识，分别对练习题 1 和练习题 2 做一般性经济结构分析；

（2）根据个人兴趣和能力，试运用 $B = (I - A)^{-1} - I$ 公式(7-8)计算练习题 1 的完全消耗系数矩阵 B。

（3）根据个人兴趣和能力，试运用 $B = (I - A)^{-1} - I$ 公式(7-8) 和 $H = D(I - A)^{-1}$ 公式(7-14)计算练习题 2 两个部分的完全消耗系数矩阵 B 和矩阵 H。

编　后

　　在本书编撰过程中，曾得到我的老师、同学、众多以往和现仍在政府部门工作的同事以及多位企业界朋友的指导、支持和帮助，在此一并致谢。

　　多年来，从包括已罗列和未罗列出的众多参考文献中，受益良多，在此也一并致谢。

　　由于本书主要立足于对若干应用数学方法的普及推介，对一些涉及的普通初等、高等数学知识及其向应用方向的转换推衍显得粗略，切望读者见谅。

　　为帮助读者学习理解和拓展应用思考，本书共绘制示意图示121份，编制应用数表117份，编列多类应用、分析例题126道，设置应用练习题目85道。由于个人水平有限，错误之处在所难免，切望读者不吝指正。

作者
2021年10月于贵州毕节

参考文献

［1］〔美〕谢尔顿. 概率论基础教程［M］. 童行伟，梁宝生，译. 北京：机械工业出版社，2014.

［2］罗斯. 概率论基础教程［M］. 北京：人民邮电出版社，2010.

［3］〔美〕哈迪. A. 塔哈. 运筹学导论［M］. 刘德刚，朱建明，韩继业，译. 北京：中国人民大学出版社，2014.

［4］高林. 现代管理科学基础［M］. 北京：中国展望出版社，1984.

［5］黄玉喜. 现代管理数学基础［M］. 郑州：河南科学技术出版社，1985.

［6］姜启源. 数学模型［M］. 北京：高等教育出版社，1987.

［7］〔英〕J. 柯林·格拉斯. 经济数学方法入门［M］. 潘天敏，刘伯德，译. 郑州：河南科学技术出版社，1981.

［8］钱志坚，陈开明. 管理数学［M］. 北京：经济管理出版社，1984.

［9］李德，钱颂迪. 运筹学［M］. 北京：清华大学出版社，1982.

［10］〔苏〕Ф. A. 马特韦楚克. 运筹学手册［M］. 程云门，译. 北京：新时代出版社，1982.

［11］山东大学数学力学系. 概率及数理统计［M］. 北京：高等教育出版社，1980.

［12］钱大同. 概率论浅说［M］. 北京：中国科学出版社，1959.

［13］浙江大学数学系高等数学教研组. 工程数学（概率论与数理统计）［M］. 北京：高等教育出版社，1979.

［14］周兆麟，李毓芝. 数理统计［M］. 北京：中国统计出版社，1985.

［15］姜圣阶. 决策学基础［M］. 北京：中国环境科学学会咨询服务中心，1985.

［16］北京市教育局. 数学在工农业生产中的应用［M］. 北京：人民教育出版社，1975.

［17］中国科学院数学研究所. 优选法［M］. 北京：科学出版社，1975.

［18］中国人民大学应用数学教研室. 线性规划［M］. 北京：中国人民大

学出版社，1981.

［19］周金才，梁兮. 数学的过去，现在和未来［M］. 北京：中国青年出版社，1982.

［20］陈景润. 初等数论［M］. 北京：科学出版社，1978.